rowohlt

Manfred Geier

Worüber kluge Menschen lachen

Kleine Philosophie des Humors

Rowohlt

1. Auflage März 2006

Lektorat Uwe Naumann
Satz Berthold Garamond PostScript InDesign
bei Pinkuin Satz und Datentechnik, Berlin
Druck und Bindung Clausen & Bosse, Leck
Printed in Germany
ISBN 13: 978 3 498 02501 4
ISBN 10: 3 498 02501 5

Inhalt

Kurzes Vorspiel oder: «Philosophie ist, wenn gelacht wird.»

Es wird doziert,
daß Denken höher stehe
als Ironie und Humor, und das wird von
einem Denker doziert, dem der Sinn für das
Komische vollständig abgeht.
Wie komisch![1]
Sören Kierkegaard, 27. Februar 1846

Es begann in Den Haag. Vor den zunehmend stärker werdenden Regenschauern flüchtete ich ins Mauritshuis, dessen Bedeutung mir damals noch völlig unbekannt war. Johan Maurits van Nassau-Siegen hatte es zwischen 1634 und 1644 im klassizistischen Stil als sein Wohnhaus bauen lassen, um nach seiner Rückkehr als General-Gouverneur von Holländisch-Brasilien einen angemessenen Wohnsitz in Den Haag zu haben. Seit 1822 ist es ein Museum, in dem sich die königliche Gemäldegalerie der Oranier befindet, keine allzu große Sammlung, aber ein Schatz von Meisterwerken. Hier kann man die berühmten Bilder aus dem «Goldenen Zeitalter» der holländischen und flämischen Malerei sehen, gemalt von Jan Bruegel dem Älteren und Hans Holbein dem Jüngeren, von Peter Paul Rubens und Frans Hals. Hier hängt Rembrandts «Anatomie-Vorlesung des Dr. Nicolaes Tulp» (1632), dieses dunkle Gemälde einer öffentlichen Obduktion, auf dem der Arzt den linken Arm des nackten Toten seziert und die Muskeln und Sehnen freilegt. Und hier kann man auch «Das Mädchen mit dem Perlenohrring» bewundern, dieses so rätselhafte Geschöpf von Jan Vermeer.

Aber all das verblasste angesichts eines Bildes, das mich plötzlich in seinen Bann zog. Es zeigt einen jungen Mann, der sich lachend über einen Globus beugt. Mit der leicht obszönen Geste des gestreckten kleinen Fingers und des Zeigefingers scheint er der Welt Hörner aufsetzen zu wollen. Sein Lachen ist heiter, fröhlich, fast jubilierend. Aber es hat auch einen spöttischen Zug. Hier wird über die Welt gelacht, spitzbübisch, mit einem leicht diabolischen Ausdruck.

Ich glaubte in diesem Lachen etwas von jener volkstümlichen Lachkultur des Mittelalters und der Renaissance entdecken zu können, die sich im Karneval und an Narrentagen austobte und die gesellschaftlichen Werte und Hierarchien auf den Kopf stellte.[2] Aber es ging darüber hinaus. Es schien mir ein philosophisches Lachen zu sein, das nicht aus einer besonderen Situation heraus entsteht oder auf etwas Bestimmtes zielt. Zeitübergreifend war es auf das Weltganze gerichtet. Es war ein universelles Lachen, dargestellt an einer Figur, deren heiter-spöttischer Ausdruck auf den Betrachter übersprang. Je mehr ich sie ansah, desto weniger konnte ich mein eigenes Lachen zurückhalten.

Im Museumswinkel des Mauritshuis kaufte ich mir eine Reproduktion dieses lachenden Jungen. Aber erst Jahre später begann ich mich näher für den Maler und sein Modell zu interessieren. Das Gemälde, 84,5 mal 73 cm groß, ist mit «JoM» monogrammiert. Im Katalog, Nr. 705, findet sich der Hinweis, dass es sich dabei um Johannes Moreelse handelt. Die Suche nach ihm war schwieriger als vermutet. In den einschlägigen vielbändigen Enzyklopädien der Kunstgeschichte findet man ihn nicht, und auch die erweiterte Google-Suche im Internet bringt keine klare Auskunft. Man stößt immer nur auf Paulus Moreelse, einen Utrechter Maler, geboren 1571, gestorben

1638; und dass sich diese Daten oft auch unter Abbildungen des lachenden Philosophen finden, macht die Sache nicht einfacher.[3] Sollte sich der Maler «JoM» in seinem Vornamen geirrt haben?

Doch es existierte ein Johannes, der sich schließlich als Sohn des Paulus zu erkennen gab, in Utrecht nach 1602 geboren und schon 1634 vor seinem Vater gestorben, in dessen Schatten er bis heute steht. Man kann ihn über den Umweg «Heraklit» finden, ein Gemälde, das einen klagenden alten Mann zeigt, gramvoll über den Globus gebeugt, mit gefalteten Händen und einer zerfurchten Stirn. Die Welt schien diesem griechischen Philosophen ein Jammertal zu sein, in dem man nur weinen könne.

Als Pendant zum weinenden Heraklit hat Johannes Moreelse seinen lachenden «Demokrit» gemalt. Denn im Gewand der jugendlichen Renaissance-Figur mit ihrer auch körperlichen Lust steckte niemand anderes als der alte Forscher Demokrit, der nicht nur ein Philo-sophos gewesen war, ein Liebhaber der Weisheit, sondern auch ein Philo-gelos, ein Freund des Lachens und des Humors. Sein Denken stand unter dem Zeichen des göttlichen Gelos, des Lachens über die Torheiten der menschlichen Gattung. Für ihn war das menschliche Wesen nicht nur dadurch ausgezeichnet, dass es lachen kann. Es war auch zur Lächerlichkeit verurteilt. Und erst dieses Zusammenspiel kann den sonderbaren Reiz des lachenden Demokrit erhellen, dessen Lachen zugleich lebensfroh-heiter und spöttisch-überlegen ist.

Wie Johannes Moreelse hinter seinem Vater verschwand, so hatte auch Demokrit eine übergroße Figur vor sich. So steht es jedenfalls in der Geschichtsschreibung der Philosophie, worüber sich schon Friedrich Nietzsche entrüstet hat. Denn während mit Demokrit die abendländische Philosophie auf dem besten Weg war, die menschliche Existenz «richtig zu taxieren», ist sie dazu nie gelangt «dank Sokrates»[4] und seines Schülers Platon. Durch sie kamen eine moralische Ernsthaftigkeit und eine erkenntnistheoretische Strenge ins Spiel, die das Lachen aus der Philosophie vertrieben. Philosophen lachen nicht, jedenfalls nicht in der Tradition, die durch Platons Werke begründet worden ist.

Demokrit stammte aus Abdera, einer griechischen Stadt an der Nordküste der Ägäis. Es war das Land der Thraker, und vielleicht kam ja von ihnen jenes Gelächter, das es in der Philosophie oder gar aus philosophischen Gründen so selten gegeben hat. Denn sprichwörtlich geworden ist auch das Lachen einer jungen thrakischen Dienstmagd, die über den weisen Thales von Milet lachte, als er in den Brunnen fiel, weil er nicht auf den Boden vor sich, sondern in den bestirnten Himmel über sich blickte. Platon hat diese Szene geschildert, in der sich der ernsthafte Protophilosoph und die thrakische Urkomikerin trafen, die «witzig» und «hübsch» gewesen sein soll.[5] Aber er verurteilte ihr spöttisches Lachen, das doch nur aus ihrer Dummheit stammen konnte. So wurde die platonische Anekdote zum Musterbeispiel für die dumpfe Einfalt der Ungebildeten gegenüber der Philosophie.

«Philosophie ist, wenn gelacht wird. Und gelacht wird aus Unverstand.»[6] So resümierte Hans Blumenberg diese lange Geschichte, die mit Platons Zurückweisung des Lachens über den stürzenden Philosophen begann und bis in unsere Gegenwart reicht. Es können halt nur dumme Menschen sein, die über die Philosophie und ihre Spezialisten lachen.

Hat das Lachen also keinen Platz in der Philosophie? Gibt es keine klugen Menschen, die philosophisch interessiert sind, sich aber das Lachen nicht verbieten lassen wollen?

Doch, aber man muss sie suchen, wobei man sich manchmal auch in die Unterströmungen der Philosophiegeschichte begeben muss. Denn neben dem ernsten Platon und seinen unübersehbar vielen Nachfolgern innerhalb der akademischen Philosophie gibt es auch den lachenden Demokrit, der eine eigene Traditionslinie eröffnet hat. In diesem Buch folgen wir ihr über mehr als zweitausend Jahre, von Demokrit und Diogenes über Kant und Kierkegaard bis hin zu Karl Valentin, der die philosophische Verwunderung über die Sprache in eine Komik steigerte, die uns die Lust des Lachens unmittelbar erleben lässt.

Aber auch die thrakische Dienstmagd hat ihre Anhänger/innen gefunden. In ihrem Lachen konnte eine Klugheit entdeckt werden, von der sich die ernsten Philosophen nichts träumen lassen. Es ist das befreiende Lachen einer Frau, die in einem kurzen Moment die Gründungslüge der europäischen Philosophie durchschaut: dass die Liebe zur Weisheit mit der Distanzierung von der Lebenswelt erkauft werden müsse. «Obgleich die junge Thrakerin Sklavin ist, steht sie daher hier nicht für den durchlittenen Jammer oder für die stille Fügsamkeit einer unterdrückten Frau; die Gestalt der Thrakerin steht für den Ausbruch in ein Gelächter, das auf schneidende Weise kurze Worte der Weisheit einschließt: Die Dinge der Welt bleiben der Philosophie, die mit Thales ihr Geschäft der Entwirklichung beginnt, verborgen.»[7]

Zu den schönsten Dingen der Welt, wenn wir sie lebenspraktisch verstehen, gehört das menschliche Lachen. Von ihm und seinen Gründen handelt unsere *Kleine Philosophie des Humors*, im Doppelsinn dieses Genitivs: Philosophisch gilt es zu klären, warum und worüber Menschen lachen; aber es soll zugleich veranschaulicht werden, dass es auch lachende Philosophen gibt, in deren Leben und Werk der Humor eine wichtige Rolle spielt, diese «köstliche und seltene Begabung»[8], zu deren Quelle Sigmund Freud vorgedrungen ist. Dass ich mit ihnen sympathisiere, muss wohl nicht besonders betont werden.

Hamburg, St. Pauli, 11. 11. 2005

Die Austreibung des Lachens aus der Philosophie

Warum Platon von Athen zwar über die Idee des Lächerlichen nachdachte, dabei aber nichts zum Lachen fand

Denn das Ernste ist ohne das
Lächerliche, sowie, wenn jemand
zu Einsicht gelangen will, von allem
Entgegengesetzten keines ohne das ihm
Entgegengesetzte zu begreifen.
Platon: Nomoi 816 d

Niemand wird ernsthaft bezweifeln wollen, dass Platon von Athen (428–347 v. Chr.) der herausragende Denker war, der die Philosophie, wie wir sie verstehen, begründet und geprägt hat. Vielleicht ist die Feststellung etwas übertrieben, dass die philosophische Tradition Europas «aus einer Reihe von Fußnoten zu Platon besteht»[1], dessen Schriften eine unerschöpfliche Quelle des Ideenreichtums bilden. Jedenfalls hat dieser große Philosoph, dessen Werke erhalten geblieben sind und nicht, wie bei seinen Vorgängern und zahlreichen Zeitgenossen, nur in Fragmenten fassbar sind, eine nachhaltige Wirkung entfaltet, der sich niemand entziehen kann, der philosophieren will, auch wenn er nicht bereit ist, Platons Ideen zu folgen.

Selbst die Frage «Was ist das – die Philosophie?» ist platonisch gestellt. Sie lässt sich nicht durch die bloße Feststellung aller möglichen Formen des Philosophierens beantworten, sondern zielt auf das «Was» als das Wesen dessen, was es heißt, wirklich Philosophie zu sein. So fragte Platon, angelernt durch seinen Lehrmeister Sokrates: Was ist das Schöne? Was ist die Tugend? Was ist wahres Wissen? Und mit einer ungeheuren geistigen Energie hat er diese Fragen zugeschärft und zu beantworten versucht, meist in der Form eines kunstvoll entwickelten Dialogs, in dem im Für und Wider, im Frage- und Antwortspiel zu klären versucht wurde, was sich als richtig und was sich als nichtig erweisen ließ.

Platon wollte sich dabei nicht mehr auf überlieferte Meinungen stützen oder selbst nur etwas meinen, das vielleicht zufällig das Richtige treffen mochte. Er strebte nach Wissen und suchte zugleich den tiefsten Grund des Erkennbaren. Schließlich glaubte er ihn in jenen «Ideen» gefunden zu haben, die mehr als alles andere mit Platons Namen verbunden sind. Von den vielfältigen, veränderlichen Dingen der sinnlich wahrnehmbaren Körperwelt stieg er auf zu den gleichsam urbildlichen, sich gleich bleibenden, unkörperlichen Ideen, die nicht durch die Sinne fassbar sind, sondern nur durch einen geistigen Akt, in dem die «Teilhabe» der menschlichen Seele am Reich der Ideen gelingen kann.

Gegen die Welt des Scheins setzte Platon die Wirklichkeit des Seins, gegen die sinnliche Wahrnehmung die gedankliche Ideenschau. Gegen das bloße Meinen und alle möglichen Formen des Scheinwissens versuchte er ein Wissen der Ideen zu erlangen, wobei die Idee des Guten sowohl zur Orientierung diente als auch das höchste Ziel seines Erkenntnisinteresses bildete.

Um dieses Ziel zu erreichen, das für das Wesen der Philosophie von grundlegender Bedeutung war, hat Platon neue Wege beschritten oder gebahnt, auf denen wir uns noch heute bewegen. Aber er hat dabei zugleich auch einen bestimmten Stil des

Platon. Hermenbüste im Vatikan
(Sala delle Muse), Rom

Philosophierens entwickelt und einen besonderen Typus des Philosophen geprägt: Ernsthaftigkeit ist das Wesensmerkmal des echten Liebhabers der Weisheit. Die gedankliche Strenge und geistige Tiefe der Ideen-Erkenntnis verträgt keine lächelnde Distanz, kein spielerisches Amüsement, keine leichtlebige Heiterkeit. Der Philosoph platonischen Typs lacht nicht. Es ist ihm alles wirklich ernst.

Mit Platon begann die Austreibung des Lachens aus der Philosophie. «Lachende Philosophen»? Das kann, in platonischer Perspektive, nur eine in sich widersprechende Wortverbindung sein wie «hölzernes Eisen» oder «schwarze Milch». Das Wesen des Philosophen, gemessen an der Idee der Philosophie, lässt ihn nicht lachen; und wer in der Philosophie dennoch zu lachen versucht, kann folglich kein wirklicher Philosoph sein, sondern nur ein solcher zu sein scheinen.

Schon in den frühesten Anekdoten, die über Platons Leben im Umlauf waren, hieß es, «er wäre in seiner Jugend so züchtig und gesetzt gewesen, daß man ihn niemals übermäßig hätte lachen sehen»[2]. Die Nähe zu Sokrates (469–399 v. Chr.), dem er sich als etwa Zwanzigjähriger anschloss, hat nicht dazu beigetragen, sein Gemüt zu erheitern. Vielleicht fand er es ja, wie viele junge Athener, zunächst noch recht vergnüglich, wie Sokrates seine Mitbürger irritierte, indem er ihnen immer wieder nachwies, dass ihr Wissen nur eingebildet war und ihre Lebensweise moralisch nichts taugte. Aber die tugendhafte Strenge, mit der dieser Moralist seinen Mitbürgern ständig ins Gewissen redete, sie sollten sich – statt sich um Geld und Ansehen zu kümmern – doch lieber um ihre Seele sorgen, «daß sie sich aufs beste befinde» (*Apologie* 29 e), ließ kein rechtes Lachen aufkommen. Man ging diesem Querkopf doch lieber aus dem Weg, den sein Gesprächspartner Menon einmal so treffend mit einem «verwirrenden Zitterrochen» verglich: «Denn auch dieser macht jeden, der ihm nahekommt und ihn berührt, erstarren. Und so, dünkt mich, hast auch du mir jetzt etwas Ähnliches angetan, daß ich erstarre. Denn in der Tat, an Seele und Leib bin ich erstarrt und weiß dir nichts zu antworten; wiewohl ich schon tausendmal über die Tugend gar vielerlei Reden gehalten habe vor vielen, und sehr gut, wie mich dünkt. Jetzt aber weiß ich nicht einmal, was sie überhaupt ist, zu sagen.» (*Menon* 80 a)

Endgültig muss Platon das Lachen vergangen sein, als der siebzigjährige Sokrates, der doch nur aus Selbstverantwortung seinem eigenen «daimon», diesem inneren Antrieb zum Guten, gefolgt war, angeklagt wurde: «Sokrates versündigt sich durch Ableugnung der vom Staate anerkannten Götter sowie durch Einführung neuer göttlicher Wesen; auch vergeht er sich an der Jugend, indem er sie verführt. Der Antrag geht auf Todesstrafe.»[3] Die Ankläger hatten Erfolg, auch wenn das Todesurteil nur mit einer knappen Mehrzahl der 501 Geschworenen des großen Gerichtshofs gefällt wurde.

Die Athener waren dieses alten unverschämten Philosophen überdrüssig geworden, der sie in einer Zeit der militärischen Niederlage, moralischen Verunsicherung und innenpolitischen Auseinandersetzung zwischen Tyrannen und Demokraten nur unnötig verwirrte. Sie hatten genug von seinen lästigen Entlarvungen ihres armseligen Scheinwissens und verderblichen Lebenswandels.

In seiner *Apologie des Sokrates* hat Platon später zu erkennen gegeben, wie sehr ihn dieser Justizmord an seinem philosophischen Vorbild erschütterte. Es muss für ihn ein erschreckendes Schlüsselerlebnis gewesen sein, das tiefe Spuren in seiner Philosophie hinterließ. Denn diese ergreifende *Verteidigungsrede* des

Sokrates vor dem Athener Gerichtshof ist zwar Platons schönster Text, äußerst kunstvoll in seinem Aufbau und stringent in seiner Argumentation. Aber er ist auch eine äußerst ernsthafte Schrift, in der Sokrates als die Personifikation eines idealen Philosophen auftritt, wie ihn sich Platon wünschte: tugendhaft, voller Sorge um einen möglichst guten Zustand seiner Seele, ohne Angst vor dem Tod und von einem tiefen Ernst beseelt. Der Dämon des Sokrates, der ihn zu seinem kompromisslosen Verhalten und Denken trieb, hatte kein lächelndes Gesicht.

Auch während seines ersten Aufenthalts (etwa 389–387 v. Chr.) bei dem Tyrannen Dionysios I. in Syrakus auf Sizilien hatte Platon nichts zu lachen. Das luxuriöse Leben am Hof des Gewaltherrschers war nicht nach seinem Geschmack. Der Mangel an Tugend, diese zügellose Wollust und ständige Schlemmerei, wollten ihm ganz und gar nicht gefallen. «Denn mit einer solchen Lebensführung kann kein Sterblicher, falls er von Jugend an nichts anderes kennt, je zu Verstande kommen.»[4] Und dass Platon, nach seinem Zerwürfnis mit Dionysios, auf der Rückfahrt in Ägina beinahe getötet worden wäre, dann aber als politisch nicht ernst zu nehmender Philosoph nur auf dem Sklavenmarkt verkauft wurde, machte die Sache nicht leichter.

Zurück in Athen gründete Platon um 385 v. Chr. auf dem baumreichen, vor der Stadt gelegenen Hain Akademia, der seinen Namen dem alten Helden Akademos verdankte, seine eigene Schule. Es muss ein idyllischer Ort gewesen sein, den schon Aristophanes 423 v. Chr. in seiner Sokrates-Komödie *Die Wolken* mit den poetischen Versen gepriesen hatte:

In Akademos' heil'gem Olivenhain
wirst du im Schatten lustwandeln,
Lichtgrünes Schilflaub umkränzt dir das Haar,
und zur Seite geht sittsam ein Freund dir,

Und es duftet von Geißblatt und Feiertag
und vom Silberlaube der Pappeln,
Wenn sich selig im Frühlingsschimmer vermählt
das Flüstern von Ulm' und Platane.[5]

In dieser schönen Landschaft, wo sich früher auch Sokrates gern aufgehalten hatte, errichtete Platon seine philosophische «Akademie», wobei allerdings das Lustwandeln hinter das strenge Studium der Mathematik und der Astronomie zurücktreten musste. Vor allem aber ging es Platon darum, die Studierenden mittels seiner Ideenlehre zu einem tugendhaften Leben und einer ernsthaften Nachdenklichkeit anzuleiten, und es wurde kolportiert, dass an der Akademie das Lachen nicht erlaubt gewesen wäre. Man kann sich nur schwer des Eindrucks erwehren, dass dieses Lachverbot noch heute in der akademischen Philosophie nachhallt, die ihren Namen ja von Platons Gründung herleitet.

Über die philosophische Stimmung dieser akademischen Lehrjahre geben einige der Dialoge Auskunft, in denen das Lachen zwar erwähnt wird, aber nur, um es abwehren zu können.

Schon in der *Politeia*, seinem großen Modellentwurf eines zu gründenden Idealstaates, in dem das Königtum der wahren Philosophen gepriesen wird, hat Platon, nach seiner Rückkehr aus dem sizilianischen Abenteuer und bald nach Gründung seiner Akademie, gegen die «Schädlichkeit der Lachlust» (388 d–390 a) die ernste Besonnenheit beschworen. Denn wer ein freier und rechtschaffener Mann sein will, sollte sich weder durch Schilderungen einer schrecklichen Unterwelt zu weibischem Klagen und Weinen verleiten lassen noch durch verwerfliche Dichtungen zum Gelächter. Deshalb dürfte man es sich auch nicht gefallen lassen, «wenn uns jemand Menschen, die der Rede wert sind, vom Gelächter überwältigt darstellt». (388 e)

Aber noch viel verwerflicher schien Platon die Darstellung lachender Götter zu sein. Das olympische Götterlachen, von dem Homer und Hesiod berichtet hatten, war für ihn eine lästerliche Vorstellung, die dem Göttlichen widersprach. Deshalb konnte der strenge Philosoph selbst dem großen Homer «das nicht durchgehen lassen von den Göttern» (389 a), was er in seiner *Ilias* (I, 599) gedichtet hatte:

«Doch unermeßliches Lachen erscholl den seligen Göttern,
Als sie sahen, wie Hephaistos in emsiger Eile umherging.»

Vor allem Zeus lachte hier über den Göttersohn Hephaistos, der seit seinem Sturz vom Olymp hinkte und nun im Saal herumkeuchte, Nektar ausschenkte und Hera einen guten Rat geben wollte, wie sie mit ihrem Göttergatten am besten zurechtkäme. «Unermeßlich», wörtlich: nicht zu löschen [asbestos], soll das göttliche Lachen [gelos] gewesen sein. Aber für Platon konnte der «asbestos gelos» nur eine Lügengeschichte sein; und keinesfalls dürften die Bürger der *Politeia* sie zum Anlass nehmen, selbst übermäßig zu lachen. Sie sollten überhaupt nicht «lachlustig» sein. Denn wenn jemand als «Lachfreund» [philo-gelos] die Zügel schießen lässt, «so sucht dergleichen auch immer wieder eine heftige Umwendung». (388 e) Diese «Metabole» bezeichnete subjektiv die Sinneswandlung, objektiv den Umsturz. Beides war nicht in Platons Interesse.

Das sprichwörtlich gewordene ‹Homerische Gelächter› war Platon zwar absolut fremd. Aber seine Verdrängung des «gelos» schloss nicht aus, dass er ein feines Gespür für das hatte, was «lächerlich» [geloios] zu sein schien. Denn war er nicht selbst lächerlich in seinem stets so ernsten sokratischen Streben nach wahrem Wissen und echter Tugend? Schließlich gab es ja unter seinen Zeitgenossen durchaus noch einen robusten Sinn für Humor, und ein Mensch ohne Lachen galt vielen als charakterschwacher Menschenfeind.

Das erhellt, wieso Platon in seinem berühmten Höhlengleichnis der *Politeia* den auserwählten Menschen als «lächerlich» erscheinen ließ, der unter Schmerzen gewaltsam aus der Höhle, in der illusionäre Schattenspiele an der Wand als wirkliche Welt missverstanden wurden, ins Sonnenlicht hinaus geführt wurde, wo er die «Idee des Guten» (517b) in ihrem alles überstrahlenden Glanz erblickt hatte. Zurück bei den Menschen, die den Trugbildern ihrer Scheinwelt verfallen waren, und wieder «von den göttlichen Anschauungen unter das menschliche Elend versetzt» (517d), scheint er sich übel zu gebärden und lächerlich zu sein. Man lacht über ihn, weil er, geblendet noch von der Fülle des Sonnenglanzes, ganz verwirrt und gestört wirkt.

Die Rollen waren also klar verteilt, und Platon wird sie in seinem Altersdialog *Theaitetos* noch einmal profilieren. Der Mensch, der sich auf gute und ernsthafte Weise mit der Philosophie beschäftigt, gilt seinen Nächsten und Nachbarn als lächerliche Figur. Aber dass über ihn gelacht wird, zeigt nur die Unwissenheit derer, die vom Wesen wahrer Einsicht und echter Tugend keine Ahnung haben, wie jene vorwitzige thrakische Magd, die den großen Thales verspottete, weil ihm das, was alltäglich der Fall war, unbekannt blieb und er aus lebenspraktischer Unerfahrenheit «in Gruben und in allerlei Verlegenheit hineinfällt». (174c)

Doch Platon hat nicht nur der Philosophie das Lachen ausgetrieben und den Dichtern, deren Werke uns zum Weinen und Lachen bringen können, das Heimatrecht in seinem Idealstaat verweigert. Er hat auch die Spaßmacher und Unterhaltungskünstler von der philosophischen Bühne vertrieben. Wenn ernste Männer über schwierige Probleme philosophieren, haben Menschen keinen Platz, die zum Lachen reizen. Bei den platonischen Symposien und Streitgesprächen würden sie nur stören und eine lächerliche Figur machen.

Selbst in seinem abwechslungsreichsten und anregendsten Dialog *Protagoras*, der im Haus des reichen, verschwenderischen Kallias spielt und ein lebendiges Bild des kulturellen Lebens in Athen bietet, geht es gesittet und ernsthaft zu. Der Streit zwischen Sokrates und Protagoras von Abdera um das Wesen und die Lehrbarkeit der Tugend, zwischen dem Dialektiker, der auf die Tugend als eine Befindlichkeit der Seele setzt, und dem berühmten Sophisten, der ausgefeilte Redekunst und raffinierte Gedankenspiele liebt, verträgt keinerlei Ablenkung. Man braucht dazu weder Dichter oder Gedichte, bei denen doch in der Regel nicht klar ist, was gemeint ist, noch irgendeine andere «fremde Stimme», die den Philosophen ihre Hilfe anbietet. Auch bezahlte Flötenspielerinnen, Tänzerinnen oder Lautenschlägerinnen haben hier nichts zu suchen. Der platonische Sokrates mag keine «Possen und Tändeleien» (347d), die sich nur bei den Gastmahlen «ungebildeter und gemeiner Menschen» (347c) finden. Ernst und «ganz sittsam» (347d), auch wenn man schon viel Wein getrunken hat, soll es zugehen, wenn die Philosophen «aus uns selbst miteinander reden, um die Wahrheit und uns selbst zu erforschen». (348a)

Wie ganz anders ging es dabei während des Gastmahls bei Kallias zu, von dem uns Xenophon etwa um 380 v. Chr. berichtet hat! Auch Xenophon (etwa 431–350 v. Chr.) hatte als junger Mann, bevor er an mehreren Kriegen als Militär teilnahm, Sokrates kennen gelernt und ihn später in einigen sokratischen Büchern ausführlich charakterisiert. Doch das war ein ganz anderer Typ, der in Xenophons *Erinnerungen an Sokrates* und seiner *Apologie des Sokrates* geschildert wurde. Schon Platon empfand Xenophon als seinen Widersacher, den er keiner Erwähnung für wert hielt. Man nannte ihn auch die «Attische Muse», berichtete Diogenes Laertius, «wegen der Anmut der Darstellung. Daher stammt auch die gegenseitige Eifersucht zwischen ihm und Platon.»[6]

Man hat Xenophon seine philosophisch-ästhetische Leichtigkeit, die man für leichtfertig hielt, bis heute nicht verziehen. Sören Kierkegaard, selbst von einer ungeheuren Schwermut und einem höchsten Grad des Lebensüberdrusses gequält, hat es am deutlichsten formuliert. Xenophon habe Sokrates auf eine Weise dargestellt und verteidigt, «durch die er nicht bloß unschuldig wird, sondern schlechterdings ungefährlich, und man fällt also in die tiefste Verwunderung darüber, welch ein Dämon die Athener dermaßen verblendet hat, daß sie in ihm mehr haben sehen können als einen beliebigen andern gutmütigen, geschwätzigen und schnurrigen Kauz, der weder Schaden noch Nutzen stiftet, keinem einzigen Menschen im Wege steht, und es mit aller Welt so herzlich gut meint, wenn sie nur auf sein schlafmützziges Geschwätz hören will»[7]. Die seriöse Philosophiegeschichtsschreibung hat sich diesem Urteil angeschlossen. Im Unterschied zu Platon war Xenophon für Richard Mervyn Hare, um nur ein Beispiel zu nennen, eben «kein Philosoph und daher unfähig, in mehr als oberflächlicher Weise zu verstehen, welche Probleme Sokrates beschäftigten»[8].

Was hätte dieser tonangebende englische Moralphilosoph

erst zu Xenophons *Symposion* gesagt, das sich wie ein heiterer Anhang zu seinen *Erinnerungen an Sokrates* lesen lässt? Denn bei diesem Gastmahl nahm Sokrates als ein witziger, unpedantischer, urbaner Menschenkenner teil, der souverän zwischen Ernst und Scherz changieren konnte, ganz so, wie es auf athenischen Gelagen mit ihren Gesellschaftsspielen, geistreichen Streitereien und witzigen Provokationen eben üblich war, wobei auch ein gutes Essen und viel Wein keine unwesentliche Rolle spielten.

Schon der erste Satz in Xenophons *Gastmahl* war programmatisch und wohl auch gegen Platon gerichtet, auf dessen *Symposion* sich mehrfach Anspielungen finden lassen: «Bei Männern von sittlichem Adel scheinen mir nicht nur Dinge erwähnenswert zu sein, die sie mit ernstem Sinn vollbringen, sondern auch ihr Zeitvertreib bei Scherz und guter Laune.»[9]

Es war ein warmer Sommerabend des Jahres 422 v. Chr., so fiktionalisierte es Xenophon in seiner dialogisierten dramatischen Erzählung, an dem der reiche Kallias auf der Straße Sokrates und einige seiner Philosophenfreunde traf. Gerade hatte sein junger Geliebter, der wunderschöne Autolykos, beim Ring- und Boxkampf den ersten Preis gewonnen. Das musste gefeiert werden. Die Philosophen nahmen die Einladung zum Gastmahl gern an, aber während des Essens kam kein rechtes Gespräch zustande. Denn die Gäste waren von der Schönheit des Autolykos fasziniert, wurden immer schweigsamer und überließen sich ihren Träumereien, eingeweiht in die Mysterien des Gottes Eros.

Da klopfte es an der Tür. Philippos, ein Spaßmacher, bat um Einlass, der ihm gern gewährt wurde. Das war einer jener armen Teufel, die, um nicht zu verhungern, die Gesellschaft zum Lachen bringen mussten und dafür wie «Parasiten»[10] am

Tisch der Reichen mitessen durften. Man nannte sie «Gelotopoioi»: die Lachen-Macher, die dem Gott Gelos dienten, dem personifizierten Lachen.[11] Kaum ein festliches Gastmahl in Athen kam damals ohne solche professionellen Komiker aus. Nachdem Philippos eingelassen worden war, blieb er auf der Schwelle des Saales stehen und rief zu den schweigsamen Gästen: «Daß ich ein Spaßmacher bin, wißt ihr alle. Ich wollte einfach mal herkommen, weil ich mir dachte, es sei lustiger, ungeladen als eingeladen zum Essen zu kommen.» – «Leg dich nur nieder», sagte Kallias, «denn die Leute hier sind, wie du siehst, ganz mit Ernst erfüllt und könnten wohl eher etwas Lachen vertragen.»[12]

Später kam noch ein professioneller Unterhaltungskünstler aus Syrakus hinzu, begleitet von einer Flötenspielerin, einer akrobatischen Tänzerin und einem schönen Knaben, der sehr gut die Leier spielen und dazu tanzen konnte. So wurde es doch noch ein unterhaltsamer Abend, an dem es auch an geistreichen philosophischen Gesprächen nicht mangelte. Man tanzte, man trank Wein, man lachte und stritt über den moralischen Wert verschiedener Fähigkeiten und Taten. Sokrates war kein Spielverderber und hatte auch nichts gegen das Trinken einzuwenden. Nur warnte er vor zu viel Weingenuss, der das dialektische Spiel nicht anregen, sondern ausarten ließe: «Schenken wir uns zu viel auf einmal ein, vergeht uns bald Hören und Sehen, wir können kaum noch schnaufen, ja, wir bringen kein Wort mehr heraus. Wenn uns aber die Knaben immer wieder aus kleinen Schälchen beträufeln, so werden wir vom Wein nicht sinnlos überwältigt, sondern sanft überredet und gelangen zu Scherz und geistreicher Rede.»[13]

Es konnte nicht ausbleiben, dass diese Ermahnung des Sokrates selbst wiederum zum Gegenstand eines scherzhaften

Geplänkels über die «Weinpöbelei» wurde, wobei unter dieser «paroinia» die Ausfälligkeiten und Handgreiflichkeiten allzu stark alkoholisierter Zecher verstanden wurden. Also stellte Sokrates an seinen philosophischen Kumpan Hermogenes die typisch sokratische Fangfrage: «Kannst du uns wohl sagen, was eine Weinpöbelei ist?» Eine Wesensbestimmung schien gefordert zu sein, ganz so, wie es auch in den Dialogen Platons immer wieder vorkam. Doch bei Xenophon nahm das Gespräch eine lustige Wendung, deren ironischer Anti-Platonismus nicht zu überhören war. Denn Sokrates erhielt die bedenkenswerte Antwort: «Wenn du danach fragst, was es *wirklich* ist, weiß ich es nicht. Was es mir zu sein *scheint*, das könnte ich freilich sagen.»[14] Selbstverständlich schloss sich daran ein angeregtes Gespräch zwischen den Freunden an, die auch aneinander große Freude hatten.

Es ging durchaus, neben all den amüsanten Imitationen und Clownerien, auch geistreich zu in Xenophons *Gastmahl*, vor allem in moralischer Hinsicht. Nachdem alle erzählt hatten, was sie Nützliches konnten, galt es der Aufforderung des Sokrates zu folgen: «Nun sollten wir nur noch zeigen, daß die Dinge, die wir angekündigt haben, einen wirklichen Wert darstellen.»[15] Vor allem Sokrates glänzte dabei durch zahlreiche dialektische Beiträge, die zwischen Ernst und Scherz wechselten und sich am Ende zu einer großen, durch den Wein beflügelten Lobrede auf Eros, den Liebesgott, steigerten, «zu dessen Gefolgschaft wir schließlich alle gehören»[16]. Auch die Antwort des Philippos, was er an seiner Spaßmacherei gut fände, dass er stolz auf sie sein könnte, war nicht ohne Witz: «Habe ich dazu nicht allen Grund? Denn da die Leute wissen, daß ich Spaßmacher bin, laden sie mich gerne ein, wenn sie etwas zu feiern haben, ergreifen jedoch, wenn ihnen etwas Schlimmes zugestoßen ist, die Flucht, ohne sich noch einmal umzudrehen, aus Furcht, wider Willen lachen zu müssen.»[17]

War diese Angst vor dem Lachen und diese Flucht vor dem Lachenmacher der Grund, warum in Platons Werken kein «gelatopoios» auftrat? Schlimmes war ihm zugestoßen. Keinesfalls wollte er sich zum Lachen verführen lassen. Auch waren ihm überhaupt all diese Schmeichler, Parasiten, Witzbolde und Unterhaltungskünstler zuwider, die durch ihre verwerfliche Kunst eine unterhaltsame Atmosphäre schaffen wollten, in der das Philosophieren auch Spaß bereiten sollte. Sie suchten doch nur das Angenehme zu treffen, ohne das Gute oder Beste zu kennen, um das es Platon philosophisch ging. Und auf keinen Fall wollte der Philosophos, als Liebhaber der Weisheit, etwas mit einem Philogelos, dem Freund des Lachens, zu tun haben.

Unter diesem Namen ist eine Sammlung von 265 Witzen überliefert, die allerdings erst aus der römischen Spätantike stammt. Die handschriftliche Tradierung des ersten Witzbuches *Philogelos* ist bis ins dritte nachchristliche Jahrhundert zurück verfolgbar. Aber auch diese späte Abschrift bezog ihren Unterhaltungswert vor allem aus jener langen Tradition, in der auch Philippos, der Lachenmacher bei Xenophon, seinem Geschäft nachging. Man erwartete pointierte Witze von ihm, und es gibt Hinweise, dass bereits die professionellen Parasiten an den Tischen der Reichen solche Witzbücher als Fundus ihrer Arbeit besaßen. Mit welchen Witzen Philippos die Gäste des Kallias zunächst zu erheitern versuchte, wissen wir nicht. Es soll auch nicht besonders witzig gewesen sein; denn niemand lachte darüber. So verbarg der Witzbold theatralisch seinen Kopf unter dem Gewand und imitierte den völlig Verzweifelten und Weinenden, der wegen seines Misserfolgs beruflich zu scheitern drohte. Erst dieses mimische Lamentieren ließ die

Gäste lachen, und so konnte der Lachenmacher wieder unter seinem Gewand hervorkommen und zu seiner besorgten Seele sprechen: «Sei nur getrost, denn es wird weiter Gesellschaften geben.»[18]

Bemerkenswert ist, welch breiten Raum im *Philogelos* die Witze über den «scholastikos» einnehmen. Denn so wurden ursprünglich nur jene klugen Menschen genannt, die Lehrvorträge [scholes] auf ernste und tiefsinnige Weise hielten. Dass schon bei den Griechen, diesen leidenschaftlich Studierenden und Philosophierenden, der Scholastikos als Erz-Dummkopf auftrat und belächelt wurde, ist recht verblüffend und noch immer nicht ausreichend erhellt. Fünf dieser scholastischen Witze sollen hier genügen, um zu zeigen, worüber in den Symposien gelacht wurde.[19]

– Jemand kam zu einem Arzte, der ein Scholastikos war, und sagte: «Herr Doktor, wenn ich vom Schlaf aufstehe, bin ich eine halbe Stunde schwindlig, und dann erst wird mir besser.» Und der Arzt: «Stehe eine halbe Stunde später auf!»
– Ein Scholastikos, der sehen wollte, ob ihm das Schlafen gut zu Gesicht stünde, schaute mit geschlossenen Augen in einen Spiegel.
– Zwei Scholastikoi, die als Söhne lieblos und brutal waren, beklagten sich gegeneinander darüber, daß ihre Väter noch am Leben seien. Als der eine sagte: «Soll also jeder von uns den seinigen erwürgen?» sagte der andere: «Das sei uns ferne, damit wir nicht Vatermörder heißen! Vielmehr, wenn du willst, bring du meinen um, und ich deinen!»
– Jemand begegnete einem Scholastikos und sagte: «Der Sklave, den du mir verkauft hast, ist gestorben.» – «Bei den Göttern», sagte er, «solange er bei mir war, hat er nichts dergleichen getan!»

– Ein Scholastikos traf einen Bekannten und sagte: «Ich habe gehört, daß du gestorben bist.» Der erwiderte: «Du siehst doch, daß ich noch lebe.» Darauf der Scholastikos: «Aber der es mir gesagt hat, war viel glaubwürdiger als du.»

Nun hat, wie man weiß, Platon als Philosoph zwar nichts gehalten von den Lachenmachern und Lachfreunden, und es ist nicht überliefert, dass er jemals über einen Witz gelacht hätte. Er hatte keinen Sinn für solche Possen. Aber er konnte das Phänomen ja nicht völlig unberücksichtigt lassen, wenn er nicht selbst als weltfremder Eierkopf gelten wollte. Aus diesem Dilemma rettete er sich durch einen raffinierten Schachzug. Platon erklärte das Lächerliche zu einem ernsthaften philosophischen Thema. Er war der Erste, der das Adjektiv «geloios» [lächerlich] substantivierte und «geloia» [das Lächerliche] als eine Idee zu begreifen versuchte, obwohl er sie nur auf einer unteren Stufe in seiner Ideen-Hierarchie ansiedeln konnte, sehr weit entfernt von der höchsten Idee des Guten.

Platons später Dialog *Philebos*, zwischen 360 und 347 v. Chr. geschrieben, ist die älteste uns verfügbare und zugleich auch die einzige entwickelte Erörterung des Lächerlichen, die uns aus dem Altertum bekannt ist. Sie wurde begriffsgeschichtlich wegweisend. Vor allem Aristoteles hat sie in seiner Komödientheorie weiter entwickelt. Doch über dieser Wirkungsgeschichte sollte nicht übersehen werden, dass sich der *Philebos* lesen lässt wie eine Reflexion all dessen, was Platon am Werk des Xenophon geärgert hat, ohne sich mit ihm direkt auseinander setzen zu müssen.

Was die Leser von Xenophons *Symposion* lachen machen sollte, hielt Platon nur für lächerlich, worüber es folglich auch nichts zum Lachen gab. Was aber ist das Wesen des Lächerlichen? Auf diese Frage suchte Sokrates im Gespräch mit Protarchos eine überzeugende Antwort. Eingebettet waren seine Überlegungen in die allgemeine Problematik der platonischen Tugendlehre: Was ist das Gute und bereitet als solches Lust? Und was ist das Übel und erzeugt Unlust bei jedem verständigen Menschen? Dass dabei am Ende wieder Vernunft und Tugend als Sieger aus der dialektischen Prüfung hervorgehen, war nicht überraschend. Aber subtil waren die Beobachtungen der seelischen Zustände, in denen sich Lust und Unlust mischten. In der Seele selbst ginge es nicht einfach und eindeutig zu. Dass vor allem die Zuschauer in den Komödien lachen würden, ließe sich nur aus einer Mischung von Lust und Unlust erklären, die mit der Natur des Lächerlichen zusammenhänge.

Dabei war für Sokrates der unlustvolle Ausgangspunkt seiner Überlegungen klar. Es ist das hässliche «Übel», die «Schlechtigkeit» (48 c), dass die meisten Menschen dem delphischen Orakelspruch «Erkenne dich selbst!» nicht entsprechen können oder wollen. Sie täuschen sich über sich selbst. Sie kennen sich selbst nicht und meinen etwas zu sein, was sie nicht sind. Bei ihnen stimmen Sein und Schein nicht überein.

Diese Selbstverkennung lässt sich, nach gewohnter platonischer Gütereinteilung, in die drei Bereiche des Materiellen, Körperlichen und Seelischen ausdifferenzieren. So täuschen sich Menschen erstens «in Hinsicht auf Geld und Gut» (48 e) und bilden sich etwas ein, das sie nicht haben. Häufiger ist zweitens die Selbstverkennung, in der man sich für größer oder schöner imaginiert und sich an einer verführerischen «Dünkelschönheit» (49 d) orientiert. Aber die größte und weitest verbreitete Selbstillusion findet im dritten Bereich statt, der im Zentrum der sokratischen Philosophie steht: Die meisten Menschen halten sich für tugendhafter, als sie sind, und meinen, viel über die wahre Tugend zu wissen, obwohl sie doch nur in falscher «Dünkelweisheit» [doxosophia] befangen sind.

All diese Scheinbarkeiten, die das «Kenne dich selbst!» verfehlen, sind ein Übel. Deshalb müssten sie eigentlich Unlust erzeugen, und sie tun es ja auch für Sokrates, der seine Mitbürger immerzu mit seinen Desillusionierungen verwirrte und erstarren ließ. Um dabei die Mischung von Lust und Unlust in der Seele zu verstehen, die für die Wahrnehmung des Lächerlichen typisch ist, hat Sokrates eine weitere Trennung vorgenommen. Er hat die drei Übel in sich halbiert. Zwar hält er alle falschen Meinungen der Menschen über sich selbst für verwerflich. Aber es macht doch einen großen Unterschied aus, ob diese Schlechtigkeit bei starken und mächtigen Menschen auftritt, die sich rächen können, wenn über sie gelacht wird, oder bei schwachen und machtlosen, die den Spott über sich ergehen lassen müssen – bei den Starken kann es sich furchtbar auswirken, während es bei den Schwachen nur lächerlich sein kann. «Denn die Unwissenheit der Mächtigen ist feindselig und schändlich, denn sie ist auch den Nächsten verderblich, sie selbst und ihre Abbilder; die schwache aber fällt uns in die Natur und das Gebiet des Lächerlichen.» (49 c) Das Lächerliche ist die Selbstüberschätzung der Schwachen.

Der lebensgeschichtliche Hintergrund dieser platonischen Bestimmungen ist nicht zu verkennen. Die furchtbare Selbsttäuschung der Machthaber hatte Platon vor allem während des Prozesses gegen Sokrates kennen gelernt. Die tödliche Rache der Starken war schändlich gewesen. Eine ähnlich feindselige Haltung hatte er am Hofe der Tyrannen von Syrakus erfahren, die kein Interesse an wahrer Selbsterkenntnis hatten. Diese

Enttäuschungen hatten Platon zu einem äußerst ernsten Philosophen werden lassen, dem das Lachen fremd geblieben ist.

Die üble Selbstverkennung der Schwachen erschien ihm dagegen nur lächerlich zu sein, worüber er selbst aber auch nicht lachen konnte. Dass die komödiantische Inszenierung dieses Übels, das doch eigentlich Unlust bereiten sollte, bei den meisten Zuschauern ein lustvolles Lachen freisetzen konnte, hat Platon zwar nicht leugnen können. Die Lust an der Überlegenheit gehörte auch für ihn zum menschlichen Wesen. Aber es zeigte sich dabei doch nur etwas Nichtiges, das schwach und unvermögend war und deshalb dem Philosophen keine wahre Lust bereiten konnte, die er ausschließlich am Guten empfand.

Großzügiger als sein akademischer Lehrer hat Aristoteles von Stagira (384–322 v. Chr.) das Lachen und die Komödie behandelt. Schon seine Feststellung, dass nur der Mensch «von allen Geschöpfen lachen kann»[20], lenkte seine Aufmerksamkeit auf dieses eigenartige Phänomen. Wenn das Lachen zum Wesen des Menschen gehört und ihn aus der Tierwelt heraushebt, so konnte es nicht nichtig und philosophisch unbedeutend sein.

Schon in seiner frühen Schrift über die *Redekunst* [techne rhetorike], mit der man Zuhörer für sich gewinnen kann, charakterisierte Aristoteles nicht nur die jungen Menschen dadurch, dass sie gern lachen, «weshalb sie auch einen Hang zu Späßen haben. *Witz* ist nämlich kultivierter Übermut.»[21] Überhaupt gehörten für ihn das Spiel, die Erholung und das Lachen, auch das Komische von Menschen, Worten und Handlungen, zu den angenehmen Dingen eines tätigen Lebens. In seiner *Nikomachischen Ethik* zählte er zu den «Tugenden des geselligen Verkehrs»[22] auch die Fähigkeit des Scherzens und des Lachens.

Ein völlig humorloser Charakter, der über jeden Witz ein saures Gesicht macht und selbst zur guten Laune nichts beizutragen weiß, galt Aristoteles einerseits als ein sturer «Holzkopf» und steifer Geselle. Aber die Scherze durften andererseits nicht zu weit gehen. Wer «um jeden Preis nach dem Lächerlichen hascht» und ständig Witze reißt, die keiner hören will, ist ein bloßer «Hanswurst» und untauglich für eine gesellige Unterhaltung.

Wie eine gute Komödie gelingen kann, in der die Grenzen des Lustigen nicht überschritten werden, hat Aristoteles im Zweiten Buch seiner Schrift *Über die Dichtkunst* [Peri poietikes] entwickelt. Es ist vollständig verloren gegangen, woraus Umberto Eco eine unterhaltsame Kriminalgeschichte des christlich verteufelten Lachens machen konnte.[23] Aber seine Grundintention hat Aristoteles deutlich genug skizziert: In der Komödie wird das Lächerliche dramatisiert und das moralisch Verwerfliche als hässlich nachgespielt, ohne die Rache der Verlachten fürchten zu müssen. «Die Komödie ist, wie wir sagten, Nachahmung [mimesis] von schlechteren Menschen, aber nicht in Hinblick auf jede Art von Schlechtigkeit, sondern nur insoweit, als das Lächerliche am Häßlichen teilhat. Das Lächerliche ist nämlich ein mit Häßlichkeit verbundener Fehler, der indes keinen Schmerz und kein Verderben verursacht, wie ja auch die lächerliche Maske häßlich und verzerrt ist, jedoch ohne den Ausdruck von Schmerz.»[24]

An dieser hässlichen Lächerlichkeit nichtiger Selbsttäuschung und mangelnder Selbsterkenntnis wollte Platon zwar keinesfalls teilnehmen. Er besuchte keine Komödien, konnte sie jedoch, vor allem nach den Beschreibungen seines Schülers Aristoteles, philosophisch nicht mehr unbeachtet lassen.[25] Deshalb hat er sich 347 v. Chr. in seinem umfangreichen, unvollendet gebliebenen Werk über die Gesetze [nomoi] ein letztes Mal mit Spiel und Ernst beschäftigt und dabei auch der Komödie und Tragödie eine philosophische Untersuchung gewidmet.

Nomoi ist gewiss Platons konservativstes Werk, in dem er am Ende alles regeln wollte, was zu einem tugendhaften Leben unter staatlicher Kontrolle gehören sollte. In diesem Staat der *Gesetze* geht es kompromisslos ernsthaft zu. Auch wenn Platon zugestand, dass bei vielen menschlichen Angelegenheiten der nötige Ernst fehlen würde und nur Gott seiner Natur nach «alles heilbringenden Ernstes wert» (803 c) wäre, so sollten die Menschen ihr Tun und Trachten doch ernsthaft betreiben. Eine eigenartige Enttäuschung sprach aus diesen letzten Worten Platons. Denn gegenüber dem göttlichen Ernst, der hier noch einmal beschworen wurde, mussten ihm die menschlichen Lebensformen als unaufhebbar mangelhaft erscheinen. Die meisten Menschen schienen nur Spielzeuge in einem Spiel zu sein, das sie als solches nicht durchschauten und dessen Regeln sie nicht kannten. Es waren größtenteils nur Marionettenexistenzen, «Drahtpuppen», die nur in geringen Teilen «der Wahrheit teilhaftig» (804 b) waren.

Auf den Vorwurf seines Gesprächspartners, dass dieses Menschenbild voller Verachtung gezeichnet wäre, vollzog der Philosoph aus Athen zwar einen kleinen Rückzug: «Es sei also, wenn du willst, unser Geschlecht nicht verächtlich, sondern eines gewissen Ernstes wert.» (804 c) Und einer solchen ernsthaften Betrachtung unterzog er dann auch die Komödie. Er wollte sie nicht mehr ganz aus dem Staate vertreiben. Vielleicht ließe sich ja doch etwas Sinnvolles aus diesem Spiel der Komödianten gewinnen, mit dem die Zuschauer zum Lachen gereizt werden? Und in einer für ihn typischen dialektischen Wende gab Platon darauf seine Antwort: Das Lächerliche der Schauspiel-Marionetten auf der Lustspielbühne kann nur dann wertvoll sein, wenn es das Ernste der Tugend zu profilieren hilft. Nur als verwerfliches Gegenbild zum Guten, das im Staat herrschen soll, ist die komödiantische Nachahmung des Lächerlichen akzeptabel. «Die Nachbildungen häßlicher Gestalten und Gesinnungen und die Scherzgebilde solcher, welche Lachen zu erregen bemüht sind, die in Worten, Gesang und Tanz und allen derartigen Nachbildungen das Lustspiel darstellen, diese mitanzuschauen und kennenzulernen ist notwendig; denn das Ernste ist ohne das Lächerliche, sowie, wenn jemand zur Einsicht gelangen will, von allen Entgegengesetzten keines ohne das ihm Entgegengesetzte zu begreifen.» (816 d)

Nur wenn man als distanzierter Zuschauer mit dem Lächerlichen bekannt gemacht wird, kann man es vermeiden. Darin besteht der ernste Wert der Komödie, deren gespielte Lächerlichkeit im Leben selbst keine Rolle spielen sollte. Und so ist die abschließende gesetzliche Regelung nur allzu verständlich, mit der Platon die mimetische Gefahr abwehren musste, die vom Lächerlichen ausgeht, wenn man es selbst nachahmen würde: «Ferner muß man Sklaven und um Lohn gedungenen Fremdlingen die Nachbildung desselben übertragen, und nie darf ein Freier, weder Frau noch Mann, ernstlich sich damit beschäftigen.» (816 e)

Die Geschichte vom lachenden Philosophen

Weshalb Demokrit von Abdera gern gelacht hat und von seinen Mitbürgern für verrückt gehalten wurde

O, die Abderiten, die Abderiten! rief er zuweilen; da haben sie sich wieder selbst eine Ohrfeige gegeben, in Hoffnung, daß es mir weh thun werde![1]
Christoph Martin Wieland

Auch wenn nicht zu bestreiten ist, dass Platon der tonangebende und wirkungsvollste Vordenker der europäischen Philosophiegeschichte ist, so lässt sich doch die hypothetische Frage stellen: Was wäre geschehen, wenn all seine Werke nur bruchstückhaft überliefert worden wären, nur aus zweiter oder dritter Hand zitierbar, und wenn statt dessen die vielen Bücher des Demokrit von Abdera erhalten geblieben wären, von denen nur ein weit gestreutes Trümmerfeld aus etwa 300 einzelnen Zitaten existiert? Dann wäre wohl nicht nur der platonische Idealismus in seine Schranken verwiesen worden, zugunsten eines demokritischen Materialismus, der die Philosophie nicht in die Transzendenz einer reinen Ideenwelt schwärmen ließ. Vielleicht wäre es dann auch um das Lachen in der Philosophie anders bestellt.

Demokrit muss ungeheuer produktiv gewesen sein. Dem Ägypter Thrasyllos von Medes verdanken wir die Auflistung von 60 Schriften, jeweils in Viererblöcke [Tetralogien] geordnet, die sich noch zu Beginn des ersten nachchristlichen Jahrhunderts in der Bibliothek von Alexandria befanden. Voller Bewunderung nannte man Demokrit einen Fünfkämpfer im Reich der Philosophie, weil er über umfangreiche und tief gehende Kenntnisse in Physik, Mathematik, Ethik und allgemeiner Kultur verfügte, «wozu noch die volle Bekanntschaft mit den Künsten kam»[2].

Dennoch steht dieser abderitische Weise wirkungsgeschichtlich völlig im Schatten des übergroßen athenischen Philosophen und ist nur schemenhaft zu erkennen. Deutlich wahrnehmbar ist lediglich, dass er schon in antiken Philosophiegeschichten und zahlreichen Anekdoten als der große Widersacher Platons geschildert wurde; und man hat auch nicht ohne guten Grund das gesamte Werk Platons als einen strittigen Dialog mit Demokrit bezeichnet, obwohl sich dort dessen Name kein einziges Mal finden lässt.

Diese Verleugnung irritierte bereits die Zeitgenossen. Schon ihnen stellte sich die Frage, warum Platon, der doch so gern fast allen anderen Philosophen, mit Ausnahme des Sokrates, widersprach, ausgerechnet «des Demokrit nicht gedachte»[3]. Dass er sich durch Demokrits Philosophie und Lebenshaltung extrem herausgefordert fühlte, dokumentiert die Anekdote, dass Platon sogar die Absicht gehabt haben soll, alle Schriften Demokrits zu verbrennen, die er erreichen konnte. Nur das publizistische Argument, dass dessen Bücher bereits eine große Leserschaft gefunden hätten und ihr Einsammeln ein nutzloses Unternehmen wäre, soll ihn von dieser aggressiven Absicht abgehalten haben.

Doch woher stammte diese Missachtung, die sich zur Zerstörungswut steigerte? Wollte Platon sich nur schützend vor seinen bewunderten Meister Sokrates stellen, dem kein anderer das Licht des Weisen streitig machten sollte? Vielleicht fürchtete er selbst diesen Fremden aus Abdera, weil er, wie Diogenes Laertius vermutete, «offenbar sich bewußt war, daß er es mit dem besten aller Philosophen zu tun haben würde»[4]. Oder handelte es sich gar um den Widerstreit disparater Haltungen zur Philosophie und zum Leben, der keinen Kompromiss seitens Platons erlaubte?

Wer in diesem Streit, der ja nicht öffentlich ausgetragen wurde, der Beste war, kann offen bleiben. Bemerkenswert ist jedenfalls, dass Demokrit ein ganz anderer Typ war als der ernsthafte Platon und sein streitbares Vorbild Sokrates. Er hat keine Jünger um sich geschart und keine Schule gegründet. Er suchte keine gesellschaftliche Anerkennung, hielt sich politisch zurück und liebte auch die Einsamkeit, um dort «auf mannigfaltige Weise das Spiel seiner Vorstellungen zu prüfen»[5]. Dennoch war er kein grüblerischer Einzelgänger, sondern ein Mann von Welt, der sich selbst als Weltbürger verstand und jederzeit zum Scherzen und Lachen aufgelegt war.

Man nannte Demokrit auch den «lachenden Philosophen». Vielleicht war das ja die herausragende Charaktereigenschaft, die Platon vor allem provozierte oder verunsicherte. Er hatte der Philosophie das Lachen ausgetrieben. In der Person des lachenden Demokrit schallte es ihm zurück. So gab er sich die größte Mühe, sich taub zu stellen und über Demokrit zu schweigen.

Aber es war wohl nicht nur das sprichwörtliche Lachen des Abderiten, das dem Athener missfallen musste. Auch in ihren physikalischen, ethischen, religiösen und pragmatischen Grundüberzeugungen waren sie die entschiedensten Widersacher. Doch wer war überhaupt dieser Demokrit aus Abdera?

Es ist sehr wenig über sein Leben bekannt. Unter zahlrei-

Grandville: Illustration zu Lafontaines Fabel «Démocrite et les Abdéritains» in der Ausgabe von 1838

chen Geschichten sind verlässliche biographische Daten nur schwer zu finden. Er soll um 470 v. Chr. in der ionischen Kolonie Abdera an der thrakischen Küste geboren worden sein, aus der auch der berühmte Sophist Protagoras stammte. Das war damals eine blühende und mächtige Handelsstadt in der nördlichen Ägäis, auch wenn das Klima nicht gerade gesundheitsfördernd gewesen sein soll. Sein Vater war äußerst wohlhabend, sodass der Sohn eine ausgezeichnete Ausbildung erhielt. Anders als seine beiden Brüder ließ er sich das väterliche Erbteil auszahlen, um seine großen Reisen durch die Welt zu finanzieren. Er strebte nach Wissen, und man berichtete, dass er nach Ägypten gereist wäre, um dort Geometrie zu studieren. Er soll bis nach Indien gekommen sein, sich auch längere Zeit in Persien, am Roten Meer und in Äthiopien aufgehalten haben. Später wird er daraus den kosmopolitischen Schluss ziehen: «Die ganze Erde steht einem weisen Manne offen; denn das gesamte All ist einer vortrefflichen Seele Vaterland.»[6]

Demokrit war ein Forscher, dessen Wissensdurst in die Breite ging und der die halbe Welt durchwanderte, um Erfahrungen zu machen und Kenntnisse zu erwerben. Als Philosoph war er ein Universalgelehrter, der von keiner abstrakten Idee ausging, sondern sich der aufmerksamen Beobachtung verschrieb, aber auch alle möglichen Theorien und Weltanschauungen zur Kenntnis nahm und für sich durchdachte. Auf seiner Rückkehr machte er in Athen eine Zwischenstation. Hier lernte er Sokrates zwar kennen, wurde von ihm aber nicht wahrgenommen. In Athen, «da kannte mich keiner»[7]. Er hielt sich gern im Hintergrund.

Arm in seine Heimatstadt zurückgekehrt, schrieb er dort seine zahlreichen Werke und erlangte dadurch den Ruf, ein

Weiser [sophos] zu sein, der über sich selbst schließlich sagen konnte: «Unter allen meinen Zeitgenossen habe ich das größte Stück der Erde durchschweift, nach dem Entlegensten forschend, und die meisten Himmelsstriche und Länder gesehen, die meisten denkenden Männer gehört und in der geometrischen Konstruktion und Beweisführung hat mich niemand übertroffen.»[8] Das Todesjahr des Demokrit ist nicht bekannt. Er soll ein sehr hohes Alter, um die 100 Jahre, erreicht haben und völlig schmerzlos, mit heiterer Gelassenheit, gestorben sein.

Der Widerstreit zwischen diesem universell interessierten Forscher, dem nichts Menschliches fremd war, und dem strengen Denker Platon, bei dem sich alles um die Idee des Guten drehte, lässt sich an einigen Punkten verdeutlichen, wobei nicht zuletzt die demokritische Heiterkeit eine strittige Rolle spielte.

Auch Demokrit hatte eine großartige Idee, aus der sich dann alles folgern ließ, was ihn philosophisch herausforderte. Aber diese Idee war keine geheimnisvolle Größe in einem übersinnlichen Reich, das mit der Körperwelt nichts zu tun haben sollte. Sie war vielmehr ein äußerst kühner Grundentwurf von allem, was der Fall ist. Sein Wunsch ist berühmt geworden, «daß er lieber eine einzige Ätiologie (Ursachenerklärung) finden möchte als König von Persien zu werden»[9]. Seine Entdeckung war genial einfach, von einer ungeheuren Radikalität und nachhaltigen Wirksamkeit: «Die Urgründe des Alls sind die Atome und das Leere; alles andere ist nur schwankende Meinung.»[10]

Die Atome: das waren für Demokrit die kleinsten, unteilbaren, mit den Sinnen nicht wahrnehmbaren materiellen Elemente, die einen bestimmten Raum ausfüllen. Sie sind das «Volle», aus dessen unterschiedlicher Lage, Anordnung und Gestalt sich alles aufbaut, was wir als Dinge wahrnehmen können. Das Leere: das war der atomar nicht gefüllte Raum, in dem die Atome sich bewegen, aneinander ankoppeln und wieder voneinander trennen konnten, um die reichhaltige und wandelbare Vielfalt aller Dinge zu bilden. Mit einem kleinen Wortspiel hat Demokrit das Wechselspiel von Leerem und Vollem ausgedrückt: Das «ouden» [Nichts] gibt es wie das von Demokrit mit dem von ihm erfundenen Wort «den» bezeichnete körperliche Sein, und umgekehrt, woraus sich durch das entsprechende Weglassen des Anfangsbuchstabens die amüsante deutsche Übersetzung ergibt: «Das Ichts existiert nicht mehr als das Nichts.»[11]

Wenn es in Wirklichkeit nur das atomar Volle und das Leere gibt, dann können die qualitativen Sinneseindrücke des Menschen nur ein subjektiver Schein sein: «Nur scheinbar hat ein Ding eine Farbe, nur scheinbar ist es süß oder bitter; in Wirklichkeit gibt es nur Atome und den leeren Raum.»[12] Für Demokrit waren alle Wahrnehmungen und Empfindungen des Menschen nur materielle Ereignisse, bei denen seelische Feueratome durch atomare Abstrahlungen der äußeren Dinge in Bewegung gesetzt werden.

Die Atomtheorie musste einen äußerst ketzerischen Gedanken zur Folge haben: In einem All der Atome und des Leeren haben Götter keinen Platz. Der Atomismus führte zu einem fröhlichen Atheismus. Denn wozu sollte man sich jetzt noch vor zornigen Göttern fürchten oder ihr Wohlwollen erflehen, wenn ihre Existenz doch nur ein Schein war, der sich aus dem Wirbel der Atome im Leeren ergab?

Wenn das Zusammenspiel der Atome im Nichts die Ursache von allem Geschehen und allen Dingen ist, dann musste sich auch eine Art atomistischer Moral denken lassen. Besonders diese Folgerung muss Platon zutiefst verärgert haben, widersprach sie doch dem Höchsten, um das er sich sorgte. Die eine göttliche Idee des Guten drohte sich in einer Illusion zu verflüchtigen, an deren Stelle die vielfältigsten menschlichen Lebensformen traten, wie sie durch Seelenatome verursacht werden. Aber diese Materialisierung des Moralischen bedeutete für Demokrit nicht, dass er eine Ethik für nichtig oder bedeutungslos hielt. Im Gegenteil. Neben den Schriften zur physikalischen Weltordnung bildeten Schriften zur Ethik den zweiten großen Schwerpunkt seines philosophischen Werks.

Jeder Mensch war für ihn ein kleiner Kosmos, der in sich der großen kosmischen Ordnung entsprechen sollte. Nur dann kann es ihm «gut» gehen. Es war also nur folgerichtig, dass die beiden Hauptbegriffe der demokritischen Ethik an seine Naturphilosophie anknüpften. Die *Harmonie*, die im Kosmos herrscht, wurde auf die menschliche Natur übertragen und so zu einer moralischen Größe. Dabei kommt es darauf an, das richtige Maß [metron] zu finden, das die Seelenatome weder übermäßig wirbeln lässt noch sie untermäßig ruhig stellt. «Schön ist in allem das Gleichmaß; weder Übermaß noch Mangel gefallen mir.»[13] Wessen Seele nämlich durch ein Zuviel oder ein Zuwenig atomarer Dynamik beherrscht werde, unterliege «starken Schwingungen entgegengesetzter Gefühlsbewegungen»[14] und könne deshalb weder gleichmütig noch frohgemut sein. Und aus dieser Harmonie des Maßes leitete Demokrit die *Euthymie* ab als das Ideal einer richtigen Lebensform. «Endziel ist die Seelenheiterkeit, die keineswegs zusammenfällt mit der Lust, wie einige mißverständlich auffaßten, sondern ein Zustand, in welchem die Seele ein friedliches und gleichmäßiges Dasein führt, von keiner Furcht, von keinem

Aberglauben oder sonst welcher Störung aus dem Gleichgewicht gebracht.»[15]

Wir müssen uns Demokrit als einen heiteren Menschen vorstellen. Denn aus dem vernünftigen Maßhalten leitete er jene «frohmütige Gelassenheit»[16] ab, die ihm den Titel eines lachenden Philosophen einbrachte. Dabei waren ihm auch die Trauer und das Weinen nicht fremd. «Es ist angemessen, da wir nun einmal Menschen sind, über menschliches Mißgeschick nicht zu lachen, sondern zu weinen.»[17] Aber am liebsten hat er doch gelacht, sei es aus jener «wohlgemuten» Lebensfreude, die für ihn selbst typisch war, sei es wegen jener vielen selbstverschuldeten Torheiten, die er überall auf der Welt beobachtete und richtig zu taxieren wusste.

Vor allem dieses demokritische Lachen hat Platon provoziert, dessen Lachverbot den Weisen aus Abdera mehr als jeden anderen Philosophen traf. Es ist noch heute wirksam. Man spürt es selbst bei denjenigen, die Demokrits Leistung wohlwollend kommentieren oder gar als hochgradig aktuell bewundern. So hat etwa Friedrich Albert Lange 1866 in seiner engagierten *Geschichte des Materialismus* Demokrit als einen der großen Männer des Altertums von dem «Zerrbild» befreien wollen, das man sich von ihm als einem lachenden Philosophen gemacht hatte. Denn die irreführenden Erzählungen, die schon Georg Wilhelm Friedrich Hegel als «schlechte Anekdoten»[18] weggewischt hatte, hätten nichts mit dem Wesen dieses universal interessierten Forschers zu tun, «indem sie in ihm nichts erblicken als den heiteren Spötter über die Torheiten der Welt und den Träger einer Philosophie, die, ohne sich in die Tiefe zu verlieren, alles von der guten Seite nimmt»[19]. Noch in einer der neuesten und sachkundigsten Arbeiten über *Demokrits Wege des Denkens* findet sich diese typische Distanzierung.

Es habe seinem Ruf als einem ernst zu nehmenden Moralisten «nicht geringen Schaden zugefügt»[20], dass ihm das Etikett «lachend» verliehen worden war. Man solle es zurückweisen, um alle Lust betonenden Missdeutungen seiner Ethik zu vermeiden.

Doch diese Abwehrhaltung seitens der akademischen Philosophie soll uns nicht hindern, den Spuren des demokritischen Lachens zu folgen, die sich in die europäische Kulturgeschichte eingeschrieben haben und sie von einer anderen Seite sehen lassen.[21] Wo beginnen sie, wohin führen sie? Lassen wir uns auf diesem langen Weg durch die beiden Empfehlungen Demokrits leiten: »Nur Toren leben ohne Lebensfreude.»[22] – «Am besten bekommt es dem Menschen, wenn er sein Leben so viel wie möglich in frohgemuter Gelassenheit zubringt und sich so wenig wie möglich mißmutiger Stimmung überläßt.»[23]

Das erste Mal, wo der Name Demokrits zusammen mit dem Lachen erwähnt wurde, findet sich nicht in der griechischen Literatur. Der «locus classicus» ist lateinisch, scheinbar nur ein kurzer Hinweis ohne besondere Bedeutung. Auch ist es kein philosophischer Text gewesen, in dem an Demokrit erinnert wurde, sondern eine rhetorische Abhandlung über die Kunst des Redners, die ihn im Streit der Geister siegen lässt. Mit welchen witzigen und humorvollen Kniffen kann er seine Gegner überreden und das Publikum auf seine Seite ziehen? Es war der berühmte römische Redner und Politiker Marcus Tullius Cicero (106–43 v. Chr.), der in seiner Schrift *Über den Redner* [De oratore] darauf eine kunstvoll ausgefeilte und breit ausgeführte Antwort gab. Cicero kannte sich aus. Er galt selbst als einer der witzigsten Redner seiner Zeit, der auf den Humor der Römer besonders stolz war und ihn zu kultivieren versuchte, obwohl er wenig Grund hatte, über die politischen Wirren der Zeit zu lachen, unter denen er leiden musste, zunächst als beredsamer Konsul hoch angesehen, aber 58 v. Chr. in die Verbannung geschickt und in einen Abgrund der Verzweiflung gestürzt. Nach Rom zurückgerufen, konzentrierte er sich lieber auf Philosophie und Rhetorik statt auf Politik. So entstand im Jahr 55 v. Chr. seine erste große Schrift *De oratore* mit ihrem kleinen Hinweis auf den Weisen von Abdera.

Über den Redner verknüpfte das reichhaltige Erbe der griechischen Philosophie, die Cicero auf seiner Studienreise an der platonischen Akademie in Athen aus erster Hand kennen gelernt hatte, mit der römischen Lebenswirklichkeit und zahlreichen persönlichen Erfahrungen. Ahnte Cicero bereits, dass es auch ihm später so gehen würde wie den Gesprächspartnern, deren Unterhaltung über die Redekunst er im September des Jahres 91 v. Chr. stattfinden ließ, einige Tage vor der Ermordung des Redners und Rechtsgelehrten Lucius Licinius Crassus am 19. 9. 91, von dem er so viel lernen konnte und dessen Reden auf dem römischen Forum ihn begeistert hatten, auf dieser öffentlichen Rednertribüne also, auf der später sein eigener abgeschlagener Kopf und seine Hände angenagelt und zur Schau gestellt werden sollten?

Auch dem begeisternden Redner und einflussreichen Politiker Marcus Antonius (143–87 v. Chr.), der zweiten Hauptfigur des Gesprächs über die Vorteile des Humors und Witzemachens, war es nicht besser ergangen. Unter der Schreckensherrschaft von Marius und Cinna fiel auch sein Kopf. Und auch der Dritte im Bunde, Gaius Julius Caesar Strabo, den man für den witzigsten Kopf seiner Zeit hielt, überlebte nicht den Terror des Jahres 87 v. Chr.

Es hat etwas Makabres, dass ausgerechnet diese drei Toten in Ciceros Reflexionen über die Gründe und den Nutzen des

Lachens wieder lebendig wurden. Da sitzen sie also unter einer mächtigen Platane im Garten des Crassus und debattieren über die Redekunst. Sie gilt ihnen als ein Gipfel der menschlichen Kulturleistung, weil dadurch unser wesentlichster Vorzug vor den Tieren, nämlich sprachlich unsere Gedanken ausdrücken und austauschen zu können, kunstvoll gestaltet und dadurch selbst noch übertroffen werde.

Am zweiten Tag dieses Lobs der Rhetorik geht es um die Erregung von Gefühlen, wobei Witz und Humor als besonders gewinnend und nützlich gepriesen werden. Strabo soll sagen, was es damit auf sich habe. Schließlich kenne er sich am besten damit aus, wie man Menschen zum Lachen bringen kann. Zunächst weist er das Ansinnen der Freunde zurück mit dem amüsanten Hinweis, «daß ein Mann mit einigem Humor jedwedes Thema witziger behandeln kann als ausgerechnet das des Witzes».[24]

Immer wieder schiebt Caesar Strabo auf, was man von ihm erwartet. Schließlich sei er nur ein Praktiker, kein Theoretiker. Er will einfach nicht auf den Punkt kommen. Doch endlich, nach zähem Sträuben und bohrenden Aufforderungen, ist er bereit, seine «Meinung über diesen gesamten Bereich in aller Kürze»[25] darzulegen. Es wird ein langer Vortrag, der noch heute als ein humor-philosophisches Glanzstück seinen Reiz nicht verloren hat. Ein strenges System findet sich zwar nicht, aber ein kunterbunter Strauß von Witzen, an denen geklärt und erläutert wird, warum sie lachen machen, warum es Sache des Redners sein soll, Heiterkeit zu erregen, wie weit er dabei gehen darf und welche verschiedenen Arten des Lächerlichen es gibt. Auch die Situationen, in denen Späße und Witze angenehm sind und treffend eingesetzt werden können, werden untersucht. «Die Gelegenheit für ein witziges Wort werden wir also mit Klugheit und Würde ermessen. Oh, hätten wir dafür doch ein System! Aber unsere Meisterin ist die Natur.»[26]

Sachwitze, die anekdotisch erzählt oder mimisch vorgeführt werden, funktionieren anders als Wortwitze, bei denen alles auf den sprachlichen Ausdruck ankommt. Vor allem bei ihnen spürt man den beruflichen Hintergrund Ciceros. Denn viele der Witze sind rhetorische Figuren, auch wenn sie hier für eine Erhellung der Lachgründe eingesetzt werden.[27]

Besonders bedeutsam für die philosophische Klärung des Lachens, an die sich später unzählige Nachfolger angeschlossen haben, ist die Einsicht, dass wir oft lachen müssen, «weil wir uns gleichsam in unserer Erwartung getäuscht sehen»[28]. Das war zwar nicht ganz originell, wurde jedoch durch Cicero zur Standardformel. Denn bereits Aristoteles hatte etwa 300 Jahre früher in seiner *Rhetorik* darauf hingewiesen, dass der geistvolle und witzige Reiz oft durch einen rhetorischen «Trick» erzeugt werden kann: Der Zuhörer muss durch eine ungewohnte Formulierung oder überraschende Metapher auf etwas Neues hingewiesen werden, das seinen bisherigen Vorstellungen widerspricht. Dann scheint er sich in seinem Inneren zu sagen: «Wie wahr! Ich habe mich geirrt», was Aristoteles so kommentierte: «Das geschieht, wenn etwas der Erwartung zuwiderläuft und nicht der bisherigen Ansicht entspricht, sondern die Redner wie Spaßmacher Wörter verdrehen. Das bewirken auch Späße, die die Abfolge von Buchstaben verändern, denn sie täuschen die Erwartung. Und ebenso Verse, die nicht so sind, wie es der Hörer erwartete: z. B. ‹Er ging und an den Füßen trug er Beulen.› Man hätte freilich ‹Schuhe› erwartet.»[29]

In Ciceros *De oratore* hat Caesar Strabo diese aristotelische Überlegung aufgegriffen und fortgeführt. Wir lachen über unseren Irrtum, weil etwas anderes gesagt wird, als wir erwarteten, wobei dieser Anlass durchaus auch unbeabsichtigt zustande gekommen sein kann. Das Missverhältnis zwischen dem wörtlich Verstandenen und dem gemeinten Sinn ist dafür typisch. Mit einigen solcher Witze hat Strabo seine Gesprächspartner zum Lachen bringen wollen.

– «Als man Pontidius z. B. fragte: ‹Wie stellst du dir einen Mann vor, den man beim Ehebruch ertappt?› gab er zur Antwort: ‹Langsam.›»[30] Dabei war doch nicht nach der Art seiner Vorstellung gefragt worden, sondern nach der Reaktion des Ertappten.
– «Spaßig war auch die Antwort, die L. Nasica dem Censor Cato gab, als er ihn fragte: ‹Nach bestem Wissen und Gewissen – hast du eine Frau?› ‹Bei Gott›, erwiderte er, ‹nach bestem Wissen und Gewissen habe ich keine.› So etwas klingt entweder banal, oder es wirkt dann witzig, wenn man etwas anderes erwartet hat.»[31] Denn schließlich sollte der Gefragte ja nur ernsthaft antworten, ob er verheiratet oder ledig ist. Statt dessen bezog er die feierliche Formel auf den Wert seiner Frau, den er selbst offensichtlich für äußerst gering einschätzte.

Viele der Witze, die Strabo erzählt, haben für uns ihren Reiz verloren. Es fehlt ihnen die kulturelle Atmosphäre, in der sie wirken konnten, die zündende Kraft, die sie in ihrer Welt besaßen.

– «Ähnlich sagte ich, als bei der Musterung Metellus meine Augen als Entschuldigung nicht gelten lassen wollte und mich fragte: ‹Du siehst also nichts?› ‹O doch! Vom Esquilinischen Tor aus sehe ich dein Haus.›» Was gab es da zu lachen? Erst der Kommentar erhellt, worin der Witz bestand.[32]

Doch so klug und witzig der Vortrag des Caesar Strabo auch sein mag, auf die grundlegende Frage weiß er keine Antwort: Was ist das Lachen selbst, diese den Menschen charakterisierende Ausdrucksgebärde, die sich von einem leichten Verziehen der Mundwinkel bis zu einem unkontrollierbaren körperlichen Außer-sich-Sein steigern kann, bei dem man krampfhaft geschüttelt wird, ohne es bändigen zu können?

Auf die physiognomischen und physiologischen Seiten des Lachens ist Strabo nicht eingegangen. Sie sind für ihn ein unbekanntes Gebiet, auf dem er als Rhetoriker nichts zu suchen hat. Da sind andere Fachleute gefragt – und erst jetzt fällt der Name, der auch hier schon so lange aufgeschoben worden ist: «Was die erste Frage angeht, was das Lachen an und für sich ist, wie es erregt wird, wo es sitzt, wie es entsteht und so plötzlich hervorbricht, daß wir, auch wenn wir den Wunsch haben, nicht an uns halten können, und wie es zugleich den Körper, den Mund, die Adern, die Augen, die Miene ergreift, so mag Demokrit sich darum kümmern.»[33]

Dass der Weise aus Abdera selbst gern und viel lachte, wurde hier noch nicht gesagt. Auch wurde er nicht als Philosoph oder Ethiker vorgestellt, der sich um eine wohlgemute, heitere Seele kümmerte. Er spielte nur eine Rolle als Naturwissenschaftler, der sich mit der Physiologie des Lachens als Forschungsobjekt beschäftigt haben soll. Als reiner Atomist, der körperliche Vorgänge untersuchte, taucht Demokrit bei Cicero auf, nicht als Moralist, der über die lächerlichen Anlässe des Lachens nachdachte und dabei selbst gern lachte.

Demokrits materialistische Analyse des Lachens als eines körperlichen Vorgangs ist nicht überliefert. Sie muss jedoch Cicero noch bekannt gewesen sein. Vielleicht war sie ihm durch die aristotelische Lehrschrift *Über die Glieder der Geschöpfe* [De partibus animalium] in ihren Grundzügen vertraut. Zwar ist nicht gesichert, ob Aristoteles in dieser biologischen Untersuchung und Systematisierung sich auf Demokrit bezog. Aber sie lag forschungsstrategisch ganz auf dessen Linie. Aristoteles hat nämlich in dieser anatomischen Schrift das Lachen nicht als mentalen Vorgang reflektiert, sondern als körperliches Ereignis zu erklären versucht. Er hat es auf die Erwärmung und Erschütterung des Zwerchfells zurückgeführt, das er als notwendige Scheidewand oder Abschirmung zwischen dem unteren Bereich des Bauches und dem oberen Bereich des Herzens und des Kopfes verstand. Alle «Bluttiere» besitzen es, damit die wertvolleren Teile und wahrnehmenden Aktivitäten des Körpers von den geringeren, zur bloßen Nahrungsverwertung nützlichen Gliedern abgetrennt sind, «soweit die Geschöpfe eine Trennung in Oben und Unten zulassen. Das Oben ist nämlich der Zweck und das Wertvolle, das Unten nur Mittel und Notwendigkeit zur Aufnahme der Nahrung.»[34]

Wenn nun aber, Aristoteles zufolge, die Scheidewand des Zwerchfells beim Menschen durch untere Aktivitäten erwärmt oder durch andere Ereignisse in Schwingung versetzt werde, so müsse er lachen. Es sei ein unwillkürlicher Vorgang, wie vor allem das Kitzeln zeige. «Wenn man nämlich gekitzelt wird, lacht man sofort, weil die Bewegung schnell an diese Stelle gelangt und, obwohl sie nur ganz wenig erwärmt, dennoch die Gesinnung ans Licht bringt und erregt, und zwar gegen den Willen. Daß nur der Mensch kitzlig ist, liegt an der Feinheit seiner Haut und an dem Umstand, daß nur er von allen Geschöpfen lachen kann. Kitzel ist Gelächter durch Reiben einer geeigneten Stelle in der Gegend der Achselhöhlen. Man erzählt, es komme in Kämpfen vor, daß durch Schläge in die Gegend des Zwerchfells Gelächter verursacht werde, wohl wegen der durch den Schlag erzeugten Wärme. Eine solche Behauptung ist jedenfalls eher glaubhaft, als wenn man vom Kopf der Menschen erzählt, er könne noch reden, wenn er abgeschlagen sei.»[35] In der Tat war Aristoteles davon überzeugt, dass unter allen Lebewesen allein der Mensch lachen könne. Denn weder Kitzeln noch ein Schlag gegen ihr Zwerchfell bringe die anderen Tiere zum Lachen, was man leicht verstehen könne, «weil sie überhaupt nicht lachen».

Ob diese aristotelischen Überlegungen durch Demokrits Forschungen angeregt waren, ist nicht nachweisbar. Aber es erhellt das Bild, das Cicero von Demokrit gezeichnet hat. Er galt ihm als ein Erforscher des Körpers, der das Lachen und seine Ursachen rein physikalisch zu erklären versuchte. Dabei war allerdings, wie auch bei Aristoteles, weder geklärt worden, warum allein der Mensch lacht, wenn doch auch bei den Tieren ihr Zwerchfell erschüttert werden kann, noch erschien Demokrit selbst als ein heiterer Mensch, der gern lachte.

Die Wende zum «Democritus ridens», zum lachenden Subjekt und den Gründen seines Lachens, fand erst vier Jahrzehnte später statt. Diesmal war es kein Rhetor, sondern ein Poet, der an Demokrit erinnerte, um seine eigene dichterische Absicht zu verdeutlichen. Denn der römische Dichter Quintus Horatius Flaccus (65–8 v. Chr.) war nicht nur ein begnadeter Verseschmied, vor allem von Satiren und Oden. Er war auch ein Theoretiker, der poetologisch die Ursprünge und Grenzen der dichterischen Phantasie bestimmen wollte. Schon in seinem offenen Brief an die Pisonen *Über die Dichtkunst* hatte er die Freiheit der Dichter und Maler zwar gelobt, aber sie zugleich auf ein vernünftiges Maß zurechtgestutzt. Im Spielraum der *ars poetica* sollen keine lächerlichen Mischwesen erzeugt werden, bei denen nichts zusammenpasse und alles nur wild zusammengestoppelt sei: der Kopf eines Menschen mit dem Hals eines Pferdes, dazu alle möglichen Glieder aus dem Tierreich. Solche Phantasiegebilde seien doch «so nichtig wie Träume von Kranken»[36], bei denen man sich das Lachen nicht verkneifen könne.

Nun wollte auch Kaiser Augustus von Horaz ein offenes Sendschreiben über den literarischen Geschmack der Zeit haben. Er drängte ihn zu einer poetischen Epistel. Horaz tat ihm den Gefallen und schrieb 14 v. Chr. seinen Brief *An Augustus*, in dem er auf die Schwierigkeiten hinwies, mit denen die römische Poesie zu ringen hatte. Sie schien ihm immer dekadenter zu werden, weil das Publikum nur noch unterhalten werden wollte. Amüsement und bloße Sensationslust drohten an die Stelle eines ernsthaften Kunstgenusses zu treten.

Um seine Publikumsbeschimpfung philosophisch zu stärken, zitierte Horaz die Autorität Demokrits. Wie würde dieser Weise wohl angesichts des Spektakels reagieren, über das er als Dichter so enttäuscht war? Horaz wusste die Antwort. Demokrit würde über all diese Toren und Esel lachen. Der lachende Philosoph, «ridens Democritus», betrat die Szene: «Weilte er auf Erden, der lachende Demokrit, er hätte seinen Spaß daran, wie bald eine Giraffe, dies fremdartige Mischwesen aus Panther und Kamel, bald ein weißer Elefant die Blicke der Menge fesselt. Gespannter als auf die Spiele selbst würde er auf das Volksbild achten; es böte ihm des Schauspiels nur zu viel; der Dichter aber müßte ihm vorkommen, als erzählte er sein Stücklein einem tauben Esel.»[37]

Horaz konnte ja noch verstehen, dass die Giraffe [camelopardalis], die zum ersten Mal zu Cäsars Triumphspielen 46 v. Chr. aus Alexandria nach Rom gebracht worden war, die Menschen staunen ließ und begeisterte. Aber dass alles nur noch Teil der Volksbelustigung sein sollte, war ihm zuwider. Niemand hörte mehr zu, was der Dichter zu sagen hatte, und wie die tosende Meeresbrandung führte sich das lärmende Theaterpublikum auf, zu dem die Stimme des Schauspielers nicht mehr durchdringen konnte.

Es war also ein verzweifelter, zumindest enttäuschter Ton, mit dem Horaz den lachenden Demokrit als seinen Gewährsmann ins Spiel brachte. Es war kein befreites oder amüsiertes, sondern ein vernichtendes Lachen, mit dem er das Publikum als einen Haufen lächerlicher Toren verurteilte. Es stammte aus einem leidenden Gemüt, das mit der gesellschaftlichen Welt nicht übereinstimmte, sondern sie aus der Distanz als ein verwerfliches «Volksbild» betrachtete, zu dem man selbst nicht gehörte.

Hatte der Rhetoriker Cicero das körperliche Lachen als Objekt des Naturforschers Demokrit erwähnt und der Poetologe Horaz den lachenden Demokrit für seinen Kulturpessimismus eingesetzt, so kam mit dem Philosophen Lucius Annaeus Seneca (um 4 v. Chr.–65 n. Chr.) eine dritte Stimme zur Geltung: Der lachende Demokrit erhielt einen stoischen Charakterzug eingezeichnet und zugleich einen Partner an seine Seite gestellt. Durch Seneca wurde die kontrastierende Paarbildung populär: der lachende Demokrit und der weinende Heraklit. Wahrscheinlich war dieses Doppel von Democritus ridens et Heraclitus flens schon von Senecas Lehrer Sotion vorgezeichnet worden, von dem die Aussage überliefert ist: «Bei den Weisen sollten angesichts des Zorns den Heraklit Tränen, den Demokrit aber Lachen überkommen sein.»[38] Weise werden nicht zornig. Sie lachen oder sie weinen. Diese polaren Reaktionen waren bereits bei Sotion nicht nur alltäglich vertraute psychische Ereignisse. Sie besaßen für ihn einen philosophischen Wert und charakterisierten den besonnenen Menschen. Warum dabei das Lachen vorzuziehen sei, hat erst sein Schüler Seneca zu begründen versucht.

In den drei Dialog-Büchern *Über den Zorn* [De ira], die er während seiner achtjährigen Verbannung (41–49) auf der kahlen, menschenleeren und trostlosen Felseninsel Korsika schrieb, knüpfte Seneca direkt an seinen Lehrer an. Der Zorn wurde als eine Krankheit der Seele diagnostiziert, die den Menschen völlig aus der Bahn werfen kann. Dagegen empfahl Seneca eine Haltung der Nachsicht. Man müsse eben mit den Irrtümern und Fehlern der meisten Menschen rechnen und dürfe ihnen deshalb nicht zürnen. «Was nimmt den Zorn des Weisen fort? Die große Schar der Sünder. Er begreift wie unbillig und wie riskant es ist, sich über ein allgemeines Laster zu erbosen.»[39] Da sei es doch viel ratsamer und vernünftiger, wie die beiden alten griechischen Philosophen zu reagieren, die nur geweint oder gelacht haben: «Sooft Heraklit sich unter die Leute begab und so viele ringsum sah, die übel lebten, ja vielmehr übel zugrunde gingen, mußte er weinen und bedauerte alle, die ihm froh und glücklich entgegenkamen; er war von mildem, aber allzu unbeherrschtem Wesen. Von Demokrit sagt man hingegen, er sei niemals, ohne zu lachen, unter Leuten gewesen. So wenig ernstzunehmen schien ihm alles, wo alles entweder lachhaft oder zum Heulen ist?»[40]

Hier sind beide Reaktionen noch als gleich gewertet. Durch Weinen oder Lachen wird der Zorn gleichermaßen überwunden. Es ist nur ihr jeweiliger Charakter, der Heraklit und Demokrit unterscheidet. Heraklit von Ephesos (um 540 v. Ch.–um 480 v. Chr.) galt schon immer als der «dunkle» Weise und notorische Misanthrop, der darüber klagte, dass die Menschen wie Schläfer durchs Leben gingen, die nicht wussten, dass sie schliefen. «Endlich wurde er des Zusammenseins mit den Menschen völlig überdrüssig, schied aus ihrer Gesellschaft aus und lebte einsam im Gebirge.»[41] Demokrit dagegen neigte zu Lebensfreude, obwohl auch ihm das Nichtwissen der meisten Menschen alltäglich vertraut war.

In seiner späteren Lehrschrift *Von der Ruhe der Seele* hat Seneca einen anderen Akzent gesetzt. Er zog das Lachen dem Weinen vor. Sein Vetter Annaeus Serenus hatte ihn gefragt, wie er seine starken Stimmungsschwankungen in den Griff bekommen könnte. Er litt unter Überdruss, Niedergeschlagenheit und Menschenverachtung. Seneca verschrieb ihm «tranquillitas animi» als philosophisches Heilmittel, womit er direkt an Demokrits Werk *Über die Seelenheiterkeit* [Peri euthymies] anzuknüpfen versuchte. Damit es einem nicht «Nacht im Herzen» und ganz «schwarz vor Augen» werde, sollte man Demokrit folgen: «Wir müssen uns deshalb zu der Haltung durchringen, daß wir all die Laster des Pöbels nicht abstoßend, sondern lächerlich finden, und es eher mit Demokrit halten als mit Heraklit: der nämlich mußte, sooft er sich unter Menschen begab, weinen, jener lachte. Dem kam unser ganzes Treiben jämmerlich, jenem närrisch vor. So sollte man denn alles auf die leichte Schulter nehmen und frohgemut ertragen. Menschlicher ist es, über das Leben zu lachen als zu klagen.»[42]

Nicht hinsichtlich ihrer Wahrnehmung der conditio humana hat Seneca das Kontrastpaar des weinenden Heraklit und des lachenden Demokrit unterschieden. Beide stimmten in ihrer Beurteilung der menschlichen Lebensverhältnisse überein. Aber gegenüber den vielen Tränen des Heraklit, der an der tiefen Tragik des Lebens zu verzweifeln drohte, besaß das Lachen des Demokrit einen «menschlicheren» Zug. Es kannte die Nacht im Herzen. Aber es lachte dagegen an mit einem Dennoch, das die menschliche Sehnsucht nach einem glücklichen Leben nicht aufgibt. Das demokritische Lachen war komplexer als das heraklitische Weinen, weil es auch dessen Anlass in sich begriff. Aus dem lachenden Auge floss eine Träne.

Aber am besten wäre es für den Stoiker Seneca, wenn man beides vermeiden würde. Denn erst die unerschütterliche Gelassenheit charakterisierte den wirklichen Weisen. «Doch noch besser ist es, die allgemeine Unmoral und die menschlichen Verkehrtheiten gelassen hinzunehmen und weder in Gelächter noch in Tränen auszubrechen, denn sich mit fremden Fehlern abzuquälen, ist endlose Mühsal, Freude über fremde Fehler dagegen eine unmenschliche Lust.»[43]

Seneca sah in Demokrit eine Art von Vor-Stoiker. Er zog ihn in sein eigenes Welt- und Menschenbild hinein, das von einem tiefen Ernst beherrscht war. Das demokritische Lachen hatte seine Leichtigkeit verloren. Durch Senecas «tranquillitas» wurde Demokrits «euthymia» der Witz ausgetrieben. Das konnte nicht unwidersprochen bleiben und brachte einen unbekannt gebliebenen Schriftsteller-Philosophen auf einen wunderbaren, amüsanten Einfall, der bis in die moderne philosophische und satirische Literatur weitergesponnen wurde und auch bis heute nichts von seinem Witz verloren hat.

Zwar ist nicht geklärt, von wem der Briefwechsel *Peri manies* [Über die Leidenschaften, Rasereien, Verrücktheiten, Manien] geschrieben wurde.[44] Aber sicher ist, dass diese medizinisch-philosophische Schrift in der Mitte des ersten nachchristlichen Jahrhunderts bekannt war, zu einer Zeit also, in der das Bild vom lachenden Demokrit populär war. Es schien sich um eine Folge von Briefen des griechischen Arztes Hippokrates zu handeln, geboren um 460 v. Chr. auf der Insel Kos, gestorben um 370 v. Chr. Das war nicht nur ein Zeitgenosse des Demokrit, sondern der berühmteste Mediziner der Antike, dessen Schriften das breite Spektrum aller möglichen Krankheiten und ihrer Behandlungsmöglichkeiten umfassten und als *Corpus Hippocraticum* in der Medizingeschichte eine maßgebliche Rolle spielten.

Schon die ersten Leser von *Peri manies* werden wohl gemerkt haben, dass es hier nicht ganz mit rechten Dingen zuging. Zwar entsprachen lange Passagen den bekannten Einsichten des Hippokrates und seinen Verschreibungen. Aber vor allem die Begegnung zwischen Hippokrates und Demokrit, die im 17. Brief geschildert wurde, konnte als phantasievoller Einfall und bloßer Brief-Roman ins Reich der Fiktionen verwiesen werden. Da hatte sich ein Schriftsteller den Spaß geleistet, eine amüsante Geschichte als authentische Begebenheit dem Publikum unterzuschieben. Die seriöse Hippokrates-Forschung hat diese Schrift deshalb als *Pseudo-Hippokrates* seinem Werk angehängt und als Fake abgetan. Auch in der Philosophiegeschichtsschreibung konnte diese Fälschung kein Interesse auf sich ziehen. Für Hermann Diels, den Großmeister in der Erforschung der vorsokratischen Philosophie, handelte es sich um ein «liederliches Machwerk»[45]. Wer sich dafür interessierte, litt unter Geschmacksverwirrung. Mit solchen Scherzen wollte man nichts zu tun haben.

Diese Abwertung des *Pseudo-Hippokrates* verdrängte nicht nur die geistesgeschichtlich bedeutsamen Tatsachen, dass es sich dabei um den ersten europäischen Briefroman handelte, dass es der erste Roman war, dessen Held ein Theoretiker war, und dass es schließlich auch der erste Text war, in dem die «Manie», der «Wahnsinn» des lachenden Demokrit geschildert wurde. Übersehen wurde auch, dass durch diesen Hippokrates-Roman zum ersten Mal jener enge Zusammenhang zwischen

Medizin und Philosophie hergestellt wurde, der später besonders in der Renaissance und im Humanismus eine epochale Bedeutung erhalten sollte. Orientiert an Hippokrates, wurde die Philosophie an medizinischen Erkenntnissen ausgerichtet und die medizinische Forschung für das humanistisch-philosophische Menschenbild wegweisend, wobei nicht zuletzt dem Lachen, dieser rein menschlichen Eigenart, eine Heilkraft zugeschrieben wurde: Lachen ist gesund.

Im Rückblick auf den *Pseudo-Hippokrates* konnten sowohl die hippokratische Lehre von der heilenden Wirkung des Lachens als auch die Lachphilosophie des Weisen aus Abdera große Anerkennung finden. Denn die fiktionalen und fingierten *Briefe des Hippokrates*[46] handeln in ihrem zweiten Teil von einer seltsamen Reise des Arztes nach Abdera, der Heimatstadt des Sophisten Protagoras und des Philosophen Demokrit. Diese Stadt muss Hippokrates tatsächlich gut bekannt gewesen sein. Denn dort diagnostizierte er häufig auftretende Krankheiten, die durch das schlechte Klima verursacht wurden und die Denkkraft zerrütteten. Schon zu seiner Zeit hatten die Bewohner von Abdera, der einst so mächtigen Handelsstadt, mit dem schlechten Ruf zu kämpfen, geistig etwas beschränkt zu sein. «Abderite» war in dieser Hinsicht sprichwörtlich und hat auch Eingang gefunden in das antike Witzbuch *Philogelos* [Der Lachfreund], in dem sich 18 Witze über diese Schildbürger in ihrer Narrenburg finden, zum Beispiel die folgenden drei:

– In Abdera zerfiel die Stadt in zwei Teile, eine östliche Hälfte und eine westliche. Als nun plötzlich Feinde die Stadt angriffen und alle in Aufregung gerieten, sagten die Bewohner des östlichen Stadtteils zueinander: «*Wir* wollen uns nicht aufregen, denn die Feinde dringen zu dem Westtor ein!»

– Ein Abderit wollte sich erhängen, aber der Strick zerriß, und er fiel sich ein Loch in den Kopf. Er ließ sich beim Arzt Pflaster geben und legte es auf die Wunde. Dann ging er wieder hin und erhängte sich.
– Ein Abderite hatte gehört, daß Zwiebeln und Bollen ‹Wind› machen. Als auf einer Seefahrt Windstille eintrat, hängte er einen Sack voll am Hinterteil des Schiffes auf.[47]

An diese für Abdera nicht gerade schmeichelhafte Tradition konnte der Autor des pseudohippokratischen Briefromans anknüpfen. Dazu dachte er sich den folgenden Plot aus: Die Bürger von Abdera riefen den berühmten Arzt von der Insel Kos zur Hilfe, weil ihr Mitbürger Demokrit vor lauter Weisheit ganz krank geworden sei. «Denn auf alles und sich selbst zumal vergessend, wacht er nachts und tagsüber, lacht über alles, Kleinigkeiten und bedeutende Dinge, hält sie für nichtig und bringt so sein ganzes Leben zu.» (S. 31) Es schien sich um eine stumpfsinnige Lachkrankheit zu handeln, die auch für die Abderiten selbst gefährlich werden könnte. Schließlich sei Gelächter ja ansteckend. Man kannte sich nicht mehr aus und drohte verrückt zu werden. Hippokrates sagte den Abderiten zu und versprach zu helfen. Zwar hatte er nicht gern von der möglichen Geisteskrankheit des berühmten Naturforschers und Menschenkenners gehört. Aber auch er hielt es für bedenklich, dass Demokrit ständig lachte. «Es liegt freilich etwas Schlimmes darin, daß er über alles lacht; denn wenn das Unmaß schon schlecht ist, dann ist es, wenn es sich auf alles erstreckt, noch schlimmer.» (S. 38) Er wollte also sehen, was er tun könnte. Es kam zu einer denkwürdigen Begegnung zwischen dem Arzt und dem Philosophen. Am Ende der Geschichte erwies sich der scheinbar kranke Philosoph als lebensklug und welterfahren, vielleicht ein wenig «übervernünftig». (S. 43) Die Abderiten dagegen wurden als unvernünftige Leute entlarvt, denen eine gehörige Portion Nieswurz verschrieben wurde, jenes Extrakt aus der Helleboruswurzel [radix hellebori albi], das bei den Hippokratikern als erfolgreiches Abführmittel gegen Verrücktheiten geschätzt wurde und über dessen Risiken und Nebenwirkungen der 21. Brief fachmännisch informierte.

Der 17. Brief fingierte das Zusammentreffen des Mediziners mit dem Philosophen. Man hat ihn ins Reich der Märchen und Fabeln verwiesen und dabei die philosophische Substanz dieser Episode gleich mit verworfen, die sich in einer Art Rollentausch zeigte: Der Arzt diagnostizierte den Philosophen und empfahl dessen Weisheit als beste Therapie; und der Philosoph analysierte die menschliche Unvernunft und stellte dazu auch Untersuchungen an, deren Ergebnisse in die medizinisch-pharmazeutische Forschung eingingen.

Dass in dieser ganzheitlichen Verschränkung das Lachen eine wesentliche Rolle spielte, ist die unüberholte Einsicht des Weisen aus Abdera. Es ist das heilsame Lachen eines Philosophenarztes, das sich nicht zuletzt auch gegen den Ernst eines platonischen Philosophenkönigs wendete. Nicht der weinende Heraklit, sondern der humorlose Platon war Demokrits eigentlicher Opponent, auch wenn dessen Name in der folgenden Geschichte nicht vorkam.

Als einige Abderiten Hippokrates zu Demokrits Herberge führten, die etwas außerhalb der Stadt hinter einem Hügel lag, sah er den Gelehrten mit eifrigen Forschungen beschäftigt. Er saß unter einer Platane, las ab und zu in einem Buch, dachte nach und machte sich Notizen. Vor ihm lagen einige geschlachtete Tiere, deren inneren Bau und animalische Physiologie er immer wieder aufmerksam studierte. Dieses eigenartige Verhalten bestätigte nur das abderitische Vorurteil: «Du siehst nun doch, Hippokrates, das Leben des Demokrit, daß er geistesgestört ist und nicht weiß, was er will noch was er tut.» (S. 44) Als Demokrit das hörte, lächelte er und schüttelte den Kopf. Diese Abderiten! Sie wussten einfach nicht, was Forschung war. Der Unbekannte dagegen, der nun näher zu ihm trat, schien ein kluger Mann zu sein, den Demokrit zunächst als «Fremdling» begrüßte. Nachdem er seinen Namen erfahren hatte, war aus dem Fremden ein «Freund» geworden. Es schien eine Art von kosmopolitischer Bruderschaft zwischen den beiden Forschern zu geben, die sich gegenseitig hoch schätzten. «Welches Verlangen, Freund, hat dich hierher geführt?» (S. 45) Hippokrates verschwieg den wahren Grund, um seine ärztliche Diagnose nicht zu verfälschen. Er sei nur gekommen, «um mit einem Weisen zusammenzutreffen». (S. 45)

Um das Gespräch in Gang zu bringen, erkundigte sich der Besucher danach, womit Demokrit gerade beschäftigt wäre, und erhielt von ihm die Auskunft, dass er die physiologischen Ursachen der Geistesstörung untersuchen würde. Er schriebe an seinem Buch *Peri manies.* Deshalb hatte er auch die Tiere zerschnitten, weil er vermutete, dass vor allem die Galle eine wichtige Rolle bei der Entstehung von Verrücktheiten spielen würde. Der Mediziner hielt diese Ätiologie seines Kollegen für eine durchaus vernünftige Hypothese und lobte ihn wegen seiner Forschungen. Demokrit müsste doch ein sehr glücklicher Mensch sein, «weil du solche Muße genießest; uns ist es nicht vergönnt, Anteil an ihr zu haben, weil Landwirtschaft, Kinder, Geld, Krankheiten, Todesfälle, Gesinde, Heiraten oder dergleichen einem die rechte Zeit beschneiden». (S. 46) Über dieses eigenartige Lob musste Demokrit lachen, auch wenn es zunächst etwas gepresst klang. Warum aber lachte er denn überhaupt,

Jacob Backer: Demokrit und Hippokrates.
Um 1630. Milwaukee. Sammlung Dr. Alfred Bader

scheinbar ohne triftigen Anlass und über das gewöhnliche Maß hinausgehend? Provokativ schloss der Arzt seine Frage an: «Ich verlange den Grund deines Leidens zu erfahren, welches Gelächters ich oder meine Worte würdig schienen, damit ich daraus lerne und den Grund abstelle oder du, widerlegt, das unangebrachte Gelächter aufgibst.» (S. 47)

Demokrit nahm die Herausforderung an, und so ergab sich ein langes, dennoch sehr kurzweiliges Gespräch, in dem der Philosoph sein Lachen nicht nur als individuellen Charakterzug rechtfertigte, sondern auch als eine dem Leben gegenüber passende Reaktion begründete. Denn mit einem äußerst scharfen Blick führte er dem Gast vor Augen, in welchen Krisen sich die meisten Menschen befanden, ohne selbst einen Ausweg finden zu können.

Die ökologische Krise bestand für ihn in der maßlosen Rücksichtslosigkeit, mit der die Menschen, vor allem bei der Suche nach Silber und Gold, die Erde verwüsteten. «Sie schneiden die Adern der Erde auf, machen aus der mütterlichen Erde immer Klumpen, um Gold zu gewinnen. Aber diese eine und selbe Erde, die sie bewundern, treten sie mit Füßen. Wie lächerlich, in die mühevolle und verborgene Erde sind sie verliebt, die sichtbare aber mißhandeln sie!» (S. 48)

Die ökonomische Krise hatte ihren Grund in der Geldgier, die auf ein Mehr und Mehr gerichtet war. Sie ließ sich nicht begrenzen durch jene Art von Selbstgenügsamkeit der scheinbar «unvernünftigen Tiere» (S. 52), die aufhören, wenn sie gesättigt sind. «Welcher Stier sättigte sich mit Habgier? Welcher Panther brächte es zur Unersättlichkeit? Das Wildschwein hat nur soviel Durst, als es nach Wasser verlangt; der Wolf hört auf, wenn er das, was ihm an der notwendigen Nahrung zufällt, zerrissen hat.» (S. 52) Die Menschen aber jagten nach immer mehr Geld und Eigentum, woraus sich eine wirtschaftliche Dynamik ergab, die sie selbst immer kleiner werden ließ. Sie standen unter dem Joch des Geldes und steckten in einem Prozess fest, den sie nicht mehr kontrollieren konnten. «Sie grenzen einen weiten Platz ein und bezeichnen ihn als ihr Eigentum und sie wollen über weites Land unumschränkte Herren sein, aber über sich selbst haben sie keine Gewalt.» (S. 48)

Am schlimmsten aber war die geistige Krise, dass die Menschen sich selbst nicht mehr kannten. Sie wussten nicht, was sie taten oder wollten. Sie stritten um ihre Besitztümer, von denen sie doch nichts in ihr Grab mitnehmen konnten. Sie strebten begierig nach dem, was sie nicht erreichen konnten, aber freuten sich nicht über das, was sie besaßen. Sie verehrten leblose Statuen und beteten stumme Bilder an, aber hassten ihre Nächsten, die sprechen konnten. Sie verabscheuten das Leben, aber wollten aus Angst vor dem Tod dennoch leben, oder wünschten sich ein hohes Alter, um dann zu jammern, wenn sie es erreicht hatten. «Sie verdrehen alles nach ihrer eigenen Begierde.» (S. 49) «In keinem Zustande halten sie ihre Meinung fest.» (S. 51) Ohne Sinn und Verstand ließen sie sich durchs Leben treiben und stürzten planlos bald hierhin, bald dorthin, «in ihrem Geist geschädigt, aufgeblasen, bei ihrem unlogischen Denken schwer zu belehren über ihr ungeordnetes Treiben». (S. 50) Die Fähigkeit, den Lauf der Welt klar zu sehen und sich selbst gut zu kennen, hielten sie für verrückt, und ihre eigene Unvernunft war für sie eine allgemeine Selbstverständlichkeit.

All diese Torheiten ließen Demokrit nicht weinen, sondern lachen. Er hielt sein Lachen für angebracht, weil er es als ein besseres Mittel schätzte, um nicht nur selbst nicht in die Verzweiflung zu stürzen, sondern um auch den Abderiten ihre lächerliche Unvernunft zu signalisieren. «Mein Lachen verurteilt ihre Planlosigkeit, da sie weder Augen noch Ohren haben.» (S. 51) Große Hoffnungen hatte er zwar nicht, seine Mitbürger über sich selbst und ihr Treiben aufklären zu können. Er machte sich keine Illusionen. Aber mit seinem Lachen zeigte er doch auch, dass er das humane Recht auf Lebensfreude nicht preiszugeben bereit war.

Etwas von dieser klugen Heiterkeit sprang dann ja auch auf den zunächst so ernsten Arzt über. «Hocherfreut» gab er den Abderiten, die ihn gespannt auf dem Hügel erwarteten, das Ergebnis seiner Untersuchung bekannt: «Ihr Männer, für die Gesandtschaft zu euch sei euch viel Dank. Denn ich habe Demokrit gesehen, den weisesten Mann, der allein am fähigsten ist, die Menschen vernünftig zu machen.» (S. 55)

Ob Hippokrates das demokritische Lachen in sein Heilmittelangebot und seine Therapie übernahm, ist nicht überliefert. Lieber hielt er sich wohl doch an Nieswurz. Aber auch diese medizinische Verschreibung war nicht ohne lächelnden Hintergedanken. Denn seit Hippokrates galt die Heilpflanze Nieswurz neben dem Lachen als wirksamstes Mittel gegen die Melancholie, weil sie eine ähnliche Wirkung ausübt. Sie ruft unkontrolliertes Niesen und körperliches Zucken hervor, mit denen die verschlossene Steifheit der melancholischen Trauer aufgebrochen werden kann. Das aber findet ja auch beim herzhaften Lachen statt, dem man nicht widerstehen kann, weil es einen krampfartig erschüttert, sodass man sich vor Lachen schüttelt und außer sich gerät. Und so war es nur folgerichtig, dass die Begegnung der beiden Forscher mit dem hippokratischen Versprechen endete: «Nachdem uns also der Zufall zusammengebracht hat, wirst Du recht daran tun, wenn Du uns häufiger schreibst und von Deinen Abhandlungen Mitteilungen machst. Ich schicke Dir auch meinerseits die Abhandlung über die Nieswurzanwendung. Leb wohl!» (S. 67)

Durch Horaz, Seneca und Pseudohippokrates war Demokrit zu einer populären Figur gemacht worden. Man sah in ihm den Weisen, dessen Lachen das beste Mittel war, sich in einer verkehrten Welt zu behaupten und ihr den Spiegel vorzuhalten. An dieses Bild konnte nun auch die Satire anknüpfen, die in der römischen Kaiserzeit zu ihrer vollendeten Form fand. Satirische Elemente tauchten zwar schon bei Horaz und Pseudohippokrates in ihrer Überzeichnung menschlicher Torheiten auf. Aber sie waren noch harmlos gegenüber der bewussten Übersteigerung und dem unversöhnlichen Sarkasmus, mit dem der moralisierende Satiriker Decimus Junius Juvenalis zu Beginn des zweiten nachchristlichen Jahrhunderts alle nur denkbaren Laster und Dummheiten verurteilte. Die subversive Kraft des demokritischen Lachens wurde durch Juvenal in eine Bitternis gesteigert, die nur ein verzerrtes humorloses Lachen hervorrufen konnte.

Das Volk strebte nicht mehr nach politischem Einfluss, sondern wünschte sich nur noch «Brot und Spiele» [panem et circenses][48]; und statt sich «um einen gesunden Verstand in einem gesunden Körper» [mens sana in corpore sano][49] zu sorgen, begehrten die Menschen nur noch Reichtum, Macht, Kriegsruhm, Redekunst, Langlebigkeit oder Schönheit. Von all diesen irrigen Wünschen handelte die *Zehnte Satire* des Juvenal, die ihre Überzeugungskraft allerdings nicht aus der Philosophie bezog. Juvenal vertraute auf die drastische Schilderung zahlreicher gesellschaftlicher Übel und persönlicher Katastrophen. Er setzte auf eine intuitive moralische Einsicht. Wer könnte schon ernsthaft nach all den verlockenden Gütern streben, die selbst einem redegewandten Cicero und einem superreichen Seneca nur den Tod gebracht hatten?

Aber Juvenal hielt sein philosophisches Wissen nicht gänzlich zurück. Er erinnerte an Philosophen, deren vernünftige Besonnenheit er als vorbildlich lobte: Sokrates, Epikur oder Diogenes von Sinope. Sein absoluter Favorit aber war Demokrit, dessen Lachen er dabei zugleich dem Weinen des Heraklit vorzog:

> «Wirst du also jetzt loben, daß von den beiden Weisen der eine lachte, sooft er auch nur einen Fuß von der Schwelle hob und davorsetzte, der andere Lehrmeister, sein Gegner, weinte? (...)
> Auch damals schon fand er Stoff zum Lachen bei jeder Begegnung mit Menschen, er, dessen Klugheit beweist, daß vorzügliche Männer, die ein großes Vorbild abgeben sollten, in der Heimat der Hammel und in dumpfer Luft geboren werden können.
> Er verlachte die Sorgen sowie die Freuden des Volkes, bisweilen auch dessen Tränen, während er selbst der drohenden Fortuna den Strick empfahl und ihr den mittleren Finger zeigte.»[50]

Die satirische Spur des demokritischen Lachens, das bei Juvenal bis zur obszönen Selbstbehauptungsgeste gegenüber der Macht des Schicksals gesteigert worden war, führte weiter zu Lukian von Samosata (um 120–180 n. Chr.), dessen Werke den letzten großen Höhepunkt der antiken Satire bildeten. Bei ihm erhielt sie eine philosophisch begründete Stoßrichtung, die sich zugleich gegen zahlreiche philosophische Spekulationen und Irrwege richtete. Er war vertraut mit dem Geist der dialektischen Streitkultur und konnte mit der Philosophie spielen, um sie über sich selbst zum Lachen zu bringen. So ließ er zum Beispiel in seinem Dialog *Hermotimos* zwei Philosophen über das Problem streiten: «Lohnt es sich, Philosophie zu studieren?» – wobei die negative Antwort gerade für den Sinn eines solchen Studiums sprach.[51]

Wie gut sich Lukian in der Philosophiegeschichte auskannte, zeigte er vor allem in dem äußerst unterhaltsamen Gespräch seiner *Lügenfreunde*. Denn hier brachte er zahlreiche philosophische Gedanken zur Sprache, die unsterbliche Seele und die Existenz von Geistern betreffend, die geistige Sichtbarkeit von Platons Ideen oder der feuerstrudelnden Unterwelt. All das hielt der klar denkende, ungläubige Tychiades, Lukians alter ego, für bloße Märchen, «lächerliches Zeug»[52], und er entlarvte die Liebhaber der Weisheit als Freunde der Lüge: *Philo-pseudeis*. Aber er war darüber nicht bekümmert und vertraute auf sein Gegenmittel: «Wir haben an der Wahrheit und gesunden Vernunft ein kräftiges Gegengift, bey dessen Gebrauch uns keines von diesen hohlen und windichten Hirngespenstern beunruhigen wird.»[53]

Als ihn die kritisierten Philosophen baten, ihnen den Mann zu zeigen, der glaubwürdiger als sie wäre und die Wahrheit kennen würde, fiel Tychiades die Antwort leicht. Er verwies auf den berühmten und bewunderten Demokrit von Abdera und erinnerte an dessen materialistische Erkenntnis, dass auch die menschliche Seele nur aus Atomen bestände, mit deren beseelender Tätigkeit es im Falle des Sterbens ebenfalls zu Ende ginge. Die Unsterblichkeit der Seele war für Demokrit eine bloße Illusion, woraus sich für Lukian eine hübsche kleine Anekdote machen ließ. Demokrit war nämlich so klar in seinem Kopf, «daß, – als er sich, um ungestörter denken zu können, in ein altes Grabmal vor der Stadt einschloß, wo er Tag und

Nacht mit schreiben und meditieren zubrachte, und einige muthwillige Jünglinge, um ihm Furcht einzujagen, in schwarze Leichentücher eingewickelt und mit Larven, die wie Totenköpfe aussahen, vor ihm erschienen und mit gewaltigen Sprüngen um ihn herum tanzten; – er sich so wenig durch diese Maskerade beunruhigen ließ, daß er nicht einmal aufsah, sondern im fortschreiben endlich bloß sagte: nun macht einmal dem Spaß ein Ende! – So gewiß glaubte er, daß Seelen, die ihre Leiber einmal verlassen haben, nichts mehr sind.»[54] Natürlich hielten nun wiederum die anderen Philosophen den Demokrit für einen Lügner. Gerade diese Anekdote bewies ihnen doch, dass er ein Tor war. Mit seinem materialistischen Unglauben wollten sie nichts zu tun haben.

In seinem *Verkauf der Philosophischen Secten* hat Lukian seinen Spott weiter getrieben. Die meisten Menschen waren einfach zu beschränkt, um mit Demokrit und seiner Philosophie etwas anfangen zu können. Dieses Unverständnis brachte Lukian auf den satirischen Einfall, auf einem Sklavenmarkt die berühmtesten Philosophen durch Jupiter und seinen Gehilfen Merkur zur Versteigerung anbieten zu lassen, von Pythagoras bis Aristoteles, von Sokrates bis Epikur. Ihre besonderen Fähigkeiten wurden gepriesen, um einen guten Kaufpreis zu erzielen. Schließlich rief Jupiter auch den lachenden Abderiten und den weinenden Ephesier auf die Bühne, «denn die beyden müssen miteinander weggehen»[55].

MERKUR

So tretet hervor! Da biete ich ein paar herrliche Charaktere aus! Ich gebe sie für die zwey Weisesten in meinem ganzen Magazine.

Käufer

Großer Jupiter! welch ein Contrast! Der eine lacht ohne Aufhören, und dem andern muß was sehr liebes gestorben seyn, denn er weint an Einem Stücke. – Hey da, guter Freund, worüber lachst du so?

Demokritus

Du kannst noch fragen? Weil ich alle eure Dinge und euch selbst lächerlich finde.

Käufer

Wie? du lachst uns alle aus, und siehest alle menschliche Dinge für nichts bedeutend an.

Demokritus

So ists; es ist überall nichts gescheidtes daran, alles ist ungefehrer Atomentanz im unendlichen Leeren.

Käufer

Du magst mir wohl selbst ein leerer Kopf und ein großer Windbeutel seyn. Was für eine Insolenz das ist! Wird das Lachen kein Ende nehmen?

Das Wortspiel mit der «Leere» war mehr als ein bloßer Kalauer. Es zeigte auf ernsthaft-humorvolle Weise die unauflösbare Spannung zwischen einer philosophischen Erkenntnis und dem alltäglichen Bewusstsein. Denn die demokritische Lehre, dass die Atome und die Leere die Urgründe des Alls sind und alles andere nur eine schwankende Meinung ist, provozierte beim Käufer den scheinbar witzigen Einfall, dass diese Erkenntnis selbst nichtssagend und «leer» wäre, womit er aber wiederum nur sein eigenes philosophisches Nicht-Wissen und bloßes Meinen zu erkennen gab. Dass Demokrit dazu auch noch spöttisch lachte, musste seinen Handelswert völlig gegen Null tendieren lassen. Denn dieses Lachen war Ausdruck einer philosophischen Souveränität gegenüber der Menschenwelt, die selbst doch auch nichts anderes war als das Ergebnis des unendlichen Spiels der Atome im Leeren, der vielen Ichts im großen Nichts. Kein Wunder, dass Demokrit ebenso unverkäuflich war wie sein weinender Genosse, der das Los der Menschen nur jämmerlich und trostlos fand, «der Hinfälligkeit und dem Tod unterworfen»[56].

Doch zumindest fand die Frage des genervten Käufers – «Wird das Lachen kein Ende nehmen?» – bald eine positive Antwort. Nach Lukian verließ der lachende Demokrit die philosophische Bühne. Zwar wurde in der spätantiken und mittelalterlichen Literatur ab und zu noch an ihn erinnert. Aber er war nicht mehr populär. Denn unter dem zunehmend stärker werdenden Einfluss des christlichen Glaubens mussten Demokrits Atomismus, Atheismus und Lachlust abgewehrt und verdrängt werden.

Die christliche Hochschätzung des Leidens führte zu einer Verächtlichmachung des Lachens, der auch Demokrit zum Opfer fiel.[57] Die Kirchenväter waren Lachfeinde, für die alle Lachfreunde nur Narren oder gar Sünder sein konnten. Schließlich war schon in der *Heiligen Schrift* zu lesen: «Weh euch, die ihr hier lachet! denn ihr werdet weinen und heulen.»[58] In der christlich-mittelalterlichen Kultur galt die versteinerte Seriosität als angemessener Ausdruck der Wahrheit und des Guten, überhaupt alles Wesentlichen und Bedeutsamen. Aber diese Verdrängung von Heiterkeit, Lachen und Scherz konnte nicht verhindern, dass sich die menschliche Lachlust ein Ventil suchte, auch wenn es nur zu bestimmten Festzeiten geöffnet werden konnte, am Narrenstag und Eselstag, oder im

«Osterlachen» [risus paschalis] und im «Weihnachtslachen» ritualisiert wurde.

Aber auch diese Epoche ging nach mehr als tausend Jahren zu Ende; und mit der spätmittelalterlichen Entdeckung des Individuellen, auch mit dem neu geschärften Sinn für das Närrische und Groteske, schließlich im Licht eines neuen Humanismus konnte auch die Legende vom lachenden Philosophen wieder entdeckt werden und erlebte eine beeindruckende Konjunktur. Demokrits Lachen wurde als Ausdruck eines heiteren Menschenfreundes interpretiert, der sich selbst frei weiß von den eitlen Hoffnungen und Begierden der Menge. Lächelnd rief er ihr zu: Seht, man kann heiter sein auch mit euren Leiden und ohne eure Freuden!

Schon 1508 hat der humanistische Philosoph Erasmus von Rotterdam sein *Lob der Torheit* [Moriae encomium] dem Freund Thomas Morus gewidmet mit dem Hinweis: «Du liebst es ja, das menschliche Leben immer ein wenig wie Demokrit zu betrachten.»[59] Der Vorwurf von gehässigen Kritikern, wie Lukian verspielt und bissig zu sein, sollte Erasmus nicht abhalten, mit lustiger Leichtigkeit sein Thema zu behandeln. Es gehörte schließlich zum Vorrecht des Künstlers, «sich straflos über das menschliche Leben lustig zu machen»[60]. Allerdings wollte er es dabei nicht so machen wie der satirische Juvenal, «der dauernd der geheimen Spur des Lasters folgt. Statt Schändlichkeiten Revue passieren zu lassen, habe ich Stoff zum Lachen geboten.»[61]

Damit war der bunte Reigen wieder eröffnet, in dem «Democritus ridens et Heraclitus flens»[62] eine leitende Rolle spielten. Tonangebende Autoren des Renaissance-Humanismus wie Marsilio Ficino, Antonio Phileremo Fregoso und Guillaume Budé ließen sich auf ein geistreiches Spiel mit den beiden antiken Philosophen ein, wobei vor allem Demokrits «Euthymia» als Lebensideal neu gewertet und gewichtet wurde.

Von Demokrit ließ sich Francois Rabelais 1532 die Widmung zu seinem lustvollen «Pantagruelismus» soufflieren, und er empfahl sein epochales Werk *Gargantua und Pantagruel* den Lesern mit den Worten:

«Vollkommen, Freunde, wird es euch nicht machen,
es sei denn in der Kunst, herzhaft zu lachen.
Ich konnte andern Stoff nicht für euch wählen,
seh ich doch, wie euch Angst und Kummer quälen.
Zu weinen nicht, zu lachen macht euch Mut;
denn Lachen ist des Menschen höchstes Gut.»[63]

Es war bereits ein Topos des 16. Jahrhunderts, Rabelais mit Demokrit zu identifizieren und in eine gemeinsame «Lachkultur» zu integrieren.

Den Spuren dieser Kultur, von der Antike bis in die Gegenwart, ist vor allem der russische Literatur- und Kulturwissenschaftler Michail Bachtin (1885–1975) in seiner grundlegenden Arbeit über *Rabelais und seine Welt* gefolgt. Er schrieb sie, 1930 verhaftet und zunächst nach Kasachstan verbannt, vor allem während seiner Dozentur im weit abgelegenen mordwinischen Saransk. 1940 hatte er sie fertig gestellt, aber erst 1965 erschien sie in einem Moskauer Verlag und verlieh Bachtin einen wissenschaftlichen, zugleich politischen Kultstatus. Denn es schien nun, als hätte Bachtin gegen die stalinistische Diktatur des Proletariats in seinem *Rabelais* die subversive Lachkultur des Volkes beschworen und mit der Renaissance, wie er sie sah, ein alternatives Bild zum sowjetischen Totalitarismus gezeichnet.

Die volkstümliche Lachkultur der Renaissance hatte, Bachtin

zufolge, die herrschenden Wertigkeiten umgewertet und alle Hierarchien auf den Kopf gestellt. Es war ein sporadisch ausbrechendes Lachen, das mit seiner schöpferischen Kraft in die höchsten Sphären der Literatur aufsteigen konnte und dabei auch eine philosophische Tiefe gewann. «In der Renaissance gelang es dem Lachen in seiner radikalsten, universalsten, vielleicht weltumfassendsten und zugleich *heitersten* Form, ein einziges Mal im Lauf der Geschichte für (je nach Land) fünfzig oder sechzig Jahre aus dem Volk heraus und zusammen mit den (‹vulgären›) Volkssprachen in die große Literatur und die offizielle Ideologie vorzudringen. Diesem Umstand verdanken der *Decamerone* Boccaccios, die Romane Rabelais' und Cervantes', Shakespeares Komödien und andere Werke der Weltliteratur ihre Entstehung.»[64]

Im Zuge dieser Wiederkehr des Lachens konnte Rabelais auch Hippokrates und Demokrit neu ins Spiel bringen.

Denn die zahlreichen grotesken Körperkonzeptionen in *Gargantua und Pantagruel*, diesem literarisch-philosophischen Meisterwerk der Lachkultur, sind ohne seine Kenntnisse der hippokratischen Schriften-Sammlung nicht recht verständlich. Er hatte sie sich an der medizinischen Fakultät von Montpellier angeeignet, an der er zuerst studierte und dann auch lehrte. Hier dominierte die hippokratische Richtung in der Medizin, und Rabelais selbst hielt im Juni 1531 einen Kurs über den griechischen Text des Hippokrates. Im Juni 1532 gab er die hippokratischen *Aphorismen* mit einem eigenen Kommentar heraus.

Auch durch das Lachen des Demokrit, das im *Pseudo-Hippokrates* mit der manischen Verrücktheit verknüpft worden war, weil die Abderiten ihre alltägliche Unvernunft für Weisheit und die Weisheit ihres forschenden Mitbürgers für Wahnsinn hielten, hat Rabelais sich motivieren lassen. Er hat es in das lachfreudigste Werk der Weltliteratur eingearbeitet, in dem seine Helden oft so unbändig lachen mussten, dass sie glaubten, ihren Geist aufgeben zu müssen, und deren Heiterkeit so stark wachsen konnte, «bis dem Gehirn durch heftige Kontraktion die lakrinale Feuchtigkeit ausgepreßt und den Augennerven übermittelt wurde, so daß ihnen die Tränen von den Wangen herunterliefen und sie einem heraklitisierten Demokrit oder aber, wenn man das lieber will, einem demokritisierten Heraklit gleichsahen.»[65]

Dagegen rief der Philosoph, strenge Moralist und geistreiche Essayist Michel de Montaigne Demokrit als einen Zeugen der Anklage gegen das menschliche Elend auf. In seinen *Essais*, geschrieben zwischen 1572 und 1592, legitimierte er seine radikale Skepsis und Verachtung gegenüber dem menschlichen Treiben mit der Autorität des Weisen aus Abdera. Er hatte dabei allerdings weniger die Absicht, wie Rabelais die Menschen zum Lachen zu bringen. Wichtiger war ihm der Nachweis, dass der Mensch ein lächerliches Wesen sei, weshalb ihm der lachende Demokrit auch viel lieber war als dessen weinender Partner: «Demokrit und Heraklit waren zwei Philosophen, von denen der erste, da er das Menschsein nichtswürdig und lächerlich fand, sich den Leuten dementsprechend nie anders als mit spöttisch lachendem Gesicht zeigte, während der andre wegen ebendieses Menschseins mit uns Mitleid und Erbarmen fühlte und daher stets ein trauriges Gesicht trug:

Der eine lachte, ging er aus dem Haus,
der andre brach sogleich in Tränen aus.

Mir gefällt die Gemütsart Demokrits besser – nicht weil es angenehmer ist zu lachen als zu weinen, sondern weil sie eine größere Geringschätzung ausdrückt und uns strenger richtet als die andre; denn mir scheint, wir könnten, wenn es nach unseren Verdiensten ginge, nie genug verachtet werden. Dem Beweinen und Erbarmen ist stets eine gewisse Wertschätzung dessen beigemischt, was man beweint; die Dinge, die man verspottet, hält man hingegen für wertlos. Meiner Meinung nach findet sich in uns weniger Elend als Eitelkeit, und weniger Infamie als Ignoranz. Nicht so sehr vom Bösen sind wir erfüllt wie von Leere. Wir sind so erbarmungs- wie nichtswürdig. (…)

Das Besondere unsres Menschseins besteht darin, daß wir zugleich des Lachens fähige und lächerliche Wesen sind.»[66]

Aber dieses lange Kapitel der europäischen Kulturgeschichte, das 400 Jahre vor Beginn unserer Zeitrechnung begann, kann nicht enden ohne Hinweis auf den witzigsten und geistreichsten Schriftsteller-Philosophen der Neuzeit, der nicht zuletzt gegen die Bitternis Montaignes ein milderes und versöhnlicheres Bild des Menschen zeichnete.

Es soll an einem schönen Herbstabend des Jahres 1773 geschehen sein, als der vierzigjährige Hofrat Christoph Martin Wieland (1733–1813), der von Herzogin Anna Amalia 1772 als Erzieher ihrer beiden Söhne am Hof von Weimar eingestellt worden war, im oberen Hinterzimmer des Söllnerschen Hauses vor langer Weile aus dem Fenster hinaus sah, ohne recht wahrzunehmen, was er sah. Was war nur mit ihm los? «Alles Feuer meines Geistes schien erloschen, alle meine Laune, gleich einem flüchtigen Salze, verduftet zu seyn.»[67] Er fühlte sich ein wenig dumm, «aber ach! ohne an den Seligkeiten der Dummheit Theil zu haben». In dieser deprimierten Stimmung glaubte er plötzlich eine Stimme zu hören, die ihm zurief: «Setze dich und schreibe die Geschichte der Abderiten!»

Er ließ es sich nicht zweimal sagen, und so schrieb er *Die*

Abderiten, jenes philosophisch-humoristische Werk, das er selbst als eine idealisierte Komposition der Albernheiten und Narreteien des ganzen Menschengeschlechts verstand.[68] Sie sollte keine Lügengeschichte nach dem Geschmack Lukians sein. Wieland schrieb sie als einen «Beytrag zur Geschichte des menschlichen Verstandes» (S. 5), wobei er aus allen ihm verfügbaren Quellen der Philosophiegeschichtsschreibung und Altertumswissenschaft schöpfte. So kam eine Arbeit zustande, in der die Bewohner Abderas als Muster einer menschlichen Lebensform und Denkweise geschildert wurden, die überall und zu allen Zeiten zu finden ist. Als «Abderitismus» hat sie Immanuel Kant, der ein begeisterter Wieland-Leser war, in den Rang einer geschichtsphilosophischen Hypothese erhoben, der zufolge «das ganze Spiel des Verkehrs unserer Gattung mit sich selbst auf diesem Glob als ein bloßes Possenspiel angesehen werden müßte»[69]. Eine Hauptrolle spielte dabei der Konflikt zwischen den Abderiten und Demokrit, mit dessen Arbeit und Charakter sie nichts anzufangen wussten. Doch was war das eigentlich für ein Werk? War es ein geistreicher Roman, eine geschichtliche Untersuchung oder eine philosophische Abhandlung? Wie schwer wog der philosophische Gehalt dieser Schrift, die im Untertitel als «eine sehr wahrscheinliche Geschichte» charakterisiert wurde?

Diese Frage stellte sich nicht nur hinsichtlich der *Abderiten*. Schon seine *Geschichte des Agathon*, deren erste Fassung 1766/67 erschienen war, hatte die Doppelexistenz Wielands publik gemacht. Offensichtlich war dieser Autor einerseits ein ausgezeichneter Kenner der Antike, vor allem ihrer verschiedenen philosophischen Strömungen. Die Geschichte des aus seiner Heimatstadt Athen vertriebenen Agathon konnte als eine philosophische Erforschung des moralisch richtigen Lebens gelesen werden. Aber sie war andererseits auch ein Meisterwerk der Dichtung, das vor allem in seinen autobiographischen Passagen einen neuen Stil präziser subjektiver Selbstreflexion entwickelte. Gotthold Ephraim Lessing entdeckte sofort diese besonderen Qualitäten des *Agathon*, obwohl er das Werk nicht recht einzuordnen wusste: «Es ist der erste und einzige Roman für den denkenden Kopf, von klassischem Geschmacke. Roman? Wir wollen ihm diesen Titel nur geben, vielleicht daß er einige Leser mehr dadurch bekömme. Die wenigen, die es darüber verlieren möchte, an denen ist ohnedem nichts gelegen.»[70]

Auch Wielands 1768 erschienene Versdichtung *Musarion, oder die Philosophie der Grazien* bot ein philosophisch-literarisches Vexierbild, in dem Stoiker, Pythagoreer, Platoniker auftraten und sich auf einem Festgelage nach Xenophontischer Art stritten. Unter dem heilsamen Einfluss der klugen und schönen Musarion endete es mit dem Lob eines glücklichen Lebens in arkadischer Natur, wo nicht mehr dogmatisch oder akademisch, sondern graziös philosophiert wurde:

«Ein Hain, worin sich Amor gern verliert,
wo ernstes Denken oft mit leichtem Scherz sich gattet;
Ein kleiner Bach von Ulmen überschattet.»[71]

Unter den ersten Bewunderern dieses Gedichts fand sich bereits Goethe, der es mit den Worten lobte: «Hier war es, wo ich das Antike lebendig und neu wieder zu sehen glaubte. Alles, was in Wielands Genie plastisch ist, zeigte sich hier aufs vollkommenste.»[72]

Angesichts solcher Arbeiten war es zwar sehr ungewöhnlich, aber doch auch verständlich, dass Emmerich Joseph, Kurfürst von Mainz, auf diesen philosophischen Schriftsteller und dichtenden Philosophen aufmerksam wurde, der seit 1760 in Biberach als Kanzleidirektor tätig war. Er suchte für die Erfurter Universität junge und anregende Köpfe, um sie aus ihrer provinziellen Verschlafenheit zu wecken, und kam im Februar 1769 auf die Idee, Wieland als ersten Professor der Weltweisheit zu berufen.

Nun konnten seine akademischen Kollegen in Erfurt zwar nicht bestreiten, dass Professor Wieland sich vor allem in der griechischen Philosophie hervorragend auskannte. Aber der Stil seines Philosophierens, der sich nicht an der metaphysischen Schwere und moralischen Ernsthaftigkeit Platons orientierte, sondern am humorvollen Geist eines Diogenes von Sinope oder eines Sokrates, wie ihn Xenophon geschildert hatte, stieß auf großes Misstrauen. Die Philosophen und Theologen in Erfurt hielten ihn nur «für einen sogenannten schönen Geist, von dem nicht recht begreiflich sey, wie man ihn zum Professor der Philosophie, und gar zum ersten, habe machen können»[73].

Wieland sah sich also jener Abwehrhaltung konfrontiert, die seit Platons Austreibung des Lachens für die akademische Philosophie typisch war. Sein Humor disqualifizierte seine Philosophie, und seine Schriften passten nicht ins professorale Berufsethos, worüber Wieland allerdings nicht allzu erstaunt war: «Ich sehe nur zu gut, daß man, um solche Werke herauszugeben, nicht Professor zu Erfurt seyn müßte, denn man glaubt hier seit undenklichen Zeiten, die Geistesschwere, gewöhnlich *Gravität* genannt, sey eine wesentliche Eigenschaft eines akademischen Lehrers, und man kann oder will nicht sehen, daß ein Autor, der für das Publikum und für Menschen von Geist schreibt, nicht wie ein Schulmeister schreiben darf.»[74]

Nach seinem dreijährigen universitären Zwischenspiel war

Wieland in Weimar gelandet, wo er sich nun befreit auf seine Abderiten konzentrieren konnte, über deren Fühlen, Denken und Treiben er eine Geschichte erzählte, in der sich eine bis dahin unbekannte literarische Geschmeidigkeit und Eleganz mit dem philosophischen Geist der Aufklärung verband. 1774 erschien *Die Abderiten*, mit dem lachenden Demokrit als zentraler Figur, in der sich auch die Züge seines Autors erkennen ließen.

Auf den ersten Blick schien es sich bei den *Abderiten* um das Werk eines namenlosen, literarisch und philosophisch gebildeten Historikers zu handeln, der alle ihm verfügbaren Materialien kompilierte und ordnete, um sowohl die Bewohner von Abdera als auch ihren gelehrten Mitbürger Demokrit «in ihrem wahren Lichte» (S. 4) schildern zu können. Wieland setzte sich die Maske eines Geschichtsschreibers auf, der auf einen reichen Fundus historischer Darstellungen und philosophischer Texte zurückgreifen konnte. Er hatte nicht nur aufmerksam die Fragmente des Demokrit studiert. Auch wie Horaz, Seneca, Juvenal, Lukian oder Pseudohippokrates Demokrit geschildert hatten, war ihm bekannt, wobei er seine gelehrte Kritik an diesen Autoren nicht zurückhielt und so seinem Werk einen seriösen Anstrich gab. Er korrigierte Juvenals Übertreibung, dass Demokrit «im buchstäblichen Verstande immer aus vollem Halse gelacht habe» (S. 165), und wandte auch gegen Seneca ein, dass er das demokritische Lachen, ebenso wie das antithetisch eingesetzte heraklitische Weinen, zu sehr verallgemeinert hätte. Demokrit hätte zwar gern gelacht über seine Abderiten, aber doch nicht nur und nicht immer. «Warum immer lachen, immer weinen, immer zürnen, oder immer gleichgültig seyn? Es giebt Thorheiten, welche belachenswert sind; es giebt andere, die ernsthaft genug sind, um dem Menschenfreunde Seufzer auszupressen: andre, die einen Heiligen zum Unwillen reitzen könnten; endlich noch andre, die man der menschlichen Schwachheit zu gut halten soll. (…) Denn lachen und weinen, lieben und hassen, züchtigen und los lassen, hat seine Zeit, sagt *Salomo*, welcher älter, klüger und besser war als Seneka mit allen seinen Antithesen.» (S. 167)

Aber der fingierte Verfasser gab nicht nur zu erkennen, dass er philosophiegeschichtlich gebildet war. Er wollte auch seiner Phantasie ein wenig die Zügel schießen lassen. Schließlich handelte es sich bei den Abderiten ja nur um närrische Leute, und die zahlreichen Albernheiten, die ihnen zur Last gelegt worden waren, «sind groß genug, um das Ungereimteste, das du ihnen andichten kannst, zu rechtfertigen». (S. 299) Doch gerade diese Andichtung voller Einbildungskraft hatte ironischerweise einen gegenteiligen Effekt. Denn die meisten Leser seiner «sehr wahrscheinlichen Geschichte» nahmen diese Phantasiegebilde als wirklichkeitsgetreue Abbildungen wahr, und überall entdeckte man die Originale zu den erfundenen Toren. «In tausend Orten, (sagt der Verfasser) wo ich weder selbst jemahls gewesen bin noch die mindeste Bekanntschaft habe, wunderte man sich, woher ich die *Abderiten*, *Abderitinnen* und *Abderismen* dieser Orte und Enden so genau kenne.» (S. 300f.) Offensichtlich bildeten die Abderiten ein unsterbliches, unzerstörbares Völkchen, das man an allen Orten und zu allen Zeiten finden kann. «Die Geschichte der Abderiten kann also mit gutem Fug als eine der wahresten und zuverlässigsten, und eben darum als ein getreuer Spiegel betrachtet werden» (S. 306f.), der auch heute noch so wirksam ist wie zu seiner Zeit.

Dabei war es vor allem Demokrit, der seinen Zeitgenossen den Spiegel vorhielt. Wieland ließ sein Leben Revue passieren, informierte ausführlich über seine Reisen und Forschungen, baute in seine Geschichte auch eine «Abschweifung» über den Charakter und die Philosophie dieses lachenden Weisen ein, «welche wir den Leser nicht zu überschlagen bitten». (S. 161) Einen Höhepunkt des philosophischen Humors lieferte das Zweite Buch der *Abderiten* – «Hippokrates in Abdera» –, in dem Wieland den pseudohippokratischen Briefwechsel verarbeitete. Er gestaltete es als Plädoyer für ein Weltbürgertum, das sich gegen die Abderiten aller Zeiten und Länder behaupten muss. So war auch für Demokrit und Hippokrates nichts natürlicher, «als das innige Einverständnis und das gegenseitige Zutrauen, das sich unter zwey Kosmopoliten sogleich in der ersten Stunde ihrer Bekanntschaft fest setzt». (S. 219)

Dass die Abderiten dafür kein rechtes Verständnis besaßen, konnte nicht überraschen. Und dass sie Demokrits Forschungen nicht nachvollziehen konnten und ihn gar für verrückt hielten, auch dafür hatten sie sich, Wieland zufolge, eine verdrehte Begründung zurechtgelegt:

«Der wahre Grund, meine Freunde, warum die Abderiten aus ihrem Mitbürger Demokrit nicht viel machten, war dieser: weil sie ihn für – keinen weisen Mann hielten.

‹Warum das nicht?›

Weil sie nicht *konnten*.

‹Und *warum* konnten sie nicht?›

Weil sie sich alsdann selbst für Dummköpfe hätten halten müssen, und dies zu thun waren sie gleichwohl nicht widersinnig genug.» (S. 24)

Aber trotz aller lächerlichen Selbstüberschätzung waren Wielands Abderiten nicht boshaft. Je länger er ihre Geschichte verfolgte, desto mehr liebenswert törichte Züge nahmen sie an. Sie hatten eben doch eine «gute Gemüthsart». (S. 85) Es fehlte ihnen jene Härte, mit der das Athener Geschworenengericht Sokrates in den Tod getrieben hatte. Es war ein versöhnlicher Ton, mit dem Wieland den ewigen Konflikt zwischen dem philosophischen Weltbürger und allen Abderiten schilderte, die nicht über ihren begrenzten Horizont hinausblicken können. Es war der humorvolle Ton eines Schriftsteller-Philosophen, der auch im gegenseitigen Belachen noch jenen humanen Wert sehen konnte, der im tödlichen Ernst nicht zu finden ist. Die Passage ist zu schön, um hier, am Ende einer mehr als zweitausendjährigen Geschichte, die an der thrakischen Küste begann, nicht ganz zitiert zu werden:

«Die Abderiten waren bey allen ihren menschlichen Schwachheiten wenigstens keine sehr bösartigen Leute. Unter ihnen hätte Sokrates so alt werden können als Homers Nestor. Sie hätten ihn für eine wunderliche Art von Narren gehalten, und sich über seine vermeintliche Thorheit lustig gemacht; aber die Sache bis zum Giftbecher zu treiben, war nicht in ihrem Karakter. Demokrit ging so scharf mit ihnen zu Werke, dass ein weniger jovialisches Volk die Geduld dabey verloren hätte. Gleichwohl bestand alle Rache, die sie an ihm nahmen, darin, dass sie (unbekümmert mit welchem Grunde) eben so übel von ihm sprachen als er von ihnen, alles tadelten was er unternahm, alles lächerlich fanden was er sagte, und von allem, was er ihnen rieth, gerade das Gegentheil thaten. ‹Man muss dem Filosofen durch den Sinn fahren, sagten sie; man muss ihm nicht weis machen, dass er alles besser wisse als wir.› – Und, dieser weisen Maxime zu Folge, begingen die guten Leute eine Thorheit über die andre, und glaubten wie viel sie dabey gewonnen hätten, wenn es ihn verdrösse. Aber hierin verfehlten sie ihres Zweckes gänzlich. Denn Demokrit lachte dazu, und ward aller ihrer Neckereyen wegen nicht einen Augenblick früher grau. – ‹O die Abderiten, die Abderiten! rief er zuweilen; da haben sie sich wieder selbst eine Ohrfeige gegeben, in Hoffnung, dass es *mir* weh thun werde!›» (S. 86)

Die Spottlust eines Hunde-Philosophen

Wie Diogenes von Sinope sich über den großen Platon und Alexander den Großen lustig machte

Als einer zu ihm sagte, «es gibt gar viele, die über dich lachen», erwiderte er: «Ja, und über sie lachen vielleicht wieder die Esel; aber so wenig sich jene um die Esel kümmern, so wenig kümmere ich mich um sie.»
DIOGENES LAERTIUS (D. L. VI, 58)

NACHDEM ER, «von unausstehlicher Hitze und allen andern Reise-Plagen abgezehrt»[1], am Sonnabend, den 27. Mai 1769, in Erfurt angekommen war, um dort an der Universität als erster Professor für Philosophie zu lehren, fühlte sich der 35-jährige Christoph Martin Wieland, der kurz zuvor noch Biberacher Kanzleiverwalter ohne philosophischen Doktor- oder Magistertitel gewesen war, wie ein Don Quichotte. Er fürchtete, wie dieser Ritter von der traurigen Gestalt mit seiner literarischen Einbildungskraft gegen misstrauische Kollegen und engstirnige Studenten kämpfen zu müssen. Der Anfang war nicht einfach, und es gab genügend Gründe zum Klagen. «Wolle der Himmel nicht, daß meine Gebeine in dem Land liegen müssen, wohin mich mein Schicksal geführt hat: Was für Leute, was für Köpfe, welche Sitten, welche Rohheit, Geist-, Herz- und Geschmacklosigkeit! Zu Menschen soll ich sie bilden, diese Leute!»[2]

Vom gesellschaftlichen Leben in Erfurt wollte Wieland sich möglichst fern halten. Zurückgezogen lebte er mit der Familie in einem Gasthof hinter dem Kloster, wo er sich auf seine schriftstellerische Arbeit konzentrieren konnte. Aus einer philosophischen Laune heraus wählte er sich Diogenes von Sinope als seinen Helden, über dessen Leben und Ansichten er im Sommer 1769 einen unterhaltsamen Bericht schreiben wollte. Mit der Forschungsliteratur war er bestens vertraut. Er kannte nicht nur die vielen Anekdoten über diesen sonderbaren Menschen, wie sie vor allem Diogenes Laertius in *Leben und Meinungen berühmter Philosophen* kolportiert hatte, sondern auch die aktuellen Untersuchungen zur Philosophie des antiken «Kynismus», als dessen Hauptfigur Diogenes galt. Aus dem umfangreichen Material entwickelte er eine geistreiche, amüsante Geschichte, deren erste Auflage 1770 unter dem halb griechischen, halb deutschen Titel erschien: *Sokrates mainomenos oder die Dialogen des Diogenes von Sinope.*[3]

Die Charakterisierung seines Diogenes als «*Sokrates mainomenos*»[4] war ein Zitat. Denn als einen «rasend und toll gewordenen» Sokrates soll Platon diesen eigenwilligen Menschen kritisiert haben, der ihn oft genug geärgert hatte. Dass er Diogenes für verrückt, übergeschnappt oder versponnen gehalten hatte, sollte zwar eine zurückweisende Vernichtung sein. Aber Platon konnte ihm, obwohl nur widerwillig, doch auch seine Anerkennung nicht ganz versagen und stellte ihn mit Sokrates, seinem eigenen Ideal, auf eine Stufe.

25 Jahre später wird Wieland in einem *Zusatz* zur dritten Auflage seines *Sokrates mainomenos* 1795 begründen, warum er diesen irritierenden Titel durch *Nachlass des Diogenes von Sinope* ersetzt haben will: Der «aberwitzig gewordene Sokrates» (S. 29), dieser zwar spöttische, aber zugleich ehrenvolle Spitzname,

den Platon seinem Widersacher gegeben hatte, passte nicht zu jenem Bild, das Wieland von seinem Titelhelden gezeichnet hatte. Denn zwar war auch sein Diogenes ein «*Sonderling*, aber ein so gutherziger, frohsinniger und (mit Erlaubnis zu sagen) so vernünftiger Sonderling als es jemahls einen gegeben haben mag.» (S. 29 f.)

Der in schlechtem Latein geschriebene *Nachlass* des Diogenes, den ein fingierter Herausgeber in einer verwahrlosten Klosterbibliothek gefunden haben soll und in ein elegantes Deutsch übertragen hat, entsprang Wielands humorvoller literarisch-philosophischer Phantasie. In einer bunten Aneinanderreihung von Abenteuern, Gesprächen und Reflexionen, die recht lose an überlieferte Diogenes-Anekdoten und -Sprüche anknüpften, gab sich ein kluger und fröhlich lachender Diogenes zu erkennen, der Wielands eigenem Lebensideal mehr entsprach als den verfügbaren philosophiegeschichtlichen Quellen. Das war kein toller, verrückter, unkultivierter oder schamloser Einzelgänger, der alles und jeden verspottete, sondern ein «Sonderling», der die guten und schönen Seiten des Lebens liebte und sich nur deshalb anders als seine Mitbürger verhielt, weil er deren alltägliche Gewohnheiten als lächerlich durchschaute und daran nicht teilnehmen wollte.

Auch Wielands Diogenes war zwar ein «zweiter Sokrates» (S. 18), aber nicht im Sinne Platons, sondern so, wie ihn einst Xenophon geschildert hatte als einen witzigen, freigeistigen, lebenslustigen und unterhaltsamen Zeitgenossen. Deshalb war Diogenes für ihn ein wahrer und echter Kyniker, der die Unabhängigkeit liebte, ein Menschenfreund war, sich als Weltbürger verstand und mit seiner Lebensklugheit gegen die allgemeine Geist-, Herz- und Geschmacklosigkeit seiner Mitbürger in Athen und Korinth kämpfte, wo er sich abwechselnd aufhielt.

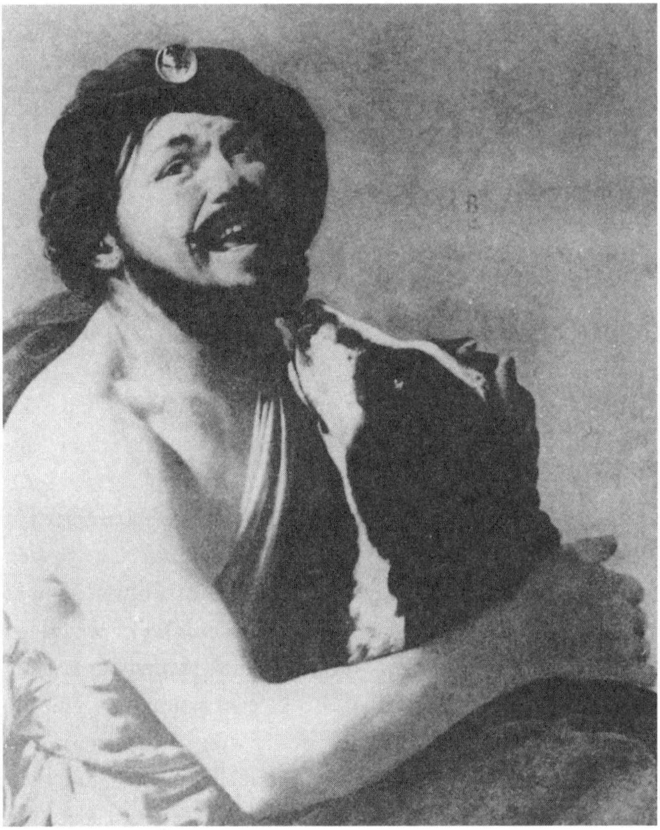

Hendrick Terbrugghen:
Mann mit Hund: Diogenes. 1628. Privatbesitz

Auch er hatte zwar seine tollen «Grillen» (S. 62) und setzte sich oft eine närrische «Schellenkappe» (S. 62) auf. Aber das tat er nur, um so in seinen Urteilen und Lebensformen möglichst frei sein zu können. «Wehe dem Manne, der so weise wäre, um den übrigen Sterblichen in keiner Schwachheit ähnlich zu seyn! Wie sollten sie ihn erträglich finden? Wie sollten sie ihm seine Vorzüge verzeihen können? Er muß sich die Freyheit, ihrer ungestört zu genießen, durch einige wirkliche oder vermeinte Thorheiten erkaufen, mit denen er gleichsam den allgemeinen *Genius* dieser sublunarischen Welt versöhnt, und den übrigen Thoren das Recht giebt sich über ihn lustig zu machen.» (S. 62)

Wieland hat Diogenes als einen heiteren Menschen skizziert. Er ist witzig, und sein Talent, die Torheiten seiner Mitbürger bloßzustellen, verhindert nicht, dass sie diesen spöttisch-lachenden Philosophen auch gern haben. Dazu trägt vor allem jene Lebenshaltung bei, über die Diogenes seine beiden Freunde Diofant und Eurybates in den Abschnitten 32 und 33 seines Nachlasses aufklärt. Diese *Schutzrede für die Freude* ist eine Perle des aufgeklärten Humors. Nie wieder ist das Lachen aus guter Laune philosophisch so gefeiert worden wie in dieser kleinen Lehrrede [Diatribe], in der alles verdichtet ist, was Wieland für lebens- und liebenswert hielt. Aber deutlich ist auch, dass sich dieses fröhliche Lachen ständig gegen seine Widersacher behaupten muss. Erst durch den Kontrast mit dem, was es abzuwehren und zu überwinden gilt, gewinnt der Wieland-Diogenes-Humor seine besondere Qualität, die bis heute nichts von ihrer Aktualität verloren hat.

Die Gegner werden identifiziert als «Hasser der Freude». (S. 116) Es sind finstere Gesellen, deren Tugend nur ein «gravitätisches und aufgedunsenes Ansehen gewinnt». (S. 121) Es sind zutiefst ernsthafte Menschen, «die sich zum Verdienst anrechnen, in ihrem Leben nie gelacht zu haben». (S. 123 f.) Im Stadtrat von Korinth treten sie als eine «Partey von Graubärten» (S. 124) auf, die ständig über Sittenverfall klagen, am liebsten alle Schauspieler, Mimen, Spaßmacher, Tänzerinnen und Flötenspielerinnen aus der Stadt jagen und «alle Tempel und Kapellen, wo den Göttern der Freude geopfert wird», (S. 124) schließen würden. Sie hassen das Vergnügen und die gute Laune, und ein fröhliches Volk ist ihnen zuwider. Wieland wird dabei auch an Platon gedacht haben, der das Lachen aus seiner Akademie und der Philosophie überhaupt vertrieben hat. Aber treffen wollte er die rechtgläubigen Dogmatiker und Fanatiker aller Zeiten und Länder, denen Freude und Lebenslust nur lästerliche Verirrungen zu sein scheinen.

Diogenes will sich von all diesen ernsthaften Eiferern nicht seine «gute Laune» verderben lassen; «und wenn sie das könnten, so möchten sie mir eben so gut auch das Leben nehmen; ich würde keine Bohne mehr darum geben». (S. 124) Ohne Lebensfreude ist für ihn das Leben nichts wert. Deshalb erinnert er gegen die lust- und lachfeindlichen Graubärte so gern an den geistreichen Witz des Sokrates, wie er vor allem in den von Xenophon geschilderten Gastmahlen praktiziert worden war. «Kleine rosenbekränzte Becher weckten den Attischen Scherz und das feine Lachen, die Filosofie lernte von den Grazien scherzen.» (S. 125 f.) Auch an den lachenden Demokrit und an Hippokrates, der mit Nieswurz den Trübsinn vertrieb, denkt Diogenes, um das Lachen philosophisch zu adeln. Und gegen alle despotischen Herrscher, denen ein fröhliches Volk als Bedrohung ihrer Macht erscheint, wendet er nicht ohne Ironie ein, dass unter einer aufgeklärten Regierung gerade ein solches Volk doch viel leichter zu regieren sei. «Ein fröhliches Volk, ein

Volk das für Witz und lachenden Scherz empfindlich ist, läßt sich viel leichter regieren als ein schwerfälliges, und ist unendliche Mahl weniger zu Unruhen, Widersetzlichkeit und Staatsveränderungen geneigt. Religions-Schwärmerey und politische Schwärmerey, diese Ungeheuer, welche die schrecklichsten Katastrofen zu verursachen fähig sind, finden bey einem fröhlichen Volke keinen Zugang offen, oder verlieren bey ihm alle Macht zu schaden. Steigt in irgend einem trüben Kopfe eine menschenfeindliche Grille auf, so scherzt und spottet man sie weg, und sie wird vergessen.» (S. 120 f.)

Als der junge Johann Wolfgang Goethe 1770 vom Buchhändler Reich Wielands Diogenes-Roman zugeschickt bekam, war er nach der ersten Lektüre völlig begeistert. Goethe bewunderte den aufgeklärten Humor und feinen Witz des großen Wieland, gegen den er sich selbst klein fühlte. Aber Goethe spürte sofort, dass dieser Diogenes weitestgehend nur der Phantasie des Erfurter Professors für Philosophie entsprungen war. Zu verfeinert waren seine Umgangsformen, zu kultiviert war sein fröhlicher Sinn. Von der verachtenden Derbheit des antiken Diogenes, von seiner obszönen Schamlosigkeit und aggressiven Spottlust war kaum etwas zu spüren in diesem *Nachlass des Diogenes.* Goethe glaubte auch den Grund dieser Retuschierung des überlieferten Diogenes-Bildes zu kennen, die aus dem «toll gewordenen Sokrates» eine Idealfigur aufgeklärter und empfindsamer Humanität gemacht hatte. Später wird er dafür die «zarte Natur» von Wieland verantwortlich machen: «Ein Sinn, mit dem die Zierlichkeit aller Formen, wie bei Wieland, geboren ist, kann unmöglich an einer beständigen Verletzung derselben als System Wohlgefallen finden.»[5]

Goethe kannte einen anderen Diogenes, für den er sich sehr interessierte, und Wieland selbst wusste ja auch, dass er nicht den authentischen kynischen Spötter geschildert, sondern ein schönes Bild seines eigenen Charakters und gebildeten Humors entworfen hatte. Schon im *Vorbericht des Herausgebers* seines Diogenes-Nachlasses hatte er gestanden, «daß der Diogenes, der in den Aufsätzen spricht, mir selbst ein ziemlich *idealischer* Diogenes zu seyn scheint». (S. 23 f.) Und zu dem Vorwurf einer Leserin, die sich trotz aller rokokohaften Idealisierung erotischer Szenen über einen sexualisierten Wortgebrauch aufgeregt hatte, bemerkte er: «Das Wort, welches ihr mißfällt, würde nicht in meinem Buche seyn, wenn ich *selbst* spräche, allein Diogenes, der Cyniker ist's, welcher spricht, den ich so verschönert habe, daß ich wol hie und da einen Zug von Cynismus anbringen mußte, um den Mann für die Herren Gebildeten nicht ganz unkenntlich zu machen.»[6]

Wie also stand es ohne Verschönerung um diesen *Sokrates mainomenos*, dessen Spottlust nicht gerade menschenfreundlich war und dessen Lachen seine verächtlich machende Absicht nicht verbergen wollte? Was war das für ein «kynismos», mit dem in der europäischen Philosophie der subversive Widerstand gegen alle Formen des kultivierten Lebens, der politischen Herrschaft und des vergeistigten Diskurses begann?

Diogenes wurde zwischen 410 und 400 v. Chr. in Sinope an der Südküste des Schwarzen Meeres als Sohn des Bankiers oder Geldwechslers Hikesias geboren. Die Berichte des Diogenes Laertius über seinen Namensvetter beginnen mit der Erzählung, dass er wegen Falschmünzerei aus seiner Heimatstadt verbannt worden war. Ob er tatsächlich falsche Münzen geprägt hat, ist allerdings fraglich; und selbst wenn es so gewesen sein sollte, war es vielleicht nur ein Missverständis gewesen. Denn es wurde auch behauptet, dass der junge Diogenes einmal nach Delphi oder nach Delos gereist war, um dort beim Orakel zu erfahren, was er tun sollte. Gott Apollo soll ihm dabei etwas erlaubt haben, was Diogenes als Anstiftung zur Geldfälschung interpretieren konnte: «nämlich eine Änderung der staatlichen Ordnung». (D. L. VI, 20)

In der infiniten Form lautete der Spruch, in einer typischen Mehrdeutigkeit: «paracharattein to nomisma». Sowohl das Substantiv «nomisma» als auch das Verb «paracharattein» lassen sich nämlich in einem konkreten, aber auch in einem abstrakten Sinn verstehen.[7] «Nomisma» meinte ursprünglich das, was gilt: die Sitte, der Brauch, die allgemeine Ordnung, die Gesetze [nomos]; im vierten vorchristlichen Jahrhundert wurde es zur Bezeichnung der Münze als geltendes Zahlungsmittel. Und «paracharattein» konnte im positiven Sinn das Umprägen oder Umwerten bedeuten, im negativen Sinn das Fälschen und betrügerische Nachahmen.

Die Anekdote hat Diogenes zum Kriminellen gemacht, der den Orakelspruch so verstand, dass er die «Münze fälschen» sollte. Nach seiner Tat gefasst und verurteilt, musste er Sinope verlassen und gelangte als armer Hund zunächst nach Athen, wo er sich Antisthenes anschloss, einem Schüler des Sokrates, der auch mit Xenophon befreundet war, aber Platon nicht besonders mochte, weil er ihn für eingebildet hielt und seine Ideenlehre für ein bloßes Hirngespinst. Er lehrte auf dem athenischen Sportplatz «Kynosarges», nicht weit vom Stadttor entfernt, «wovon nach einigen die Schule auch ihren Namen bekommen haben soll. Er selbst aber wurde Haplokyon (schlechtweg Hund) genannt.» (D. L. VI, 13) Von diesem Kyniker ließ sich Diogenes die Kunst des Philosophierens lehren, wobei er als besitzloser Heimatvertriebener so sparsam wie möglich leben musste.

«Paracharattein to nomisma» konnte aber auch bedeuten:

«die geltenden Werte umwerten», und erst in dieser Lesart wurde die apollinische Orientierung zum Leitbild und Motto der kynischen Philosophie. Mit ihr begann, was später beim Neo-Cyniker Friedrich Nietzsche die «Umwertung aller Werte» heißen wird, wobei es bei Diogenes vor allem um die Antithese zwischen «nomos» und «physis» ging, zwischen der Autorität menschengemachter Gesetze und der natürlichen Energie des körperlichen Daseins. «Solches lehrte er und handelte auch danach, indem er wirklich die Münze verfälschte dadurch, daß er weniger Gewicht legte auf die Vorschriften des Gesetzes als auf die Natur.» (D. L. VI, 71)

Das ist leicht untertrieben. Denn die unvergleichliche Provokation des Diogenes bestand in der radikalen und bedingungslosen Umkehrung der gesellschaftlichen Wertigkeiten. Er wertete auf, was in der Regel als animalische Natur verborgen wurde. Auf den Marktplätzen von Athen und Korinth, wo er unter freiem Himmel lebte, befriedigte er öffentlich seine natürlichen Bedürfnisse. Vor den Augen seiner Mitbürger aß er mit Vorliebe rohes Fleisch und Gemüse. Er trank, weil auch die Tiere keine Becher brauchten, das Wasser aus der hohlen Hand, furzte, pisste und schiss ohne jede Scham. Auch soll er öffentlich onaniert haben. Das geschah nicht ohne eine große Portion von aggressivem Exhibitionismus; und so war es nicht erstaunlich, dass sich oft viele Bürger um ihn scharten, um ihm ihre Abscheu zu zeigen und ihn mit Spott zu überhäufen. Er aber soll darauf schlagfertig mit einem Witz geantwortet haben. «Als er auf dem Markte sein Frühstück verzehrte, riefen ihm die Umstehenden fortwährend zu ‹Hund›, er aber erwiderte: ‹Ihr seid Hunde, da ihr euch um mich, den Essenden, herumdrängt.›» (D. L. VI, 61)

«Kyon, kyon», so riefen ihn seine Gegner, «du Hund!» Er

aber wertete die abfällige Beschimpfung um und erhöhte sie selbstbewusst zum Ehrenzeichen Der «kyon» wurde zum Kyniker, seine Lehre zum Kynismus.

Im Beiwort «Hund» hat sich die Ambivalenz verdichtet, die Diogenes von Sinope zum Proto-Kyniker werden ließ. Denn einerseits war er bissig und gefürchtet wegen seiner frechen Aggressivität. «Als man ihn fragte, welches Verhalten ihm den Namen Hund verschafft habe, erwiderte er: ‹Die mir eine Gabe reichen, umwedle ich, die mir nichts geben, belle ich an, und die Schurken beiße ich.›» (D.L. VI, 60) Schurken aber waren für ihn alle, die für Karriere, Reichtum, Macht und gesellschaftliche Anerkennung mit ihrer Freiheit bezahlten und sich ihrer Natur entfremdeten, ebenso auch die philosophierenden Akademiker, die sich vom Leben distanziert und in ihre geistreichen Ideengebäude zurückgezogen hatten.

Auf der anderen Seite konnte der kynische Biss seine verletzende Schärfe nur durch ein «animalisches Modell des Überlebens»[8] gewinnen, das sich nicht am «nomos» politischer Ordnung und philosophischer Ethik orientierte, sondern am Minimum einer natürlichen «physis», die nicht mehr will als das, was unbedingt zum Leben nötig ist. «Eine hin- und herlaufende Maus, die weder eine Ruhestätte suchte noch die Dunkelheit mied, noch irgendwelche Verlangen zeigte nach sogenannten Leckerbissen» (D.L. VI, 22), soll Diogenes den entscheidenden Wink für sein eigenes Lebensprinzip gegeben haben. Die Natur zeigte, wie zu leben sei. Das aber war bei den meisten Bürgern der Polis in Vergessenheit geraten, die stets mehr und mehr wollten und dabei ihre vitale Zufriedenheit verloren hatten.

Doch war diese hündische Existenz auch tauglich als eine philosophische Haltung? Konnten diese gleichsam nackten

Elemente auch argumentativ überzeugend sein und den Kynismus als eine ernst zu nehmende philosophische Strömung und geistige Macht begründen? Sicher ist, dass die frühen Kyniker des vierten vorchristlichen Jahrhunderts, vor allem Antisthenes, Diogenes und Krates, ihre Wende zum natürlichen Leben nicht in die Form einer philosophischen Lehrmeinung gepresst haben. Sie waren keine Akademiker, die auf eine systematisch ausgefeilte Diskursivität vertrauten. Wenn sie sich als Philosophen verstanden, dann vor allem im Sinn einer gelebten Ethik, die praktisch vor Augen führte, was sie für richtig hielten. Ihre Philosophie war gelebt und ihr Leben philosophisch begründet. Und weil sie diesen Grund in der Natur fanden, muss man die antiken Kyniker von ihren modernen Nachkommen, den Zynikern, unterscheiden, die alles als vergeblich und leer zu entlarven versuchen und folglich auch dem natürlichen Dasein keinen Reiz mehr abgewinnen können.

Dass im Kynismus auch eine gehörige Portion Ironie, Witz oder Komik im Spiel waren, ist nicht zu bezweifeln. Aber haben Diogenes und seine Spießgesellen auch so viel und so oft gelacht, wie man ihnen zugeschrieben hat? Nicht nur Wieland hat seinen Diogenes freundlich lachen lassen und dessen heiteren Frohsinn gepriesen. Die Kyniker haben allgemein den Ruf, über die meisten Dinge, welche die Menge bewundert und hoch schätzt, und über die Menschen, die nach solchen Dingen streben, nur lachen zu können. Auch Peter Sloterdijk, der Diogenes einen Ehrenplatz in seinem «Kabinett der Zyniker» eingeräumt hat, war vor allem von seinem Lachen, seiner «humoristischen Selbstgewißheit»[9] und seiner «unglaublichen Heiterkeit»[10] begeistert. «Seine Waffe ist nicht so sehr die Analyse als das Gelächter. Er benutzt seine philosophische Kompetenz, um die ernsten Kollegen zu verspotten.»[11] Zwar «vegetieren» wie ein Hund, «aber leben, lachen und für den Eindruck sorgen, daß hinter all dem nicht Verwirrung steht, sondern helle Reflexion»[12].

Was war das für ein Lachen, mit dem Diogenes den Ernst seiner Gegner herausgefordert hat? Und was waren die bevorzugten Zielscheiben seines kynischen Spotts, an denen er seinen toll gewordenen Witz erprobte?

Sein erstes Angriffsziel bildete die gesetzlich geregelte Lebensordnung in den griechischen Stadtstaaten, die ihren Bürgern eine scheinbare Sicherheit zu bieten schien. Denn aggressiv bis zum Hohn waren seine Einwände gegen alle Versuche, das Schicksal der Menschen durch sozial eingespielte Maßnahmen des Besitzstrebens, der politischen Macht und der gesellschaftlichen Anpassung zu überlisten.

Die Lust am Leben lässt sich nicht aus dem Besitz der Objekte ziehen, sondern nur im Wissen um ihre Entbehrlichkeit. Weil jedes Eigentum wieder verloren gehen kann, hat es keinen Sinn, ihm einen hohen Wert zuzuschreiben. Diogenes arbeitete nicht. Er baute sich kein Haus, sondern lebte unter freiem Himmel in seiner sprichwörtlich gewordenen Tonne. Er bettelte sich das Nötigste zusammen, nie mehr, als er brauchte. Geld spielte für ihn keine Rolle, und «gefragt, warum das Gold bleich (blaß) ist, sagte er: ‹Weil es Angst hat vor seinen vielen Nachstellern.›» (D. L. VI, 51)

Die Regeln der Natur, denen allein er folgen wollte, waren schließlich auch die Grundlage, von der aus Diogenes die Lebensform in der Polis bekämpfte. In ihr sah er nur ein bedrohliches Zwangsverhältnis der Menschen zueinander, eine Sphäre bedenklicher Karrieren und fragwürdiger Bestrebungen. Er mochte seine Mitbürger nicht, die sich einbildeten, durch Heirat, Besitz, politischen Erfolg und beruflichen Aufstieg den

Honoré Daumier:
Diogenes und Alexander. Lithographie aus dem Zyklus «Histoire ancienne», 1842/43

Sinn und Wert des Lebens in den Griff bekommen zu können. Überhaupt war ihm jede Identifikation mit familiären, städtischen oder nationalen Gruppen verhasst. Die Verachtung war nicht zu übersehen, mit der sich der Philosoph von der Masse des Volkes distanzierte. Mit seiner Umwertung der Werte stilisierte er sich zu einem Einzelgänger, der gegen den Strom schwamm, in dem die meisten Menschen ihren falschen oder illusionären Zielen zustrebten. Die Diogenes-Anekdote hat es bis ins Absurde gesteigert: «Ins Theater ging er, wenn die andern ihm daraus entgegenströmten, und, nach dem Grunde gefragt, sagte er: ‹so halte ich es grundsätzlich in meiner ganzen Lebensführung.›» (D. L. VI, 64)

«Einst rief er laut: ‹Heda, Menschen!›, und als sie herzuliefen, bearbeitete er sie mit seinem Stocke mit den Worten: ‹Menschen habe ich gerufen, nicht Unflat.›» (D. L. VI, 32) In den Zitatenschatz der Philosophiegeschichte ist auch die Laternen-Anekdote eingegangen, in der Diogenes seinen athenischen Mitbürgern ein Licht aufgehen lassen wollte: «Er zündete bei Tage ein Licht an und sagte: ‹Ich suche einen Menschen.›» (D. L. VI, 41)

Der wahre Ort des Menschen konnte für diesen Sonderling nicht die Polis sein. Diogenes wollte kein Mitglied einer bestimmten Stadtgemeinschaft sein. Er hätte an jedem Ort leben können, weil er überall mit sich und der Natur in Übereinstimmung sein konnte. «Gefragt nach seinem Heimatort, antwortete er: ‹Ich bin ein Weltbürger.›» (D. L. VI, 63) Die Welt war seine Heimat. Jede fest gefügte Staatsordnung galt ihm dagegen als eine trügerische Illusion, mit der sich die Menschen über ihre wesentliche Existenz hinwegtäuschten. «Die einzig wahre Staatsordnung finde sich nur im Weltall.» (D. L. VI, 72) Gegen die Grenzen der Polis kämpfte Diogenes als Kosmopolit, aber nicht im Sinne einer globalisierten Weltpolitik, sondern mit dem Anspruch eines autonomen Individuums, das den natürlichen Kosmos allein als die Ordnung anerkannte, in der jeder Einzelne sich aufgehoben fühlen konnte.

Was gegenüber seinen Mitbürgern als unerträglicher Hochmut erscheinen konnte, zeigte sich gegenüber den Mächtigen als furchtlose Haltung. Die politische Macht, die oft nur durch hohe Geburt begründet war, bildete das zweite Angriffsziel des kynischen Spotts. Als ein zentrales Motiv findet sich in zahlreichen Geschichten, dass Diogenes wiederholt die Einladungen der Reichen und der Machthaber ausschlug, zu ihnen zu kommen, wobei er seine Absagen möglichst provozierend formulierte. «Als Krateros ihn zu einem Besuch bei sich aufforderte, erwiderte er: ‹Nein, lieber will ich in Athen Salz lecken, als beim Krateros an der prunkvollsten Tafel sitzen.›» (D. L. VI, 57) Und zu der mit einer anderen Einladung zugleich ausgesprochenen Drohung des Perdikkas, dass er ihn töten würde, falls er nicht zu ihm käme, bemerkte er: «Das ist keine Heldentat; das können Käfer und Spinnen auch vollbringen.» (D. L. VI, 44)

Diogenes wusste, dass auch der Mächtigste stürzen und sich dem Schicksal nicht entziehen kann. Das erhellt, warum die Anekdote den ärmlichen Philosophen selbst über den königlichen Herrscher stellte: «Als Alexander einst bei einem Zusammentreffen zu ihm sagte: ‹Ich bin Alexander, der große König›, sagte er: ‹Und ich bin Diogenes, der Hund!›» (D. L. VI, 60) Das hieß selbstbewusst reden und die Macht in ihrer Anmaßung zu durchschauen.

Das Motiv «der Philosoph und der Mächtige» findet sich gesteigert in jener witzigen Szene, die von der Antike bis in die Gegenwart wohl am häufigsten zitiert und variiert worden ist. Sie erzählt davon, wie Alexander von Mazedonien einmal

Diogenes im Kraneion, einem Hain vor Korinth, besucht haben soll, wo er ihn beim Sonnenbad fand, faul auf dem Rücken liegend. Der junge König wollte sich großzügig zeigen und machte ihm ein ungeheures Angebot: «Fordere, was du wünschest.» Schlagfertig in mehrerer Hinsicht demonstrierte die Antwort des Diogenes die Souveränität eines philosophischen Weisen, dessen Freiheit und Selbstgenügsamkeit selbst der größten königlichen Macht überlegen ist. Denn was sich dieser Hunde-Philosoph wünschte, war nicht nur so gering, dass es den König zu nichts verpflichtete und so dessen Absicht vereitelte, durch Großzügigkeit den Philosophen zum Dank zu verpflichten. Es zeigte auch, dass die Lebensfreude von natürlichen Bedingungen abhängt, über die selbst ein König, der alles zu beherrschen versuchte, keine Macht hatte. Und schließlich gab der armselige Heimatvertriebene und Gammler aus Sinope dem Herrscher damit zu erkennen, wofür er ihn hielt, nämlich nur für einen lästigen Schatten. Es konnte wohl kaum eine treffendere Entgegnung auf die herrschaftliche Geste des Königs geben als dieses geflügelte Wort: «Geh mir aus der Sonne.» (D. L. VI, 38)

Doch seine klügsten Pointen richtete Diogenes nicht gegen die Lebensordnung der Polis, auch nicht gegen den großen Alexander. Sein dritter und philosophisch wichtigster Gegenspieler war der Philosophenkönig Platon, gegen dessen politische Haltung und philosophische Lehre sich die Spottlust des Hunde-Philosophen am liebsten richtete. Platon hatte gute Gründe, ihn «Sokrates mainomenos» zu nennen. Denn wie Sokrates einst das angemaßte Wissen der Sophisten lächerlich gemacht hatte, so griff nun dieser Nachfahre des Sokrates den großen Platon an, um seine Ideen als leeres Gerede zu destruieren.

Aber er tat es zugleich auf eine so verrückte, freche und tolldreiste Art, dass der Widerstreit zwischen Platon und Diogenes noch heute als der «dramatischste Augenblick im Wahrheitsprozeß früheuropäischer Philosophie» geschätzt wird: «Während die ‹hohe Theorie› von Platon an unwiderruflich die Fäden zur materiellen Verkörperung hin abschneidet, um dafür die Fäden der Argumentation um so dichter zu logischen Geweben zu verknüpfen, taucht eine subversive Variante von *niederer* Theorie auf, die die praktische Verkörperung pantomimisch grotesk auf die Spitze trieb. Der Wahrheitsprozeß spaltet sich in eine diskursiv-großtheoretische Phalanx und eine satirisch-literarische Plänklertruppe.»[13]

Dass es sich dabei nicht nur um die theoretische Philosophie handelte, sondern auch um das praktische Verhältnis zwischen Philosophie und Macht, dokumentieren die Anekdoten, in denen sich Diogenes vor allem über Platons sizilianische Abenteuer lustig machte. Denn in den drei Reisen zwischen 389 und 361 v. Chr., die Platon nach Syrakus in Sizilien unternahm, wo er engen Kontakt zu den dort herrschenden Tyrannen aufnahm, zunächst zu Dionysios I., später zu dessen Sohn Dionysios II., konnte Diogenes nur eine verwerfliche Anbiederung des Philosophen an die Mächtigen sehen. Platon plusterte sich mit seiner ganzen philosophischen Größe auf, um mit den Tyrannen auf Augenhöhe sein zu wollen. Spöttisch plänkelnd hat Diogenes diese politische Überhöhung in Nichts zerplatzen lassen.

– Als er sah, daß Platon bei einem prunkvollen Mahle sich an die Oliven hielt, sagte er: «Wie? Erst macht der Weise die große Seereise nach Sizilien um der Tafelfreuden willen, und nun, da hier alles in Fülle zu haben ist, versagst du dir den Genuß?» worauf Platon erwiderte: «Glaube mir, bei den Göttern, Diogenes, auch dort habe ich mich meist an Oliven und dergleichen gehalten.» – «Wozu also», fuhr Diogenes fort, «hattest du es nötig, nach Syrakus zu fahren? Gab es etwa damals in Attika keine Oliven?» (D. L. VI, 25)

– Platon beobachtete ihn, wie er seinen Kohl abspülte; er trat an ihn heran und sagte leise zu ihm: «Hättest du dich dem Dionysios fügsam erwiesen, so brauchtest du keinen Kohl zu waschen.» Dieser aber habe ebenso leise geantwortet: «Und hättest du dich zum Kohlabspülen herabgelassen, so hättest du dich nicht dem Dionysios dienstbar gemacht.» (D. L. VI, 58)

Platons Bestreben, etwas Großes zu denken und zu tun, das die mannigfachen Kleinigkeiten des Lebens übersteigt, fand in seiner Ideenlehre seinen metaphysischen Ausdruck. Das war jene «hohe Theorie», die sich von den «niederen» Eigenarten der materiellen Existenz radikal abgehoben hat. Denn für den Idealisten Platon gab es nicht nur die sich verändernden, entstehenden und vergehenden Einzeldinge, «woran man sich stoßen und was man betasten könne», sondern auch «gewisse denkbare und unkörperliche Ideen»[14], in denen die wahrnehmbaren Phänomene der Welt den wahren Grund ihres Seins besitzen sollen. Jedes tatsächlich vorhandene Ding galt ihm nur als die materielle Repräsentation eines sinnlich nicht wahrnehmbaren, jedoch gedanklich begreifbaren «eidos».

In platonischer Perspektive repräsentierte zum Beispiel jeder einzelne Tisch die allgemeine Idee der Tischheit und war als Tisch nur erkennbar, weil man an dieser Idee geistig teilnehmen [methexis] konnte. Für Diogenes konnte diese «Belehrung» [diatribe] nur eine «Verkehrung» [katatribe] sein (D. L. VI, 24), die es umzuwerten galt. Das erhellen die anti-platonischen Anekdoten, in denen eine gleichsam sokratische Ironie gegen den großen Schüler und Bewunderer des Sokrates ins Feld geführt wurde. Platons Ideen wurden wieder vom Kopf auf die Füße gestellt, woraus sich einige amüsante philosophische Streitereien ergaben.

- Als Platon sich über seine Ideen vernehmen ließ und von einer Tischheit und einer Becherheit redete, sagte Diogenes: «Was mich anlangt, Platon, so sehe ich wohl einen Tisch und einen Becher, aber eine Tischheit und Becherheit nun und nimmermehr.» Darauf Platon: «Sehr begreiflich; denn Augen, mit denen man Becher und Tisch sieht, hast du allerdings; aber Verstand, mit dem man Tischheit und Becherheit erschaut, hast du nicht.» (D. L. VI, 53)
- Ein andermal begegnete Diogenes, getrocknete Feigen essend, dem Platon, und sagte: «Du kannst auch teilnehmen.» Und als dieser zulangte und aß, sagte er: «Teilnehmen, sagte ich, nicht aufessen.» (D. L. VI, 25)
- Als Platon die Definition aufstellte, der Mensch sei ein federloses zweifüßiges Tier, und damit Beifall fand, rupfte Diogenes einem Hahn die Federn aus und brachte ihn in Platons Schule mit den Worten: «Das ist Platons Mensch»; infolgedessen ward der Zusatz gemacht «mit platten Nägeln». (D. L. VI, 40) (Dass dabei «mit platten Nägeln» griechisch «platyonychos» hieß, war noch eine besonders feine Anspielung auf Platon selbst und prägte seinen Namen in seine schräge Wesensdefinition des Menschen ein: «mit Nägeln nach Platons Art».)

Mit solch witzigem Geplänkel widersprach Diogenes erstens der platonischen Ideenlehre, zweitens der Vorstellung einer Teilhabe der gegenständlichen Welt an der Überwelt der Ideen und drittens jeder Form einer definitorischen Bestimmung, der das Wesen wichtiger ist als das Dasein, die Essenz bedeutsamer als die Existenz. In dieser Hinsicht war der Umwerter der idealistischen Werte Platons entschiedenster Widersacher, was sich nicht zuletzt auch an ihrem widerstreitenden Verhältnis zum Sterben zeigte. Denn während für Platon nach dem Tod die reine unsterbliche Seele, endlich aus dem Gefängnis des Körpers befreit, ins Reich der Transzendenz wechseln kann, war für Diogenes damit das Leben ganz einfach zu Ende. Man sollte sich darüber weder Illusionen machen, noch in Verzweiflung stürzen.

Am Ende seines langen Lebens – er soll 323 v. Chr., im gleichen Jahr wie Alexander der Große, gestorben sein – zog Diogenes selbst dem Tod noch seinen Stachel. «Gefragt, ob der Tod ein Übel sei, sagte er: ‹Wieso ein Übel? Wenn er da ist, merken wir ja doch nichts von ihm.›» (D. L. VI, 68) Diogenes, der freche Lebensbejaher, soll ihm sogar zuvorgekommen sein, indem er seinen Atem anhielt. So blieb er noch im Augenblick des Sterbens Herr seiner selbst.

Dass es ihm dabei immer auch um die animalische Lust am Leben ging, manifestierte sich schließlich noch in einem letzten souveränen Akt: Es interessierte ihn nicht, was mit seiner Leiche geschah. «Einige berichten, er habe sterbend den Auftrag gegeben, ihn unbedingt hinzuwerfen zur Beute für jedes wilde Tier, oder man solle ihn in eine Grube werfen mit einer kleinen Schicht Sand darüber.» (D. L. VI, 79) Nicht ein imaginäres ewiges Seelenheil, sondern die Freude am Leben war das Telos des Kynikers. Nur das kann auch den Witz der Geschichten erhellen, die sich um seinen Begräbniswunsch ranken. Eine davon hat Heinrich von Kleist so erzählt: «Was, versetzte jemand, willst du von den Vögeln und wilden Tieren gefressen werden? ‹So lege man meinen Stab neben mich›, antwortete er, ‹damit ich sie wegjagen könne.› Wegjagen! rief der andere, wenn du tot bist, hast du ja keine Empfindung! ‹Nun denn, was liegt mir daran›, erwiderte er, ‹ob mich die Vögel fressen oder nicht?›»[15]

Hat Diogenes von Sinope gelacht? War er, wie Demokrit von Abdera, ein «lachender Philosoph»? Darauf gibt es keine direkten Hinweise. Denn in den zahlreichen Anekdoten taucht dieses Prädikat niemals auf. Charakterisiert wurde Diogenes durch seinen Spott und seine Frechheit, seine Respektlosigkeit und Grobheit. Er galt als schamlos und unverschämt. Er konnte mit seinem Knüppel philosophieren, und wie ein wilder Straßenköter konnte er bellen und beißen. Platon hielt ihn für einen toll gewordenen Sokrates, und er wäre kein guter Dialektiker gewesen, wenn er nicht die aggressive Überheblichkeit des Diogenes erkannt hätte.

– Als Platon ihn einst zu Gaste geladen hatte nebst Freunden, die von Dionysios her eingetroffen waren, trampelte er auf dessen Fußteppichen herum mit den Worten: «Ich trete des Platons anmaßende Hohlheit mit Füßen», worauf Platon sagte: «Welchen Grad von Aufgeblasenheit, o Diogenes, gibst du damit kund, der du dir einbildest, nicht aufgeblasen zu sein.» Andere erzählen die Sache in folgender Form: Diogenes habe gesagt: «Ich trete des Platons Aufgeblasenheit mit Füßen», worauf dieser erwidert habe: «Ja, mit einer anderen Aufgeblasenheit, Diogenes.» (D. L. VI, 26)

Diogenes war also nicht der gutherzige und frohsinnige Sonderling, zu dem ihn Wieland idealisch verschönert hat. Nicht mit fröhlicher Lachlust, sondern mit ätzender Spottlust hat er seine Gegner angegriffen; und seine Schlagfertigkeit war nicht ohne verletzende Schlagkraft. Der Proto-Kyniker war auch ein Prototyp der Verachtung, wie schon Diogenes Laertius feststellte. «Besonders stark war er darin, anderen seine Verachtung kundzugeben.» (D. L. VI, 24) Er war ein Meister des Verächtlichmachens, der seine witzigen Einfälle als tödliche Waffen einzusetzen wusste. Deshalb konnte er für seine Zeitgenossen zugleich ein Ausbund von Verächtlichkeit sein. Es gab viele, die über ihn lachten und ihn verachteten. Aber selbst über dieses abfällige Lachen setzte er sich hinweg mit einer kynischen Entgegnung. Er hielt es für eine Eselei von Menschen, die nicht wussten, dass sie Esel waren, und wenn einer ihm sagte: «Viele Leute lachen dich aus!», antwortete er: «Aber ich werde nicht niedergelacht.» (D. L. VI, 54)

Diogenes von Sinope war zwar kein lachender Philosoph. Aber das schloss nicht aus, dass die meisten Diogenes-Anekdoten witzig oder komisch sind. Diogenes war ein Meister des «spoudo-geloion», jener unauflösbaren Mischung von moralischem Ernst und geistreichem Spaß, die ein literarisches Kennzeichen des frühen Kynismus ist. In diesem Ernst-Scherz verbarg sich das Lachen als ein doppelt wirksames Mittel. Es diente der Selbstbehauptung und der Distanzierung. So konnte der autarke und autonome Sonderling in seiner Tonne ja auch mitten unter seinen Mitbürgern leben, zu denen er zugleich Abstand hielt.

Man muss Diogenes nicht zum lachenden Menschen und humoristischen Philosophen verfälschen, um sich über ihn und seine Spottlust amüsieren zu können. Die meisten der Geschichten, die man sich über ihn erzählte, können noch immer die Leser zum Lachen bringen, auch wenn ihr Held selbst nicht gelacht haben sollte.

Post scriptum. Im Unterschied zu Sokrates, der nichts geschrieben hat, weil er nur das geistvolle Gespräch als Medium des lebendigen Philosophierens anerkannte, sollen von Diogenes mehrere Bücher im Umlauf gewesen sein. Diogenes Laertius hat dreizehn Dialoge aufgelistet, in denen unter anderem vom Staat, von der Sittenkunst, vom Reichtum, von der Liebe und vom Tod die Rede war. Auch sieben Tragödien soll er geschrieben haben, die von Herakles, Achilles, Medea, Ödipus und anderen Helden handelten. Von all diesen Werken ist nichts überliefert, und es gab auch antike Biographen, die feststellten, «nichts davon gehöre dem Diogenes». (D.L. VI, 80) So muss man sich an die vielen Anekdoten halten, die seit mehr als zweitausend Jahren über diesen gesellschaftlichen Außenseiter und seine Weisheiten aus der Tonne immer wieder nacherzählt und ausgeschmückt worden sind.[16]

Die heilsame Bewegung des Zwerchfells

Warum Immanuel Kant in Königsberg viel Witz hatte und das Lachen für gesund hielt

Voltaire sagte, der Himmel habe uns zum Gegengewicht gegen die vielen Mühseligkeiten des Lebens zwei Dinge gegeben: die Hoffnung, und den Schlaf. Er hätte noch das Lachen dazu rechnen können.[1]
IMMANUEL KANT

IN DER DEUTSCHSPRACHIGEN LITERATUR war Christoph Martin Wieland der Erste, der die stilistische Eigenart der Kyniker, das «spoudo-geloion» [Ernsthaft-Lächerliche], perfektionierte. In seiner *Philosophie der Grazien* hat er es 1768 zum Programm erhoben: «Ernstes Denken» und «leichter Scherz» sollten eine unauflösliche Verbindung eingehen, weil nur so einerseits die großen Probleme der menschlichen Existenz ihre zerstörerische Energie verlieren und andererseits die humorvollen Spielereien an Kraft und Tiefe gewinnen könnten.

Doch dieser formale Rückgriff auf den antiken Kynismus konnte dessen Hauptfigur nicht unverändert lassen. So hatte Wieland sich zwar nicht ohne Grund 1769 den «struppigen Outsider»[2] Diogenes zu seinem Helden gewählt, dessen Bedürfnislosigkeit, Freiheitsdrang und gesellschaftskritischen Witz er schätzte. Aber öffentliche Schamverletzung und menschenverachtender Spott? Damit wollte Wieland nichts zu tun haben.

Er reinigte den bissigen Hunde-Philosophen von seinen grotesken, grobianischen und obszönen Eigenarten. Sein Diogenes war zwar ein eigenwilliger Sonderling, aber eigentlich doch ein äußerst vernünftiger Mensch, der über einen anmutigen Verstand und eine feine Menschenkenntnis verfügte. Er war das Urbild eines «lachenden Philosophen», der in Wielands Romanwelt zu den Vorgängern des Demokrit gehörte.

Aber auch bei seinem Demokrit waren 1774 die dunklen Farben wegretuschiert worden, mit denen ihn einst Horaz, Juvenal oder Montaigne gemalt hatten. Bei ihm verlachte dieser Weise aus Abdera nicht die Freuden des Volkes mit tödlichem Spott. Sein Lachen war nicht bitter, humorlos und voller Verachtung für das lächerliche Wesen Mensch. Für Wieland war es das kluge Lachen eines kosmopolitischen Menschenfreundes, der auf die menschlichen Torheiten auch heiter reagieren konnte.

So traten seine Helden zwar in antikem Gewand auf. Aber es waren Figuren seiner eigenen Zeit und Weltanschauung. Vor allem verfügten Diogenes, Demokrit und viele andere Phantasiegestalten in Wielands Werk über jenen besonderen «Witz und Humor»[3], der im Jahrhundert der Aufklärung kulturgeschichtlich aufblühte und zu einem zentralen Thema der Philosophie wurde.

Damit war zugleich jene Modernisierung der Wortbedeutungen vollzogen worden, die zuvor verschiedenen Sinnbereichen zugehörten und auch mit dem Lachen zunächst nichts zu tun hatten. Denn das ursprünglich germanische *Witz* leitete sich etymologisch von der indogermanischen Wurzel «ueid» ab, was «sehen» und daher auch «wissen» meinte. Bis ins späte 17. Jahrhundert wurde «Witz» im Sinne von Verstand, Klugheit, Wissen und Weisheit gebraucht. – *Humor* dagegen war aus dem lateinischen «humores» entlehnt, womit alle möglichen Flüssigkeiten, Feuchtigkeiten oder Säfte bezeichnet worden waren. Die von der antiken Medizin entwickelte und bis in die frühe Neuzeit wirksame Lehre der vier Körpersäfte [humores naturales] Blut, Schleim, helle und schwarze Galle wurde später vom stofflichen in den geistigen Bereich übertragen. Den vier Säften sollten vier Temperamente oder Charaktere entsprechen: Sanguiniker, Phlegmatiker, Choleriker und Melancholiker.

Erst zu Beginn des 18. Jahrhunderts waren die beiden unverwandten, dem Sinnbereich des Verstandes bzw. des Stoffes zugehörenden Wörter «Witz» und «Humor» in den Bereich des Komischen gezogen worden und traten nun als jenes Doppel auf, das gleichermaßen zum Lachen reizt. Dabei blieb im Witz ein intellektuelles Moment wirksam. Wer über Witz verfügte, der konnte leicht und schnell Ähnlichkeiten zwischen verschiedenen Dingen wahrnehmen und damit überraschend «witzige» Einsichten vermitteln. Und wer Humor besaß, der hatte jetzt nicht mehr nur eine der vier humoralpathologischen Charaktereigenschaften, sondern verfügte über ein heiteres Gemüt und gute Laune.

Wielands epochale Neuerung bestand nicht nur darin, dass er «Witz und Humor» literarisch verfeinerte. Er hat auch die Gründe des Lachens philosophisch reflektiert und an seinen «lachenden Philosophen» in Szene gesetzt. In diesem Wechselspiel waren seine Romane philosophisch und seine Weltweisheiten durch eine elementare Lust am Phantasieren geprägt. Literarisierte Philosophie, philosophischer Roman. Dieser modernen, die Grenze zwischen Philosophie und Dichtung überschreitenden Diskursivität wies Wieland den Weg, wobei er jene Kultivierung vollzog, die Michail Bachtin in seiner Darstellung der «Lachkultur» des Volkes skizziert hat. Denn Wieland war

Christoph Martin Wieland.
Kupferstich von Johann Friedrich Bause, 1797.
Nach einem Gemälde von Anton Graff

kein Rabelais. Er hat keine gegenkulturellen Lachgestalten entworfen, die nur ihrem Lustprinzip folgten. Das Lachprinzip der Renaissance-Volkskultur, mit seinem obszönen Bezug zum Materiell-Leiblichen, war in aufgeklärten Humor, gute Laune, gesellige Freude und geistreichen Witz transformiert worden. Wielands literarisch-philosophisches Lachen war «kammertonhaft»[4], auf «Zimmerlautstärke»[5] reduziert, eher privat als öffentlich, stärker bewusst reflektiert als körperlich erlebt.

Vielleicht war es diese geistesgeschichtliche Entwicklung gewesen, die Friedrich Nietzsche seinen Aphorismus über *Lachen und Lächeln* schreiben ließ: «Je freudiger und sicherer der Geist wird, um so mehr verlernt der Mensch das laute Gelächter; dagegen quillt ihm ein geistiges Lächeln fortwährend auf, ein Zeichen seines Verwunderns über die zahllosen versteckten Annehmlichkeiten des guten Daseins.»[6]

Aber vor allem hat sich eingebürgert, die Zivilisierung des Lachens im 18. Jahrhundert als eine bedauernswerte Verlustgeschichte zu beschreiben. Mit bitterernster Miene wird sie als ein Verdrängungs- und Verdammungsprozess beklagt, in dem sich das Bürgertum selbst zu disziplinieren lernte. Ernsthaftigkeit und Vernunft sollen die «pöbelhafte» Lachkultur außer Kraft gesetzt haben. Die gebildeten Bürger sollen angesichts des Komischen in Angst und Schrecken versetzt worden sein. Gegen das *Laster des Lachens* soll sich eine humorlose Verhaltensregulierung und -anpassung durchgesetzt haben.

Als Zeuge für diesen «Prozess kollektiver Selbstzensur»[7] wird dabei gern der aus Königsberg stammende Professor für Poesie und Beredsamheit an der Universität Leipzig Johann Christoph Gottsched zitiert, der 1730 in seiner *Critischen Dichtkunst,* die 1751 in «sehr vermehrter» vierter Auflage erschien, das strenge Urteil fällte: Nur derjenige Geschmack ist gut, der mit den Regeln übereinstimmt, die von der Vernunft festgesetzt wurden. Kein Wunder, dass dieser gelehrte «Criticus, der von freien Künsten philosophieren kann»[8], keinen Geschmack an den Lustspielen finden konnte, in denen das «Lasterhafte» sich mit dem «Lächerlichen» vernunftwidrig verband.[9]

Doch zum Glück gibt es ja auch jene andere Traditionslinie, in der das Lachen nicht als unvernünftig oder närrisch verurteilt, sondern als geistreich und spielerisch kultiviert wurde. Fixiert auf Gottscheds kritischen Rationalismus, der einseitig zum Muster bürgerlicher Aufklärung erklärt wurde, verlor man sie gern aus den Augen. Für sie steht Wieland mit seinen Vorbildern und Weggefährten ein. Schon als Student an der Universität Erfurt, wo er 1749 bis 1752 das Abc der frühen Aufklärung lernte, begeisterte ihn sein Professor Johann Wilhelm Baumer für den *Don Quijote* von Cervantes, in dem mehr praktische Menschenkenntnis und lebenskluge Weltweisheit zu finden wäre als in der akademischen Schulphilosophie. Auch die zwei Jahre, die Wieland 1752 bis 1754 in Zürich bei Johann Jakob Bodmer lebte, dessen *Critische Abhandlung von dem Wunderbaren* (1740) entschieden Gottscheds Eingrenzung der Poesie auf das «Vernünftige» widersprach, hinterließen ihre Spuren.

Und dann verliebte sich Wieland in Bern, wo er sich 1759 als Hauslehrer aufhielt, auch noch in Julie von Bondeli, die ihm an philosophischer Bildung überlegen war und deren blitzender Witz ihn verzauberte. Einige Jahre später, nachdem ihre Verlobung aufgelöst worden war, verschrieb sie ihm am 15. April 1763 als Mittel gegen seine zeitweilige Melancholie: «Wenn Sie etwa Lust haben sollten, vor Lachen zu sterben, so verschaffen Sie sich: *The Life and the Opinions of Tristram Shandy*. Ich wüßte keine Art von Geistestrauer, die diesem Buch widerstehen könnte. Es stellt eine tiefe Gelehrsamkeit, eine lachende Philosophie, eine besonnene Kritik und eine erhabene Moral, unter dem Colorit des witzigsten Scherzes dar.»[10] Diese Empfehlung, den in neun Bänden zwischen 1759 und 1767 erschienenen *Tristram Shandy* zu lesen, blieb nicht ohne Wirkung; und Wielands Diogenes und Demokrit tragen nicht zufällig auch Züge von Laurence Sternes lachender Gentleman-Philosophie.

Den entscheidenden Einfluss auf Wielands Witz aber übte jener englische Moralphilosoph aus, der eine Schlüsselrolle in der philosophischen Kulturgeschichte des Lachens spielt. Denn sein «wahrhafter älterer Zwillingsbruder im Geiste»[11], als den ihn Johann Wolfgang von Goethe später charakterisieren wird, war Anthony Ashley Cooper, Third Earl of Shaftesbury (1671–1713), dessen Schriften auch in Deutschland seit Mitte des 18. Jahrhunderts eine ungeheure Aufmerksamkeit erregten.

Gegen Gottscheds humorlose Verdammung der *Laster des Lachens* schien bei Shaftesbury «das Licht des Lächerlichen», das Wieland über alles schätzte und dessen «good effect of fine ridicule»[12] er wiederholt lobte. Schon 1753, während er sich bei Bodmer in Zürich aufhielt, begeisterten ihn Shaftesburys Werke, «die er vorzüglich liebte, weil er sehr oft seine eigensten Empfindungen und Ideen darain ausgedrückt fand»[13].

Dabei war es nicht nur die «moralische Venus»[14] des englischen Grafen, die ihn reizte. Es war auch Shaftesburys Denk- und Schreibstil, der sich gezielt wider den Methodenzwang der akademischen Philosophie richtete. Er verstand sich als philosophierender Essayist und Rhapsodist, der sein Publikum nicht durch irgendein «System» überwältigen oder erschrecken wollte, dem sich die behandelten Gegenstände zu unterwerfen oder einzuordnen hätten. Auch der Ton einer erzwungenen Bekehrung oder ernsthaften Belehrung war ihm fremd. Shaftesbury ging es um geistvolle, witzige, launige Überraschung des Lesers, wobei er einen leichtfüßigen, auch sprunghaften Stil entwickelte, welcher der differenzierten Vielfalt der interessierenden Dinge zu folgen versuchte. Schließlich ließe sich die *Freiheit von Witz und Laune* [*Freedom of Wit and Humour*], sein 1709 in lockeren Briefen an einen Freund behandeltes Thema, nur «schwerlich in gewichtigen Sentenzen und gesetztem Diskurs untersuchen»[15].

Am meisten begeisterte Wieland Shaftesburys *Test of Ridicule*, diese «Probe des Lächerlichen»[16], die für alle philosophischen Dogmatiker, religiösen Schwärmer und politischen Fanatiker ein «Schock» sein musste. Am 8. November 1758 schrieb Wieland an seinen Freund, den Schweizer Mediziner und populärwissenschaftlichen Schriftsteller Dr. Johann Georg Zimmermann, dass man von Zeit zu Zeit Menschen bräuchte, «die *alle Vorurtheile* chocqiren»[17]. Deshalb müsste die Freiheit der Philosophen und Schriftsteller uneingeschränkt sein, wobei nicht zuletzt geistvoller Witz und guter Humor zur Wahrheitsfindung beitragen könnten. «Die Wahrheit, sagt unser Shaftesbury, gewinnt durch die Untersuchung, durch den Zweifel und selbst durch den Scherz. She may bear all Lights.»[18]

Die Wahrheit kann jedes Licht vertragen! Damit zitierte Wieland die Schlüsselszene aus Shaftesburys *Essay on the Freedom of Wit and Humour.* Wir sollten die Dinge, die uns auch immer wieder täuschen können, nach allen Seiten wenden und sie in jedem Licht betrachten. Deshalb dürften wir sie nicht nur einseitig voller Ernst untersuchen, sondern müssten sie auch dem natürlichen Mittel [natural Medium] des Spotts [*Ridicule*] aussetzen, jener Prüfung also, «durch die wir entdecken, was an einem Gegenstand zurecht verspottenswert ist. So viel zumindest geben alle zu, die sich irgendwann auf diesen Prüfstein [*Criterion*] berufen. Die ernsthaftesten Herren sollen dies selbst bei den ernsthaftesten Gegenständen anerkennen: und können, so nimmt man an, kein Recht haben, anderen die Freiheit dieser Berufung zu versagen; indes sie ebenso frei wie andere Leute tadeln und bei ihren gewichtigen Auseinandersetzungen keine Bedenken tragen, *ist es nicht lächerlich* zu fragen.»[19]

Is it not ridiculous? Ironisch hat Shaftesbury das abwertende Urteil der Ernsthaften gegen sie gerichtet. Geben sie nicht selbst Anlass zum Lachen, wenn sie verwerfen und verspotten, was ihrer Weltsicht und Stimmung nicht entspricht? So wurde das Kriterium des Lächerlichen zu einem Testfall kritischer Aufklärung umgewertet und von Wieland in jenes scherzhaft spottende *Licht des Lächerlichen* übersetzt, das dann im Witz und Humor Immanuel Kants besonders geistreich strahlen wird.

Um Shaftesburys «Lächerlichkeits-Probe» nicht als harmlosen Jux misszuverstehen, muss man sich an die lebens- und zeitgeschichtlichen Umstände erinnern, in denen er seinen Test entwickelte und einsetzte. Denn dieses kritische Prüfverfahren richtete sich zunächst nicht gegen die gewichtige Dogmatik oder erhabene Ernsthaftigkeit philosophischer Systeme und ihrer Propagandisten. Sein erster Angriffspunkt war der religiöse Fanatismus, der mit seiner unbezweifelbaren Rechtgläubigkeit die Freiheit des Geistes missachtet und ein ganzes Volk ergreifen kann. Nichts war bereits dem jungen Anthony Ashley Cooper – beeinflusst von seinem Großvater, der als einflussreicher Politiker am Hof von Charles II. einen radikalen Toleranzgedanken in religiösen Dingen verfocht, und von den «Freidenkern» in Rotterdam, die er während seiner beiden Aufenthalte in Holland (1698/99 und 1703/04) kennen gelernt hatte – so zuwider wie jene hochgesteigerte religiöse Leidenschaft, die das besonnene und überlegte Urteil verhindert und sich bis in eine wahnsinnige «Volkswut» steigern kann, diese kollektive Panik, «wenn ein Volk, wie wir es zuweilen erfahren, ganz außer sich gebracht wird; insbesondere, wenn die Religion damit zu tun hat»[20].

Einen solchen Fanatismus hatte Shaftesbury zu Beginn des 18. Jahrhunderts bei zahlreichen französischen Protestanten erlebt, die nach England geflüchtet waren, wo sie sich ganz jenem «Geist der Märtyrerschaft» unterwarfen, mit dem sie schon im katholischen Frankreich ihre Religion praktiziert hatten. Sie hatten den «Geist der Liebe und der Menschlichkeit»[21] verworfen zugunsten eines Enthusiasmus, der das Martyrium als obersten Wert schätzte. Wie sollte man sich als toleranter Engländer zu diesen fanatisch leidenden Rechtgläubigen verhalten? Sollte man sich ernsthaft auf ihre Raserei einlassen, mit dem Risiko, auch von ihr infiziert zu werden? Shaftesbury schlug eine andere Lösung vor. Man sollte alle enthusiastischen Propheten der «grausamsten Verachtung der Welt»[22] ausliefern: dem Witz, dem Humor und dem Lachen.

Das war die Wende, die Shaftesbury in seinem *Brief über den Enthusiasmus* vollzog, den er im Herbst 1707 an seinen Freund Lord Somers schrieb. Gegen religiöse Fanatiker helfen weder Wohlwollen noch Strafe. Es hilft nur der Spott, in dem sich die Freiheit des Selbstdenkens demonstriert. «Denn gegen ernsthafte Ausschreitungen und verdrießliche Launen gibt es kein anderes als dieses Hilfsmittel.»[23] Als Gegengift wirkte der Test of Ridicule deshalb auch nicht nur gegen einen übersteigerten Enthusiasmus, der ein ganzes Volk rasend werden lassen kann. Er richtete sich auch an kluge Menschen, die ihre eigene Laune und Urteilskraft einer kritischen Prüfung unterziehen wollten. Denn es gab noch viel zu tun. Der Mut, sich seines eigenen Verstandes zu bedienen, hatte sich noch nicht als gesellschaftlicher Gemeinsinn [sensus communis][24] etabliert. «Wie ist es zu erklären, daß wir so feige im vernünftigen Denken erscheinen und uns davor fürchten, die Probe des Lächerlichen zu bestehen? O, sagen wir, die Gegenstände sind zu ernst. Aber zuerst laßt uns betrachten, ob sie wirklich wichtig sind oder nicht. Denn in der Art, wie wir sie ansehen, mögen sie vielleicht wichtig und schwer in unserer Einbildung sein, jedoch sehr lächerlich und hohl an sich. Feierliche Gewichtigkeit gehört zum Wesen des Betruges, sie führt uns nicht nur zum Irrtum über andere Dinge, sondern zumeist auch über sich.»[25]

Schon seine Zeitgenossen haben Shaftesbury vorgeworfen, ein religiöser Skeptiker, gar ungläubiger Freigeist zu sein, der den religiösen Glauben am Prüfstein des Spotts zunichte machen wollte. Aber so war sein Test nicht gemeint gewesen. Es ging ihm doch gar nicht um die Inhalte der Religion. Shaftesbury hat nicht mögliche Glaubens*wahrheiten* dem Lächerlichen preisgeben wollen. Er entwickelte vielmehr ein Verfahren, um die Glaub*würdigkeit* von Heilslehren und religiösen Führern überprüfen zu können. Der «Test of Ridicule» diente der kritischen Unterscheidung zwischen den Menschen, denen etwas wahrhaftig ernst und wichtig ist, und den bewussten oder unbewussten Betrügern, deren lächerlicher Ernst ihre Unaufrichtigkeit maskiert. Gegen sie richtete Shaftesbury die Waffe des geistreichen Witzes und spöttischen Humors, die er für wirksamer hielt als den feierlichen Angriff eines ernsten Feindes. «Nichts fürchtet der Unaufrichtige mehr als Scherz und Humor.»[26] Das aber beträfe vor allem die religiösen Fanatiker, die vom Geist der Frömmelei [Bigotry] erfüllt sind, die ihre scheinbaren Glaubensgewissheiten mit falschem Ernst und Eifer [false Zeal] unter das Volk bringen und dadurch die «Veranlassung zu so entsetzlichen Tragödien in der Welt»[27] sind.

Dass in diesem Clash of Cultures die Probe des Lächerlichen

eine Rolle spielen kann, ist noch immer so aktuell wie in der Frühphase der europäischen Aufklärung. Aber hat dieser Test auch einen ernsthaften philosophischen Wert? Nein, sagen bis heute die Kritiker, die nicht bereit sind, ihm den «Rang eines anerkannten diskursiven Werkzeuges» einzuräumen. Denn es könne sich dabei doch nur um psychologische Randbedingungen eines Gesprächs handeln, «von denen man das Gespräch eher zu bereinigen bemüht sein sollte, als daß man sich ihrer ausdrücklich bediente»[28]. Platons Vertreibung des Lachens aus der Philosophie ist noch immer wirksam. Ein scheinbar nur gruppendynamisches Verhaltensmuster wie das Lachen habe in einer streng argumentativen Auseinandersetzung nichts zu suchen. Denn offensichtlich sei doch die Gefahr, die in diesem Lachen stecke. «Wenn nämlich eine noch so stringente Argumentation einfach der Lächerlichkeit preisgegeben werden kann, so entscheidet über die Absurdität oder Plausibilität der Argumentation nur mehr der Umstand, auf welche Seite sich die Lacher schlagen.»[29]

Als hätte der englische Graf diesen Einwand bereits gekannt, sprach er nicht allgemein von den Lachern. Nicht alle Menschen sind für die Anwendung des Test of Ridicule gleichermaßen kompetent. Denn als ein philosophisches Mittel ist er nur wirksam in einer Gemeinschaft, deren Mitglieder über bestimmte Eigenschaften verfügen. Sie wollen wissen und nicht bloß glauben, selbst denken und sich nicht nur von anderen leiten lassen, kritisch prüfen, statt unbesonnen akzeptieren. Gegen Heuchelei und Täuschung setzen sie Aufrichtigkeit und Wahrhaftigkeit, und zu unterscheiden wissen sie zwischen spöttischem Scherz [raillery] und feinstem Witz [genteelest wit] einerseits und «gemeiner Possenreißerei» [scurrilous Buffoonery][30] andererseits.

In *Sensus Communis. Ein Versuch über die Freiheit von Witz und Laune* hat Shaftesbury 1709 die kulturelle Atmosphäre skizziert, in der allein das Licht des Lächerlichen aufklärend wirken kann. Zum einen ist die «Freiheit des scherzenden Spottes» [Freedom of *Raillery*] notwendig, um den Witz kultivieren und zivilisieren zu können. Jede Verfeinerung benötigt Freiheit. «All Politeness is owing to Liberty.»[31] Zum andern kann sie kein privater Akt sein, sondern muss sich als ein gemeinschaftlicher Prozess vollziehen. «Wir verfeinern einander und schleifen unsere Ecken und Kanten gewissermaßen durch freundschaftliche Zusammenstöße ab.»[32]

Damit hat der Third Earl of Shaftesbury den gesellschaftspolitischen Hintergrund seines Philosophierens deutlich zu erkennen gegeben. Er bekannte sich zur Lebensform des «Gentleman Philosopher», der sich in der kultivierten Geselligkeit des Clubs wohl fühlte. Für ihn war die Freiheit des klugen Spottens untrennbar mit der «Freiheit des kleinen Kreises» [Liberty of *the Club*] verknüpft, jener Freizügigkeit also, «die man sich unter Gebildeten und Freunden [Gentlemen and Friends] herausnimmt, die einander vollkommen kennen»[33].

Nur in einer Kultur der geselligen Freundschaft und geistigen Freiheit können Witz und Humor zu jenem erhellenden Medium werden, in dem man die Dinge ansehen muss, um sie ganz erkennen zu können. Der Club der gebildeten Gentlemen war deshalb für Shaftesbury nicht nur eine besondere soziale Institution. Er besaß Modellcharakter für eine *Culture of Politeness*[34], die sich philosophisch legitimierte. Denn nur in ihr konnte, Shaftesbury zufolge, das grundlegende Problem der Philosophie in ihrem ursprünglichen Sinn entfaltet und gelöst werden: Wie zu leben sei und worin ein gelingendes Leben bestehe. Und nur in ihr konnten dem Lachen und der Probe des Lächerlichen auch jener positive Wert zugesprochen werden, der nicht auf dem überheblichen Auslachen der lächerlich Schwachen und geistig Unterlegenen beruhte, sondern am Ideal der Humanität orientiert war.

Die neue Qualität seines kulturellen Modells wird deutlich, wenn man es mit seinem Vorläufer vergleicht. Denn gezielt und entschieden widersprach Shaftesbury dem Menschenbild, das sein Landsmann Thomas Hobbes (1588–1679) entworfen hatte: Der Mensch ist von Natur aus kein geselliges Wesen, sondern ein selbstsüchtiges Individuum, das nur an seiner Selbsterhaltung und seinem Lustgewinn interessiert ist. Jeder Einzelne will nur erreichen, was ihm selbst nützt. Deshalb ist der Mensch, in einem natürlichen Licht betrachtet, des Menschen Wolf – homo homini lupus – und lebt in einem latenten Kriegszustand aller gegen alle, der nur durch die absolute und unteilbare Macht eines Souveräns unter friedlicher Kontrolle gehalten werden kann. Das ist die Aufgabe des *Leviathan*, für den Hobbes 1651 das politisch-philosophische Programm geschrieben hat. Er zitierte das alttestamentarische Symbol einer unüberwindlichen und übermenschlichen Gewalt, dieses schreckliche und gewaltige Riesentier, mit dem nicht zu spaßen ist, das keine andere Macht über sich kennt und mit dem man sich nicht anlegen sollte, wenn man nicht lebensmüde und noch bei Verstand ist.[35]

Vor dem Hintergrund seiner Wolfs-Philosophie überrascht es nicht, dass auch die zahlreichen menschlichen Gemütsbewegungen, die Hobbes in seinem *Leviathan* auflistete und definierte, meist in egoistischer Hinsicht interpretiert wurden. Selbst das Lachen besaß für Hobbes keinen gesellig-humorvollen Sinn. Er sah in ihm nur den Ausdruck eines individualisierten Überlegenheitsgefühls: «*Plötzlicher Stolz* [Sudden Glory] ist die Leidenschaft [passion], die jene *Grimassen* hervorbringt, die man *Lachen* nennt. Es wird entweder durch eine plötzliche eigene Tat verursacht, die einem selbst gefällt, oder durch die Wahrnehmung irgendeines Fehlers bei einem anderen, wobei man sich selbst Beifall spendet, indem man sich damit vergleicht.»[36] Sieben Jahre später, in seiner philosophischen Untersuchung *Vom Menschen*, hat Hobbes 1658 diese Superioritätstheorie des Lachens noch direkter, auch aggressiver formuliert: «Bei plötzlicher Freude über ein Wort, eine Tat, einen Gedanken, die das eigene Ansehen erhöhen, das fremde aber mindern, werden außerdem häufig die Lebensgeister emporgetrieben, und dies ist die Empfindung des Lachens. (...) Allgemein ist das Lachen das plötzliche Gefühl der eigenen Überlegenheit [eminency] angesichts fremder Fehler [infirmity].»[37]

Mit diesem Menschenbild und Lachkonzept konnte sich Shaftesbury absolut nicht anfreunden. Zwar war auch für ihn Thomas Hobbes «ein tüchtiger und geistreicher Philosoph unseres Volkes»[38]. Aber die Menschen zu Wölfen zu machen, ihnen jedes natürliche und gesellschaftliche Wohlwollen abzusprechen und ihr Lachen aus einem egoistischen Überlegenheitsgefühl abzuleiten, das passte nicht in seine neue Gentleman-Philosophie. Für Shaftesbury war Hobbes' Philosophie nur aus dem Entsetzen zu erklären, das ihn in der blutigen Schreckenszeit der Glaubenskriege, Bürgerkriege und Staatenkriege ergriffen hatte. Aber das Erschrecken über die politischen, religiösen und kriegerischen Wirren seiner Zeit machte seine Philosophie nicht besser. Shaftesbury sah sie als einen «widersinnigen» und «wilden» Ausdruck, der dem gesellschaftlichen Wesen des Menschen widersprach.

In einem imaginären Gespräch spielte Shaftesbury Hobbes gegen sich selbst aus, um dessen argumentativen Widersinn zu erhellen. Das war ein äußerst geschickter Schachzug. Denn er verstrickte Hobbes, diskursanalytisch gesagt, in einen selbstperformativen Widerspruch und lockte mit Witz und Humor den altruistischen Charakter des Philosophen hervor, der nur an die elementare Kraft der Selbstsucht zu glauben schien. Und dabei lachte er ihn auch nicht überheblich aus, sondern lud ihn ein, seine Argumentation dem Test of Ridicule zu unterziehen und über das Ergebnis mitzulachen. «Mein Herr! Die Philosophie, die uns zu enthüllen Ihr beliebt habt, ist höchst außergewöhnlich. Wir sind Euch für Euren Unterricht verbunden. Allein, woher rührt dieser Eifer, den Ihr für uns bezeigt? Was bedeuten wir für Euch? Seid Ihr unser Vater? Selbst wenn Ihr es wärt, weshalb diese Sorge um uns? Gibt es also so etwas wie natürliches Wohlwollen? Wenn nicht; weshalb all diese Mühen, weshalb all diese Gefahren unserethalben? Warum behaltet Ihr nicht dieses Geheimnis für Euch? (…) Es schickt sich nicht zu wissen, daß wir *von Natur* alle *Wölfe* sind. Würde sich also jemand, der die Wolfsnatur tatsächlich an sich entdeckt hat, wirklich Mühe geben, solch eine Entdeckung publik zu machen?»[39]

Nach dem philosophierenden Essayisten Shaftesbury und dem philosophierenden Schriftsteller Wieland betrat Immanuel Kant als philosophierender Selbstdenker die Bühne. Er war der lachende Dritte, der nun philosophisch auf den Begriff brachte, was es mit Witz und Humor auf sich hat, dass sie uns zum geselligen und heilsamen Lachen bringen können.

Ausgerechnet Kant, dieser pedantische Analytiker einer reinen Vernunft, der seine Heimatstadt Königsberg zeitlebens (1724–1804) nicht verließ und ein trockener Professor mit skurrilen Spießermanieren gewesen sein soll? Was hat man ihm nicht alles angedichtet! Sein Ideal soll das totalitäre «System» gewesen sein, aus dem alles und jedes folgt, nivelliert unter der Herrschaft der Abstraktion.[40] Nicht der Mensch habe ihn interessiert, sondern ein von allem Körperlichen, Geschichtlichen und Gesellschaftlichen gereinigtes «transzendentales Subjekt» als bloße Instanz eines reinen theoretischen Verstandes und eines reinen guten Willens. Leblos würde es sich über die Interessen der empirischen Subjekte hinwegsetzen: «Das war, wir wissen es heute, nicht nur eine wissenschaftsimmanente, sondern eine politische Entscheidung. *Das transzendentale Subjekt lacht nicht.*»[41] Das musste ja verheerende Folgen für Kant selbst haben. Diszipliniert, pflichtbewusst und wahnsinnig vernünftig soll er gewesen sein und ein «bezwungenes Leben» geführt haben, das von Abwehr, Verdrängung, Lustfeindlichkeit, Triebkontrolle, Zwang, Panzerung und Humorlosigkeit beherrscht war. Als wäre Kant sein eigenes transzendentales Subjekt gewesen, wurde er zu einer lächerlichen Figur gemacht, die ein «erstarrtes Nicht-Leben»[42] führte.

Angesichts solcher Charakterisierungen fällt es schwer, sich Kant als einen lachenden Philosophen vorzustellen. Dabei fehlt es doch nicht an Belegen und Hinweisen, die uns Kant in einem ganz anderen Licht zeigen: als einen geselligen und freiheitsliebenden Menschen voll Witz und Humor, dem auch das Lachen Shaftesburys oder Wielands nicht fremd war.[43]

Dass er seinen Shaftesbury gelesen und geschätzt hat, dokumentiert zum ersten Mal Kants Vorankündigung für das Wintersemester 1765/66, in dem er die Natur des Menschen in moralischer Hinsicht zu behandeln verspricht, und zwar zunächst so, wie er tatsächlich ist, dann erst, wie er sein sollte. Auf dem Feld der «praktischen Weltweisheit» sei Shaftesbury, neben David Hume und Francis Hutcheson, «am weitesten in der Aufsuchung der ersten Gründe aller Sittlichkeit gelangt»[44]. Später wird Kant vor allem an Shaftesbury als den Spötter erinnern, der gegen religiöse und philosophische Schwärmer, welche die Grenzen des Erfahrbaren und Erkennbaren leichtsinnig überfliegen, seine Probe der Lächerlichkeit gerichtet hat. Wenn man nämlich den Weg einer strengen «Kritik der reinen Vernunft» nicht einschlagen will, um den philosophischen Ideen-Überschwang nach Platons Art auf den Boden der Erfahrung zurückzuholen, «so muß man die Schwärmerey ihren Gang gehen lassen und mit Shaftesbury darüber lachen»[45]. Darauf hat besonders Johann Gottfried Herder im November 1768 seinen hochgeschätzten Lehrer und Freund Kant hingewiesen. Er lobte den englischen Grafen als einen Mann der «geselligen Laune» und einen «Philosophischen Spötter, der mehr Wahrheit herauslacht, als andre heraushusten, oder geifern»[46]. Kant wird diese Meinung geteilt haben. Denn noch in einem seiner letzten großen Werke, der *Metaphysik der Sitten*, wird er 1797 im Geiste Shaftesburys gegen moralphilosophische Ignoranten anlachen, die ihren Systemen steif und kritiklos anhängen: «Wenn aber, nach *Shaftesburys* Behauptung, es ein nicht zu verachtender Probierstein für die Wahrheit einer (vornehmlich praktischen) Lehre ist, wenn sie das *Belachen* aushält, so müßte wohl an den kritischen Philosophen mit der Zeit die Reihe kommen, *zuletzt*, und so auch am *besten*, zu lachen; wenn er die papierne Systeme derer, die eine lange Zeit das große Wort führten, nach einander einstürzen, und alle Anhänger derselben sich verlaufen sieht.»[47]

Die Kontakte zwischen Kant und Wieland begannen im Dezember 1772, als der Herausgeber des «Teutschen Merkur» den hochgeehrtesten Herrn Professor an der Königsberger Universität um einen Beitrag zu seinem Journal bat. Anerkennung und Hochschätzung blieben nicht einseitig. Kant wurde ein begeisterter Leser von Wielands humoristisch-philosophischen Romanen, und der «Teutsche Merkur» fand einen Ehrenplatz in Kants kleiner Hausbibliothek. Darauf haben schon die ersten Biographen hingewiesen, die ihn gut kannten. Unter den deutschen Dichtungen soll Kant «einige der Meisterwerke Wielands»[48] besonders gern gelesen haben; und noch in seinem 68. Lebensjahr musste ihm 1792 Reinhold Bernhard Jachmann «Wielands *Oberon* zur Lektüre bringen, weil ich ihm sehr oft dieses Meisterwerk gerühmt hatte. Aber er konnte an ihm doch nicht den Geschmack finden, als an den *Göttergesprächen* und andern Werken Wielands, den er übrigens als den größten deutschen Dichter zu rühmen pflegte.»[49]

Dieses Lob richtete Kant auch an Wieland persönlich. So schrieb er Ende Dezember 1787 an Carl Leonhard Reinhold, seinem Schwiegervater «neben der größten Empfehlung zugleich meinen innigsten Dank für das mannigfaltige Vergnügen zu sagen, das mir seine unnachahmlichen Schriften gemacht haben»[50]. Am 19. Januar 1788 hat Wieland sich dafür bedankt und bat seinen Schwiegersohn, Kant zu antworten: «Er wäre stolz auf den Gedanken durch seine Schriften zu den Stunden *Ihrer* Erholung beigetragen zu haben.»[51] Doch es war mehr als bloße Unterhaltung. Denn schließlich sollte nicht vergessen werden, dass Wielands Roman *Die Abderiten*, in dem 1774 das philosophische Lachen des Weltweisen Demokrit gefeiert wurde, Kant noch 1798 über das menschliche Geschlecht die *Hypothese des Abderitismus* formulieren ließ, «daß das ganze Spiel des Verkehrs unserer Gattung mit uns selbst auf diesem Glob als ein bloßes Possenspiel angesehen werden müßte»[52].

Nun sind Kants Hinweise auf Shaftesbury und Wieland noch keine Beweise, dass er selbst einen humorvollen Charakter besaß. Stärkere Indizien liefern die Schilderungen seiner

Schüler, Freunde und Zeitgenossen, die ihn persönlich erlebten. Sie alle stimmen in ihren Charakterisierungen überein.

Besonderes Gewicht kommt dabei Johann Gottfried Herder zu, der seinen ehemaligen Lehrer (1762–1764) auch nach ihrer Entfremdung noch äußerst liebevoll beschrieb: «Ich habe das Glück genossen, einen Philosophen zu kennen, der mein Lehrer war. In seinen blühendsten Jahren hatte er die fröhliche Munterkeit eines Jünglings, die, wie ich glaube, ihn auch in sein greisestes Alter begleitet. Seine offne, zum Denken gebaute Stirn war ein Sitz unzerstörbarer Heiterkeit und Freude; die Gedankenreichste Rede floß von seinen Lippen: Scherz und Witz und Laune standen ihm zu Gebot, und sein lehrender Vortrag war der unterhaltendste Umgang.»[53]

Ludwig Ernst Borowski, der 1755 an der ersten Vorlesungsstunde des Magisters Kant teilnahm, schätzte nicht nur dessen Fähigkeit, die Studierenden von jeder Nachbeterei abzuhalten und zum eigenen Philosophieren anzuleiten, sondern vor allem die Art seiner Lehre: «freier Diskurs, mit Witz und Laune gewürzt»[54], wobei das Wort «Laune» im 18. Jahrhundert als Übersetzung des englischen «good humour» populär war. Und auch Reinhold Bernhard Jachmann, der dem alten Kant sehr nahe war, legte großen Wert auf die Feststellung, «daß Kant sehr viel Witz besaß. Sein Witz war leicht, launigt und sinnreich. Es waren Blitze, die am heitern Himmel spielten, und er würzte durch ihn nicht allein seine gesellschaftlichen Gespräche, sondern auch seine Vorlesungen.»[55]

Der Hinweis auf diese Gespräche erinnerte an die berühmten kleinen «Tischgesellschaften», an denen Kant gern teilnahm und die er ab 1787 auch in seinem eigenen Haus organisierte. Sie entsprachen Shaftesburys «Freiheit des kleinen Kreises» [Liberty of the *Club*]. Hier trafen sich die vertrauten Freunde, um klug und angeregt über Gott und die Welt zu debattieren, wobei Kant als ein «lichtvoller, populärer Philosoph» brillierte, der die Unterhaltungen «bis zur größten Lebhaftigkeit»[56] bringen konnte. Er führte sie mit munterer Laune und schmückte sie durch witzige Einfälle aus. Shaftesburys *Culture of Politeness* wurde als eine «geschmackvolle Fröhlichkeit» erlebt und gestaltet, und jedermann verließ die geselligen Tischgespräche «bereichert mit Kenntnissen und neuen Ideen, zufrieden mit sich und mit der Menschheit»[57].

Doch auch diese schwärmerischen Beschreibungen stammen aus zweiter Hand. Was hat Kant selbst von Witz und Humor gehalten? War er denn wirklich witzig und guter Laune? Zunächst kann festgestellt werden, dass er während seiner gesamten akademischen Laufbahn wiederholt über Witz, Humor und Lachen philosophiert hat. Schon in seinen frühen *Beobachtungen über das Gefühl des Schönen und Erhabenen* findet sich 1764 die pointierte Formulierung: «Verstand ist erhaben. Witz ist schön.»[58] Aber auch wenn Kant in seinen großen Werken die Erhabenheit der Vernunft, des moralischen Gesetzes und des bestirnten Himmels in den Vordergrund rückte, so verlor er doch diese Schönheit des Witzes nie aus seinem Sinn. Er lobte seine anregende Munterkeit und angenehme Lebhaftigkeit, seine geistige Behendigkeit und spielerische Freiheit. Er rühmte den «spruchreifen Witz»[59] der antiken Sieben Weisen, den er der vergeistigten Ernsthaftigkeit des Platonismus vorzog, der den Witz und alle Künste zum Schweigen gebracht und aus der Philosophie verbannt hatte. Er liebte den Mutterwitz als eine natürliche Fähigkeit des lebendigen Geistes. «Der *stumpfe Kopf* ermangelt des Witzes, der *Dummkopf* des Verstandes»[60], schrieb er 1764 in seinem *Versuch über die Krankheiten des Kopfes*, wobei er offen ließ, was schlimmer ist.

Zum Glück gibt es die Nachschrift eines privaten Kollegs, das Kant im Wintersemester 1772/73 zum ersten Mal über *Anthropologie* gehalten hat, zu jener Zeit also, in der er auch Wielands humoristisches Werk näher kennen und lieben lernte. Er wollte die Menschenkunde zu einer ordentlichen akademischen Disziplin machen. An einer ausgefeilten Systematik war er nicht interessiert. Ihm kam es auf eine Schulung der genauen Beobachtung menschlicher Lebensformen in ihrer komplexen Vielfalt an. Was er seinen Studenten als «angenehme Beobachtungslehre» vorführte, sollte keinesfalls eine trockene Abhandlung sein, sondern ihnen eine «unterhaltende Beschäftigung»[61] bieten, indem sie ihre eigenen Erfahrungen mit seinen Bemerkungen vergleichen konnten. Collins hat mitgeschrieben, was Kant vortrug; und diese *Nachschrift Collins* ist nicht nur eine reichhaltige Fundgrube, um Kants Theorie des Witzes und Lachens an ihrer Quelle sehen zu können, sondern auch ihn selbst als einen äußerst humorvollen Menschen, der gern Witze erzählte, um seine Zuhörer zum Lachen zu bringen.

Schon seine ersten Beschreibungen von alltäglichem «Wahnwitz» und gewöhnlicher Torheit waren nicht ohne Witz. Er brachte einige der «Ungereimtheiten»[62] zur Sprache, die weder besonders schädlich noch lasterhaft sind. Was soll man von dem kargen Menschen halten, für den Geiz geil ist, der aber dabei gegen seinen eigenen Zweck handelt? «Er hat den Genuß seiner Güter zur Absicht und genüßt sie doch nicht. Lebt der Narr nicht arm, um reich zu sterben?»[63] Ist es nicht eine ungereimte Torheit, wenn man sich distinguiert durch Kleiderpracht und ausgewählte Speisen aufspielt, obwohl man kaum etwas zum Leben hat? Und was soll man von einem Menschen halten, der als gesellschaftlicher Aufsteiger nur gekünstelt und mit gravitätischer Miene posiert und nicht mehr weiß, wie man sich natürlich bewegt? Man sollte all diese Menschen nicht für boshaft halten, sondern für töricht und lächerlich. «Wenn ein solcher Gravitätischer auf der Straße einhergehet, sich umsiehet, ob die Leute in den Häusern nicht an die Fenster laufen, ihn zu sehen: so sucht mancher ihn einen Possen zu spielen. Findet sich nur ein kleiner Contrast an ihm, so lacht ein jeder ihn aus vollem Halse aus.»[64]

Schein und Sein passen eben oft nicht zusammen. Diese Ungereimtheit hatte schon der alte Demokrit erkannt, den Kant als seinen Zeugen aufrief. «So verlachte *Demokritus* die zu seiner Zeit so sehr ausgeputzten Menschen, in ihnen sitzt alles vor Thorheit und Ungereimtheit. (...) Es scheint, als wenn unsere Erde ein großes *Narrenhospital* ist, wo aus dem ungeheuren Universo alle Narren hingeschickt werden, um Quaranteine zu halten.»[65]

Kant sympathisierte mit dem lachenden Philosophen, der Witz und Humor als Gegengift gegen die alltägliche Eselei empfahl, und man meint hinter dem englischen König noch immer den griechischen Weisen aus Abdera erkennen zu können:

– «Heinrich IV. sollte von einem Magistrat bewillkommt werden; der Magistrat ging ihm also eine Meile weit entgegen. Sie hatten Maulesel genommen ihre Sachen zu tragen. Da nun einer von ihnen sein Compliment anbrachte; so wieherte ein Esel. Ihr Herren Magistrats Personen! rief der König, redet doch nicht alle aufeinmal.»[66]

Nur wenn der Mensch spaßt und scherzt, zeigt er seine wahre Natur und ist in seinem Element. «Der Ernst und das Gravitaetische scheint dem Menschen nicht eigen zu sein. Ein witziger Kopf heitert eine ganze Gesellschaft auf; und ist ihr willkommen.»[67] Und da auch ein anthropologisches Collegium privatum ein geselliger Ort ist, versuchte Kant seine Hörer mit den Regeln des Witzes vertraut zu machen und durch Witze zu vergnügen. Einige schien er selbst erfunden zu haben. Aber gern griff er auch auf Witze-Sammlungen zurück, besonders auf das von dem Berliner Hauptaufklärer Friedrich Nicolai herausgegebene *Vade Mecum für lustige Leute, enthaltend eine Sammlung angenehmer Scherze, witziger Einfälle und spaßhafter kurzer Historien aus den besten Schriftstellern zusammengetragen.*[68]

- Man hatte in Paris eine Brücke über den Fluss gebaut. Während man das vollbrachte Werk mit einem guten Essen feierte, sah man einen Mann aus der Gascogne auf der Brücke aufmerksam hin- und hergehen. Man lud ihn zur Mahlzeit ein. Er kam und ließ es sich gut schmecken. Endlich, als er satt war, fragte man ihn um seine sachkundige Meinung über die Brücke. «Ich dachte, sagte er, ihr habt's recht gut gemacht, daß ihr die Brücke queer über den Fluß geschlagen, denn hättet ihr sie in die Länge bauen wollen, so wärt ihr nie zu Ende gekommen.»[69]
- Ein Gascogner sagte, da er eine Ehrenpforte sah, wo ein Genius eine Krone über den Kopf eines Gemalten hielt: «Man sieht nicht, ob er sie abnimmt oder aufsetzt.»[70]
- Heinrich IV. sah einmal einen ihm unbekannten Edelmann mit trotziger, mürrischer Miene auf- und abgehen. Der König fragte ihn, wem er denn dienen würde. «Keinem», antwortete er, «ich bin mein eigener Herr.» – «Das bedaure ich», antwortete der König, «denn Sie haben einen rechten Flegel zum Herren.»[71]
- Ein Inder war bei einem vornehmen englischen Herrn zu Besuch. Als dieser eine Flasche Champagner öffnete, wobei das Getränk mit lautem Krach heraus schäumte, erschrak

der Inder und tat verwundert. «Warum seid Ihr so erstaunt?» fragte der Engländer und erhielt die Antwort: «Ich wundere mich nicht, wie der Schaum herausgekommen ist, sondern wie Ihr ihn habt hinein bekommen können.»[72]

In all diesen Fällen ist, Kant zufolge, eine Spannung erzeugt worden, die sich am Ende in einer überraschenden Pointe auflöst. Unerwartet kommt etwas Widersinniges oder Ungereimtes ins Spiel, das unseren Verstand irritiert und ihm deshalb auch kein wirkliches Vergnügen bereitet. Aber warum lachen wir dann? Warum lässt sich unser Körper durch Witze in jenen konvulsivischen Zustand versetzen, bei dem wir ganz außer uns geraten können?

Bereits in seinem *Anthropologie*-Kolleg Wintersemester 1772/73 hat Kant darauf eine Antwort gegeben, die Aristoteles folgte, ohne dass er dessen Namen erwähnte. Durch Witze wird, wie auch durch das Kitzeln, das Zwerchfell in Schwingung versetzt, das zwischen Ober- und Unterleib liegt. Das Lachen ist insofern ein «mechanischer» körperlicher Vorgang, der vergnüglich ist. Denn während unser Verstand durch den Widersinn der Witze in der Regel enttäuscht wird, wird unser Zwerchfell wohltuend gereizt. Und das geschieht, wie Kant vermutete, wenn es «bey einer Erwartung zusammen gezogen wird; es geräth in eine schwanckende Bewegung, die durch die unerwartete Dinge verursacht wird. Diese Bewegung stößt die Lunge an, und setzt sie gleichfalls in Bewegung, die durch das Einziehen und Ausblaßen der Luft stoßweise den Ausbruch der Freude oder das Lachen hervorbringt. – Der Gedancke, der beym Lachen ist, macht nicht fröhlich, sondern die innere Bewegung durchs Lachen; es ist eine beßere Bewegung als Hölzer sägen und reiten.»[73]

Ausgerechnet dieser Kritiker der reinen Vernunft, den man zu einem unlebendigen Kopfmenschen erklärt hat, hat die körperliche Fröhlichkeit des Lachens gelobt und sogar unpässlichen oder mürrischen Personen als ein Heilmittel empfohlen, «das zuträglicher sey als alle Arzeney. Unsere Seele denkt niemals allein, sondern im Laboratorium des Cörpers, es ist immer eine Harmonie zwischen ihnen beyden. So wie die Seele denckt, bewegt sie den Körper mit.»[74]

Diesen noch recht undeutlichen Gedanken, den Kant 1772 am Lachen entwickelte, sofern es «mechanisch» durch Witze erzeugt werden kann, hat Kant fast zwanzig Jahre später in seiner *Kritik der Urteilskraft* präzisiert und entfaltet, und zwar in einer langen *Anmerkung*, in der er zunächst einen Unterschied feststellte. Zum einen gibt es ästhetische Urteile über das, was uns (nur in der Beurteilung) *gefällt*. Zum andern gibt es Dinge, die uns *vergnügen* (in der Empfindung gefallen). Kant kannte und schätzte nicht nur das freie Spiel der Urteils- und Erkenntniskräfte, das dem menschlichen Verstand zusagt. Er liebte auch das vergnügliche «wechselhafte freie Spiel der Empfindungen»[75], wodurch die Lebenskraft des ganzen Menschen gesteigert werden kann.

§54 der *Kritik der Urteilskraft* (1790) ist ein Höhepunkt in der Philosophiegeschichte des Lachens. Hier zeigte sich Kant nicht nur als ein Meister des kynischen «spoudo-geloion», der souverän über intellektuelle Schärfe und geistreichen Witz verfügte. Hier wurde auch das philosophische Kernproblem[76] der deutschen Aufklärung behandelt und zu lösen versucht: Welches Verhältnis besteht zwischen Sinnlichkeit und Geist? Eine strenge Trennung in zwei verschiedene Welten konnte nicht mehr überzeugen. Aber wie ließ sich ein ganzheitliches Zusammenspiel zwischen Leib und Seele, Sensibilität und Intelligibilität erfahren und begreifen, das selbst wiederum nicht nur eine rein philosophische Kopfgeburt ist, sondern den Menschen als geistig-körperliches Wesen betraf? Nur im Lachen! lautete Kants Antwort, wobei für ihn nicht die Zirbeldrüse Descartes' die vermittelnde Hauptrolle spielte, sondern das Zwerchfell!

Die Begründung mochte zunächst recht abstrakt klingen: «Im Scherze (der eben sowohl wie die Musik eher zur angenehmen, als schönen Kunst gezählt zu werden verdient) hebt das Spiel von Gedanken an, die insgesamt, sofern sie sich sinnlich ausdrücken wollen, auch den Körper beschäftigen; und, indem der Verstand in dieser Darstellung, worin er das Erwartete nicht findet, plötzlich nachläßt, so fühlt man die Wirkung dieser Nachlassung im Körper durch *Schwingung* der Organe, welche die Herstellung ihres Gleichgewichts befördert und auf die Gesundheit einen wohltätigen Einfluß hat.»[77] Doch diese gedrängte Feststellung gewann in der weiteren Ausführung zunehmend Anschaulichkeit und Farbe.

Zunächst überrascht Kants Verbindung zwischen Musik und Scherz. Das scheinen doch völlig heterogene Phänomene zu sein, die weit auseinander liegen. Für Kant aber waren sie insofern ähnlich, weil beide mit Materialien spielen, die uns am Ende nichts wirklich zum Denken geben, sondern uns durch ihren Wechsel lebhaft vergnügen können. Die Musik galt Kant nämlich als eine begriffslose Kunst, die uns genießen lässt; und auch im scherzhaften Witz, der Stoff zum Lachen bietet, sah er ein Spiel, das zwar gedankenvoll zu beginnen scheint, aber am Ende den Verstand doch nicht ernsthaft aufregen kann oder gar zum Vernünfteln zwingt. Wie bei der Musik verpufft das gedankliche Spiel in ein Nichts, weil es das Erwartete nicht findet. «Es muß in allem, was ein lebhaftes erschütterndes Lachen erregen soll, etwas Widersinniges sein (woran also der Verstand an sich kein Wohlgefallen finden kann). *Das Lachen ist ein Effekt aus der plötzlichen Verwandlung einer gespannten Erwartung in nichts.*»[78]

Die Witze, die Kant in diesem Zusammenhang erzählte, verdeutlichen, worum es ihm ging. Zunächst erzählte er noch einmal die Geschichte vom Inder, der über den Schaum aus der Flasche staunte, weil er sich nicht vorstellen konnte, wie man ihn in die Flasche hineinbekam. Da lachen wir, sagte Kant, «und es macht uns eine herzliche Lust: nicht, weil wir uns etwa klüger finden als diesen Unwissenden, oder sonst über etwas, was uns der Verstand hierin Wohlgefälliges bemerken ließe; sondern unsre Erwartung war gespannt, und verschwindet plötzlich in nichts.»[79]

– Der Erbe eines reichen Verwandten will dessen Beerdigung sehr feierlich veranstalten und engagiert professionelle Trauergäste. Aber sein Vorhaben scheitert, und er beklagt: «Je mehr ich meinen Trauerleuten Geld gebe, betrübt auszusehen, desto lustiger sehen sie aus.»
– Ein Kaufmann kehrt aus Indien mit viel Waren zurück, in denen sein ganzes Vermögen steckt. Das Schiff gerät in einen schweren Sturm, er muss alles über Bord werfen und grämt sich nun so sehr, «daß ihm darüber in derselben Nacht die *Perücke* grau wurde»[80].

Bei all diesen Witzen ging es zwar um Sinn-Erwartungen, die enttäuscht wurden, und um anfänglich erzeugte Spannungen, die sich am Schluss überraschend und plötzlich in nichts auflösten. Aber sie erzeugten ein paradoxes Nichts, das in sich ja nicht leer war, sondern aus einem Spiel mit Differenzen bestand. Denn durch die witzige Pointe wurde unser Gemüt, wie Kant selbst wiederholt erläuterte, in eine «Schwingung» und jene «innere Bewegung» versetzt, die Kant bereits in seinem *Anthropologie*-Kolleg für den Mechanismus des Lachens verantwortlich erklärte: «Ein Lachen wird erregt, wenn das Gemüth gleichsam wie ein Ball zurückprallt. Es kommt unverhofft, und der Mensch geräth in einen schwanckenden Zustand.»[81]

Hat der Inder denn nicht auch Recht, wenn er sich nicht vorstellen kann, wie der Schaum in die Flasche gekommen ist? Für uns mag sein Erstaunen widersinnig erscheinen, weil wir wissen, dass der ursprüngliche Aggregatzustand des Champagners anders war. Aber die Verwunderung des Inders weist uns dennoch auf ein irritierendes Phänomen hin. Wir wollen darüber zwar nicht weiter nachdenken. Mit der Pointe ist der Witz ja zu Ende, und wer hier weiterfragen würde, hätte ihn nicht verstanden. So lachen wir, statt zu überlegen. Aber es geschieht dabei nicht nichts.

Die *«plötzliche Verwandlung einer gespannten Erwartung in nichts»* vibriert in sich selbst weiter und provoziert, wenngleich nur für einen kurzen Moment, ein Wechselspiel von Anspannung und Entspannung, das in uns etwas zum Schwingen bringt. «Merkwürdig ist; daß in allen solchen Fällen der Spaß immer etwas in sich enthalten muß, welches auf einen Augenblick täuschen kann; daher, wenn der Schein in nichts verschwindet, das Gemüt wieder zurücksieht, um es mit ihm noch einmal zu versuchen, und so durch schnell hinter einander folgende Anspannung und Abspannung hin- und zurückgeschnellt und in Schwankung versetzt wird: die, weil der Absprung von dem, was gleichsam die Saite anzog, plötzlich (nicht durch ein allmähliches Nachlassen) geschah, eine Gemütsbewegung und mit ihr harmonierende inwendige körperliche Bewegung verursachen muß, die unwillkürlich fortdauert.»[82]

In seiner unterhaltsamen Sammlung *Kant zum Vergnügen*

hat Volker Gerhardt die Abteilung VI der Kant-Zitate unter der Frage zusammengestellt: «*Wer lacht – der Körper oder der Mensch?*» – Darauf hatte seine Ehefrau Birgit Recki bereits einige Jahre zuvor ihre Antwort gegeben: Im Lachen kommuniziert das Intelligible mit dem Sensiblen, woraus auch zu lernen ist, «daß die säuberliche methodische Trennung der transzendentalen Analyse von der Ebene des Menschlichen im Blick auf die Sache etwas Vorläufiges hat»[83]. Denn wenn es nicht um die reine theoretische und praktische Vernunft geht oder um ein reines ästhetisches Urteil, sondern um den Menschen als sinnliches und vernünftiges Doppelwesen, dann zeigt unser Lachen über geistreiche Witze, Kant zufolge, «daß mit allen unsern Gedanken zugleich irgend eine Bewegung in den Organen des Körpers harmonisch verbunden sei»[84]. Dieses Organ muss nicht immer das Gehirn allein sein. Das Schwanken, die Schwingung, das Hin- und Zurückschnellen, das Anspannen und Loslassen: all diese witzig erzeugten Differenzereignisse übertragen sich beim Lachen vor allem auf das Zwerchfell, das zum Mitschwingen provoziert wird und uns ein körperliches Vergnügen bereitet.

Gelagert zwischen Ober- und Unterleib, teilt sich dieses Spiel von Anspannung und Entspannung einerseits nach oben mit. Dann stößt die Lunge in schnell aufeinander folgenden Momenten ruckartig die Luft aus, was nicht nur für das Lachen typisch ist, sondern zugleich «eine der Gesundheit zuträgliche Bewegung bewirkt»[85]. Unser Gefühl für die Lebenskraft wird gesteigert, worüber wir uns beim Lachen zusätzlich freuen können und deshalb in eine unwillkürliche Steigerung geraten, bis wir vor Lachen nicht mehr können.

Das in Bewegung gesetzte Zwerchfell wirkt andererseits zugleich nach unten und versetzt die «elastischen Teile unserer

Eingeweide»[86] in Schwingung. Und dabei ist der Gesundheitseffekt sogar noch größer als beim stoßweisen Ausatmen der Luft. Mit völlig ernsthaftem Ton stellte Kant fest: «Das beförderte Lebensgeschäft im Körper, der Affekt, der die Eingeweide und das Zwerchfell bewegt, mit einem Worte das Gefühl der Gesundheit (welche sich ohne solche Veranlassung sonst nicht fühlen läßt) machen das Vergnügen aus, welches man daran findet, daß man dem Körper auch durch die Seele beikommen und diese zum Arzt von jenem brauchen kann.»[87] Kant vertraute auf die Heilkraft des Gemüts, und er verschrieb das Lachen als effektivste Arznei, ohne schädliche Nebenwirkungen.

Hat er das wirklich ernst gemeint, oder war das selbst nur ein Witz? Sollten wir etwa darüber lachen, dass der strenge Kritiker der reinen Vernunft die Erschütterungen des Unterleibs vergnüglicher und gesünder fand als die Anstrengungen des Kopfes? Noch in seinem letzten abgeschlossenen Werk, der *Anthropologie in pragmatischer Hinsicht*, hat 1798 der 74-jährige Kant nachdrücklich betont, welch großen Wert er auf «die heilsame Bewegung des Zwerchfells»[88] lege, vor allem hinsichtlich des Unterleibs: «Es mag nun ein gedungener Possenreißer (Harlekin) sein, *der uns zu lachen macht*, oder ein zur Gesellschaft der Freunde gehörender durchtriebener Schalk, der nichts Arges im Sinn zu haben scheint, ‹der es hinter den Ohren hat› und nicht mitlacht, sondern mit scheinbarer Einfalt eine gespannte Erwartung (wie eine gespannte Saite) plötzlich losläßt: so ist *das Lachen immer* Schwingung der Muskeln, die zur Verdauung gehören, welche *dieses* weit besser *befördert*, als die Weisheit eines Arztes tun würde. Auch eine große Alberheit einer fehlgreifenden Urteilskraft kann – freilich auf Kosten des vermeintlich Klügern – eben dieselbe Wirkung tun.»[89]

– Bei Charlotte Amalie Gräfin Keyserling, bei der auch Kant ein gern gesehener Gast war, war der polnische Graf Sagramosa zu Besuch. Hinzu gekommen war zufälliger Weise auch ein Magister aus der Freien Hansestadt Hamburg, der seine Verwandten im fernen Ostpreußen besuchte. Der Graf, um etwas mit dem fremden Gast zu reden, sprach ihn in gebrochenem Deutsch an: «Ick abe in Amburg eine *Ant* geabt; aber die ist mir gestorben.» Flugs ergriff der Magister das Wort und fragte: «Warum ließen Sie sie nicht abziehen und ausstopfen?»

Man kann sich vorstellen, welches Lachen diese Verwechslung des als englisch verstandenen «aunt» [Tante] mit dem deutschen «Ente» erregen musste, kommentierte Kant diese vergnügliche Fehlleistung. Sie war unfreiwillig witzig, weil sie hinsichtlich heterogener Vorstellungen eine verblüffende klangliche Ähnlichkeit feststellte, die dann ungereimt und widersinnig das eigentlich Gemeinte durcheinander brachte.

Ein Mensch mit Witz verfügt über ein eigentümliches, kaum lehrbares «Verähnlichungsvermögen» hinsichtlich unterschiedlicher Phänomene, «die oft nach dem Gesetze der Einbildungskraft (der Assoziation) weit auseinander liegen»[90]. In diesem Sinne war Kant witzig, wenn er über das Konzept der «Schwingung» den gedanklichen Effekt einer witzigen Pointe, die Erschütterung des Zwerchfells und die natürliche Bewegung von Lunge und Eingeweide in einer philosophischen Witztheorie und Lachtherapie «verähnlichte» und zusammendachte.

Kant hatte es offensichtlich «hinter den Ohren», und der Schalk gehörte zu seinem Naturell. Nicht zuletzt deshalb liebte er die unterhaltsamen Tischgesellschaften, wo sich kluge Menschen zum Erzählen, Räsonieren und Scherzen trafen und er selbst gern die Rolle des Lachen-Machers spielte. Denn «*allein* zu essen (solipsismus convictorii)»[91] sei für einen philosophierenden Selbstdenker, der seine schweren Gedanken fortdauernd mit sich herumtragen muss, nicht nur ein einsames Geschäft ohne Spaß und gute Laune. Es sei auch ungesund, weil es allein nur selten etwas zu lachen gibt und der Unterleib folglich meist ruhig bleibt.

Scherze bei Tischgesellschaften bewirkten dagegen eine «wohltätige Erschütterung des Zwerchfells und der Eingeweide: wodurch der Appetit für die darauf folgende gesellschaftliche Abendmahlzeit geschärft und durch Gesprächigkeit gedeihlich wird»[92]. Und so liegt es eigentlich in der Absicht einer gesunden sinnlichen *Natur*, wenn der menschliche *Geist* bei Tischgesellschaften durch kultivierten Witz und Humor geprägt ist.

Das jedenfalls ist für mich die witzigste Überlegung aus Kants Feder, mit der er nicht nur gegen das witz-, lach- und frauenlose Gastmahl-Programm Platons Einspruch erhob, sondern nebenbei auch noch das zentrale Geist-Sinnlichkeits-Problem der Philosophie selbst aufgelöst hat:

– «Weil aber das Vernünfteln immer eine Art von Arbeit und Kraftanstrengung ist, diese aber durch einen während desselben ziemlich reichlichen Genuß [von guter Speise und anregendem Wein] endlich beschwerlich wird: so fällt die Unterredung natürlicherweise auf das bloße Spiel des Witzes, zum Teil auch dem anwesenden Frauenzimmer zu gefallen, auf welches die kleinen mutwilligen, aber nicht beschämenden Angriffe auf ihr Geschlecht die Wirkung tun, sich in *ihrem Witz* selbst vorteilhaft zu zeigen, und so endigt die Mahlzeit mit *Lachen*; welches, wenn es laut und gutmütig ist, die Natur durch Bewegung des Zwerchfells und der Eingeweide ganz eigentlich für den Magen zur Verdauung, als zum körperlichen Wohlbefinden, bestimmt hat; indessen, daß die Teilnehmer am Gastmahl, Wunder wie viel! Geisteskultur in einer Absicht der Natur zu finden wähnen.»[93]

Ein spitzbübisches Problem

Was Philosophen in mehr als zweitausend Jahren über die Gründe des Lachens herausgefunden haben

Es gleitet davon, verschwindet,
taucht wieder auf: eine einzige spitzbübische
Herausforderung an die philosophische
Spekulation.[1]
HENRI BERGSON

IMMANUEL KANT WAR EIN DENKER, der Philosophie als «Weltweisheit» verstand, die all das betreffen sollte, «was jedermann notwendig interessiert»[2]. Es ging ihm nicht um Schulweisheiten und Schulbegriffe, die nur von Spezialisten für ihre jeweiligen Forschungen verwendet werden. Deshalb mussten ihn Witz und Humor, Lachen und gute Laune philosophisch herausfordern. Denn wenn das Lachen zur menschlichen Natur gehört, dann kann seine Untersuchung nicht nur irgendwelchen Fachleuten überlassen werden. Für Kant jedenfalls war es ein allgemein und notwendig interessierendes Phänomen, das ihn beschäftigen musste und das er vor allem in der *Anthropologie* behandelte, in der Lehre dessen also, was der Mensch als frei handelndes Wesen aus sich selbst macht oder machen kann und soll: «Ihn also, seiner Spezies nach, als mit Vernunft begabtes Erdwesen zu erkennen, verdient besonders, *Weltkenntnis* genannt zu werden; ob er gleich nur einen Teil der Erdgeschöpfe ausmacht.»[3]

Dabei ergab sich kein eindimensionales Bild. Was Kant, mit

viel Witz und Humor gewürzt, über das Lachen vortrug oder niederschrieb, war ein kompliziertes Gewebe, in dem verschiedene Gedankenstränge ineinander verwoben waren.

Zum einen kannte auch er das Lachen über die vielen Narrheiten des Menschengeschlechts. Vor allem in früheren Werken empfahl er das Auslachen als eine vernünftige Handlung gegenüber Menschen, die sich hinter künstlichen Masken und gravitätischem Gehabe verbargen und dadurch lächerlich machten. War nicht die ganze Welt ein riesiges Narrenhaus, in dem das demokritische Lachen der geistigen Gesundheit diente!

Zum andern war ihm dieses Lachen aber immer fremder geworden. Jean-Jacques Rousseau, dessen Werke er 1762 zu lesen begann, soll ihn von jeder menschenverachtenden Überheblichkeit geheilt haben[4], und bereits in seinem *Anthropologie*-Kolleg von 1772/73 gab er den Studierenden zu bedenken: «Das Auslachen ist ein Merckmal einer Gemüthsart, die nicht die beste ist: Es ist eine Bosheit dabey verborgen. (...) Das Auslachen hat nicht die feine Lustigkeit, sondern etwas Tückisches bey sich.»[5] Deshalb kam es ihm jetzt weniger auf das Lächerliche als viel mehr auf das Widersinnige, Kontrastierte und Ungereimte an, das uns zum Lachen reizt.

Schließlich gab es noch die dritte Überlegung, die der alte Kant besonders in der *Kritik der Urteilskraft* von 1790 anstellte: Das Lachen ist ein Effekt, wenn sich eine gespannte Erwartung löst und «in nichts» verwandelt.

Was sich in Kants lachphilosophischen Untersuchungen verdichtet hat, charakterisierte nicht nur seine eigene Weltweisheit. Es folgte auch bestimmten Traditionslinien und entwickelte neue Perspektiven. Denn im Rückblick auf eine mehr als zweitausendjährige Philosophiegeschichte zeigt sich bei Kant ein Zusammenspiel der drei großen Erklärungsmuster[6] des Lachens, die bis heute in zahlreichen Variationen und komplizierten Vermischungen auftreten. Systematisch kann man sie unter die drei Leitbegriffe der Überlegenheit, des Kontrastes und der Entspannung gruppieren, wobei sich hinter diesem Gliederungssystem zugleich ein dramatischer kulturgeschichtlicher Prozess abspielte. Wie Charles Baudelaire in seinem Essay *Über das Wesen des Lachens* wollen auch wir hier «nun ein wenig resümieren und die Grundbedingungen, die gleichsam eine Art Theorie des Lachens bilden, deutlicher zusammenstellen».[7]

1. Wenn man andere Menschen auslacht oder: Die Superioritätstheorie

Baudelaire hat 1861 das Lachen in einen theologischen Zusammenhang gestellt. Denn er hielt das Lachen für zutiefst menschlich, und es gäbe wohl nichts Komisches auf der Welt, wenn der Mensch aus der Schöpfung gestrichen wäre. Aber diese Menschlichkeit des Lachens war für Baudelaire zugleich «satanisch». Denn vor allem das Lachen, wie es die Philosophen analysiert hatten, schien ihm nur ein verwerfliches Lachen sein zu können, das aus dem Gefühl der eigenen Überlegenheit entspringt. Dabei machte es die Sache nicht besser, dass es am Anfang sogar ein Philosoph war, der die Rolle des Ausgelachten spielen musste. Die Urszene ist bekannt, auf die Baudelaire anspielte: Ein weiser Mann, der in den Himmel blickte, stürzte, weil er nicht sah, wohin er trat. Da habe ihn eine «witzige» Magd «ausgelacht». Sie spottete über ihn, weil sie sich überlegen fühlte: Ich falle nicht, ich gehe aufrecht und weiß, worauf ich zu achten habe.

In einem solchen Lachen sah Baudelaire den Ausdruck eines

Immanuel Kant.
Sepiazeichnung von Friedrich Wilhelm Senewaldt, 1786

Hochmuts, der sich bloßstellend, entlarvend, aggressiv, auch grausam gegen diejenigen richten kann, die mit ihren Mängeln und Fehlern als lächerlich erscheinen. «Das Lachen kommt von der Idee der eigenen Überlegenheit. Eine satanische Idee, wie's nur je eine gab!»[8] Damit wollte Baudelaire nichts zu tun haben, mit diesem faulen Kern im symbolischen Paradiesapfel, der von Luzifer kam; und er stellte ihm das Lachen der Kinder entgegen, in dem er, der ja auch die Blumen des Bösen kannte, ein reines «Blüten-Erschließen» sah: «Es ist die Lust zu empfangen, die Lust zu atmen, die Lust sich zu öffnen, die Lust zu betrachten, zu leben, zu wachsen.»[9]

Wenn aber das Lachen aus Überlegenheit tückisch und teuflisch ist, dann war für Baudelaire einsichtig, warum der biblische Gott und sein eingeborener Sohn niemals gelacht haben sollen und in der *Heiligen Schrift* der Humor fehlt. Denn «in den Augen dessen, der Alles weiss und Alles vermag, existiert das Komische nicht»[10]. Auch der Weise soll deshalb nur mit Zittern lachen können. Darüber lässt sich streiten. Aber nicht zu bezweifeln ist, dass es eine lange Traditionsreihe grimmiger christlicher Theologen gibt, die wie der Apostel Lukas diejenigen tadeln und erschrecken, «die ihr hier lachet! Denn ihr werdet weinen und heulen!»[11]

Man muss nicht Friedrich Nietzsche folgen, der die Geschichte der christlichen Theologie als äußerst deprimierend empfand und sich in eine tiefe Gleichgültigkeit gegen den Glauben rettete. Aber man kann ihm den Witz nicht absprechen, der in seinem Gedankenexperiment *Der Mensch, der Komödiant der Welt* zum Lachen verführt: «Hat ein Gott die Welt geschaffen, so schuf er den Menschen zum *Affen Gottes*, als fortwährenden Anlaß zur Erheiterung in seinen allzulangen Ewigkeiten.»[12]

Doch wir wollen uns hier nicht in eine große Theologie des Komischen[13] verirren, sondern nur eine kleine Philosophie des Humors skizzieren, in der die Idee der Überlegenheit eine Hauptströmung bildet, die selbst noch in Nietzsches Bild des Menschen als eines lächerlichen *«Affen Gottes»* nachwirkte. Fast auf Jahre genau ist dabei die Epoche zu begrenzen, in der das Superioritäts-Paradigma das philosophische Denken beherrschte. Sie begann etwa um 360 v. Chr. und endete im Dezember 1710. Lassen wir ihre wichtigsten Zeitgenossen, von denen einige schon gute Bekannte sind, kurz Revue passieren.

Von der antiken Philosophie Griechenlands bis zur frühen Aufklärung in England und Frankreich wurde das Lachen durch das erklärt, was uns lachen lässt. Es war ein Lachen-über, das seinen Anlass und Grund im *Lächerlichen* besaß. Bei Demokrit war es die Torheit der meisten Menschen, über die er sich lachend erhob. Der Weise wusste mehr als seine närrischen Mitbürger, die sich einbildeten, vernünftig zu sein. Sie hielten sich für klüger als der eigenartige Einsiedler vor den Toren ihrer Stadt, der, wie sie glaubten, unter einer verwerflichen Lachkrankheit zu leiden schien. So wurden die Abderiten selbst zu lächerlichen Figuren, über die noch im spätantiken Witzbuch *Philogelos* gelacht wurde.

Daran konnte Platon anknüpfen, ohne allerdings seinen Widersacher aus Abdera zu erwähnen. Durch ihn wurde das «Lächerliche» [geloia] zu einer philosophischen Idee erklärt. Im sokratischen Dialog *Philebos*, den er zwischen 360 und 347 v. Chr. geschrieben hat, wurden jene Menschen als lächerlich charakterisiert und abgewertet, die sich für wissend und vollkommen hielten, in Wirklichkeit aber das delphische Gebot «Erkenne Dich selbst!» verletzten. Sie überschätzten sich selbst, wobei ihre Schwäche verhinderte, sich gegen den Vorwurf, lächerlich zu sein, boshaft oder gewaltsam zu wehren.

Im Streit zwischen Platon und dem zwanzig Jahre jüngeren kynischen Spötter Diogenes zeigte sich dann die vertrackte Dialektik zwischen lächerlicher Unterlegenheit und lachender Überlegenheit. Denn Diogenes griff zwar, wie ein bissiger Hund, den großen Denker der Ideen und der Transzendenz gleichsam von unten an, aus der Perspektive des Materiellen und Animalischen. Aber er setzte sich damit zugleich lachend über den ernsthaften Platon, auf dessen anmaßender Überlegenheit er herumtrampelte wie auf einem Teppich. Er versuchte Platon lächerlich zu machen, womit er sich aber, wie dieser scharfsinnig konterte, genau so überheblich, aufgeblasen und anmaßend verhielt wie der Verspottete.

In seiner Theorie der Komödie hat Aristoteles die platonische Linie weiter verfolgt. In den Komödien lachen wir über schlechtere Menschen, die auf der Bühne als lächerlich erscheinen, uns mit ihrer Hässlichkeit und ihren Irrtümern aber keinen Schaden zufügen können. Diese Vorstellung des lächerlich Verzerrten, Missgestalteten und Nichtigen, über das man lacht, wirkte in der gesamten antiken Philosophie nach, bis hin zu Cicero, dem es dabei weniger um das Theater als um die öffentliche Rede ging. In seiner Schrift *Über den Redner* hat er 55 v. Chr. festgestellt: «Der Ort und gleichsam das Gebiet des Lächerlichen [ridiculi] ist wesentlich bestimmt von einer gewissen Häßlichkeit und Mißgestalt [turpitudine et deformitate]»[14], wobei allerdings ein begabter und kluger Redner dieses Hässliche selbst auf eine so schickliche und amüsante Weise vorzuführen oder zu beschreiben habe, dass es eine lustige Heiterkeit und keine strenge Bitterkeit erzeuge.

Es war zwar schon ein hoch kultiviertes Lachen, das Cicero

über das Lächerliche inszenierte. Aber es blieb doch ein Auslachen, das sich über das Niedere erhob. Am aggressivsten hat es gegen Ende des 16. Jahrhunderts Michel de Montaigne in seinen *Essais* gegen die ganze menschliche Gattung gerichtet, wobei er zustimmend an Demokrit und Diogenes erinnerte, die scharf, schonungslos und realistisch ihre Geringschätzung ausgedrückt hatten: «Denn mir scheint, wir könnten, wenn es nach unseren Verdiensten ginge, nie genug verachtet werden.»[15]

Einige Jahrzehnte später hat René Descartes dieses verächtliche Lachen Montaignes wieder entschärft. In seinem 1649 erschienenen Traktat über die *Leidenschaften der Seele* schrieb der Gründer der modernen Philosophie, dass die Verhöhnung oder der Spott [Moquerie], die uns lachen machen, aus einer Art von Freude entsteht, «die mit dem Haß gemischt ist, was daher kommt, daß man einen kleinen Fehler an einer Person bemerkt und denkt, daß sie das verdient. Man empfindet Haß für dies Übel, und man empfindet Freude, es in dem zu sehen, der es verdient.»[16] Aber Descartes legte immerhin Wert darauf, dass dieser Fehler der anderen Person, den man selbst nicht hat, «klein» sein müsste. Denn wenn er groß wäre, so könnte man nicht glauben, dass der Mensch, über den man lacht, ihn wirklich verdiente, «außer wenn man ein sehr schlechtes Naturell hat oder wenn man ihm großen Haß entgegenbringt»[17]. Schließlich brächten uns große Übel ja auch eher zum Weinen als zum Lachen, und während man sich über das unfreiwillige Stolpern eines Menschen amüsieren kann, haben wir Mitleid mit dem, der sich bei einem Sturz schwer verletzt.

Zwei Jahre nach Descartes hat Thomas Hobbes 1651 in seinem *Leviathan*, wo es ihm um menschliche Gemütsregungen ging, noch einmal an diese erfreuliche «Wahrnehmung eines

Makels bei einem anderen» erinnert und sie für das «plötzliche Frohlocken» [Sudden Glory] des Lachenden verantwortlich gemacht.[18] Aber so recht froh war er nicht über dieses Erklärungsmuster der Superiorität, und er fragte sich, ob das Gefühl der eigenen Überlegenheit nicht ein verwerfliches «Zeichen der Kleinmütigkeit» sei. «Denn es ist eine der angemessenen Aufgaben großer Geister, anderen zu helfen und sie vor Spott zu schützen.»[19]

Auch Descartes war schon auf diesen Gedanken gekommen. Denn mehr als die spöttische Verhöhnung [Moquerie] liebte er das fröhliche Scherzen [Raillerie], womit er nicht die «Leidenschaft» kleinmütiger Geister meinte, sondern die «Eigenschaft» eines Ehrenmannes, «welche seinen fröhlichen Humor erkennen läßt und seine Seelenruhe, das beides Anzeichen der Tugend sind und oft auch der Gewandtheit des Geistes, durch die er einer Angelegenheit, über die er spöttelt, ein angenehmes Aussehen gibt»[20].

Was Descartes in Frankreich als den Humor eines Ehrenmannes [humeur d'honneste homme] in die Philosophie eingeführt hatte, wurde sechzig Jahre später in England aufgegriffen und weiterentwickelt. 1709 erschien der *Essay on the Freedom of Wit and Humour* des englischen Grafen Shaftesbury, in dem er sich zwar über das Lächerliche mokierte und jeden Fanatismus einem «Test of Ridicule» unterzog, aber jedes plumpe Auslachen ablehnte. Stattdessen lobte er den «feinsten Witz» [genteelest wit], den es unter Gebildeten [Gentlemen] und Freunden zu verfeinern galt.[21]

Das zweitausend Jahre lang vorherrschende Paradigma der Superiorität entsprach nicht mehr dem Wunsch nach einem gut gelaunten Lachen in freundschaftlicher Atmosphäre. Mit der Frühaufklärung trat «good humour» an die Stelle des spöttischen Lachens aus Überlegenheit; und die Unterscheidung zwischen amüsantem Mitlachen über [*about*] etwas und verächtlichem Auslachen [*at*], damit auch zwischen Komischem und Lächerlichem, gewann für die Philosophie des Humors eine wesentliche Bedeutung. «There is a difference too betwixt laughing *about* a thing and laughing *at* a thing», schrieb am 30. Dezember 1710 Alexander Pope, der große englische Dichter des «metaphysical wit»[22], in einem fingierten Brief an den bereits 1658 gestorbenen Lord Protector und Militärdiktator Oliver Cromwell und wandte sich am Ende vor allem gegen die einseitig ausgerichtete Überlegenheitsperspektive von Thomas Hobbes: «To conclude, those are my friends I *laugh with*, and those that are not I *laugh at*.»[23] Seitdem konnte das Lachen nicht mehr mit dem Auslachen gleichgesetzt werden.

Nur wenige Monate später hat der Gentleman-Journalist Joseph Addison in Nr. 23 der Wochenzeitschrift *Spectator* vom 27. März 1711 entschieden den herzlosen Humor und Spott verurteilt. Kluge Menschen, die an einem geselligen Umgang interessiert sind, verlachen andere nicht und machen sie nicht lächerlich. Wer dem Ansehen eines Menschen durch überheblichen Witz schadet, trifft ihn wie mit «vergifteten Pfeilen, die nicht nur eine Wunde verursachen, sondern sie auch unheilbar machen. Deshalb bin ich sehr bekümmert, wenn ich die Gaben des Humors und des Spottes [the talents of humour and ridicule] im Besitz eines bösartigen Menschen sehe. (...) Etwas so Verwerfliches ist Witz, wenn er nicht durch Tugend und Humanität gemildert ist [tempered with Virtue and Humanity].»[24]

Damit war das entscheidende Stichwort gefallen: Humanität war das neue Ideal der sozialen Lebensform. Es galt, dem «wit» seinen bösartigen Stachel zu ziehen und einen wohltemperierten Humor zu haben, der zur «good nature» des Menschen passte. Damit verlor auch die Superioritätstheorie des Lachens ihren traditionsmächtigen Erklärungswert. Jetzt musste es darauf ankommen, eine neue Form des wohlwollenden Scherzens und humorvollen Lachens zu entwickeln und dafür auch einen neuen philosophischen Grund zu finden. An die Stelle des Lächerlichen trat der Kontrast. «Incongruity» war das Zauberwort, das zu Beginn des 18. Jahrhunderts «superiority» ablöste.

2. *Wenn man über widersinnige Dinge lacht oder: Die Inkongruenztheorie*

Es begann in Dublin. Nach seinem Studium in Glasgow, wo er später ein Mitbegründer der schottischen Schule der Moralphilosophie werden sollte, war Francis Hutcheson (1694–1746) nach Irland zurückgekehrt. In Dublin baute er eine presbyterianische Privatschule auf. Sein Menschenbild und Erziehungsprogramm stellte er in einigen philosophischen Untersuchungen vor, die ihn schnell berühmt machten. 1725 erschien seine *Inquiry concerning Moral, Good and Evil.* Im Anschluss an Shaftesbury und Addison wandte auch er sich entschieden gegen den Egoismus, den Hobbes als grundlegende Charaktereigenschaft des Menschen entdeckt zu haben glaubte. Hutcheson vertraute dagegen auf selbstlose, wohlwollende Affekte und einen intuitiven «moral sense» als Grund einer allgemeinen Humanität. Im gleichen Jahr schrieb er einige Artikel über das Lachen für das *Dublin Weekly Journal*; und nach einer Kritik an Hobbes' Überlegenheitstheorie, publiziert am Samstag, dem 5. Juni 1725, erschien eine Woche später, in Nr. 11 der Dubliner Wochenschrift, Hutchesons Erklärung, dass es meist ein Kontrast oder Widerspruch im wahrgenommenen Objekt oder Ereignis ist, der uns lachen lässt.

Vor allem lachen wir, wenn die hohen Ideale der erhabenen Größe und Würde, der Heiligkeit und Vollkommenheit [grandeur, dignity, sanctity, perfection] sich mit den niederen Vorstellungen der Armseligkeit, Gemeinheit und Gottlosigkeit [meanness, baseness, profanity] vermischen. Wenn jemand einen leichten Scherz machen will, sich dabei aber übermäßig anstrengt; wenn er mit großer Würde auftritt, aber plötzlich stolpert; wenn seine elegante Kleidung, die er stolz zur Schau trägt, von ihm unbemerkt verschmutzt ist; – so lachen wir. Aber dieses Lachen entsteht nicht «from our sense of superiority», sondern aus der komischen «opposition of ideas of dignity and meanness»[25].

Inkongruenz ist nicht lächerlich, sondern komisch; und das evozierte Lachen ist nicht überheblich oder verächtlich, sondern Ausdruck einer «good nature» angesichts wahrgenommener Kontraste in den Dingen. Ob sich Hutcheson über die nachhaltigen Wirkungen klar war, die er mit seiner Überlegung angezettelt hatte? Jedenfalls begründete er eine moderne Philosophie des Humors, die alle möglichen Inkongruenzen aufstöberte, von den kleinen Widersinnigkeiten des alltäglichen Lebens bis hin zu dem metaphysischen Kontrast zwischen der erhabenen Größe des Geistes und der demütigenden Kleinheit und Begrenztheit der menschlichen Existenz.

In der deutschsprachigen Philosophie des 18. Jahrhunderts wurde das englische «incongruity» meist in «Ungereimtheit» übersetzt. Darauf hat Kant als einer der ersten hingewiesen, der Francis Hutcheson neben Graf Shaftesbury und David Hume zu seinen Lieblingsphilosophen zählte, wenn es um praktische Weltweisheit und Tugendlehre ging.[26] Vor allem von ihm hat er sich die Stichworte soufflieren lassen, mit denen er das vergnügliche Lachen und seine Anlässe beschrieb. «Man hat gesehen, daß beym Lachen ein Widerspruch seyn muss, und man hat ihn Ungereimtheit genannt, wenn er plötzlich kommt und ein Lachen verursacht hat.»[27] Es kommt ein «Contrast» zum Vorschein, «den man nicht vermutet hat»[28].

– Zum Beispiel können wir lachen, ohne ihn auszulachen, wenn jemand aus Unachtsamkeit «Ungereimtheiten begehet, worüber er hernach selbst lacht, wenn er es erfährt. So schrieb einer an einen Pächter und an einen Grafen, verwechselte aber die Couverte, und nannte den Grafen ‹mein lieber guter Johan›, und den Pächter ‹*Hochwohlgeborener* Herr›. Hier lacht man mit.»[29]
– Auch die zum Lachen reizende Klage des reichen Erben wirkt durch ihren Kontrast: «Je mehr ich meinen Trauerleuten Geld gebe, betrübt auszusehen, desto lustiger sehen sie aus.»[30] Denn ungereimt sind hier nicht nur authentische Trauer und simulierter Schmerz, sondern auch die Freude über einen guten Verdienst und die dafür geforderte Leistung.

Viele der Witze, die Kant gern erzählte, folgten diesem Muster, und auch zahlreiche seiner Reflexionen und Bemerkungen nutzten Ungereimtheiten aus. Kant hatte einen scharfen Blick für die Inkongruenzen, mit denen wir es alltäglich zu tun haben. Manchmal stellte er sie allerdings so ernsthaft dar, dass der humorvolle Kontrast erst auf den zweiten Blick deutlich werden konnte.

– «Betrachten wir den Menschen nur auf dieser Welt, so ist er ein Objekt des Lachens. Nehmen wir ihn vor seinen strengen Richter, so ist sein Schicksal beweinenswert. An die Stelle nun diese beiderlei Gesinnung zu verbinden, so wechselt er damit. Lacht sein Leben durch und weint und seufzt an Sonntagen und beim Sterben.»[31]

- «Redet er schon immer von Tugend, so ist er verdorben, redet er beständig von Religion, so ist er's im äußersten Grade.»[32]
- «Daß der bei weitem größte Teil der Menschen (darunter das ganze schöne Geschlecht) den Schritt zur Mündigkeit, außer dem daß er beschwerlich ist, auch für sehr gefährlich halte: dafür sorgen schon jene Vormünder, die die Oberaufsicht über sie gütigst auf sich genommen haben.»[33] Der Kontrast besteht eben nicht allein zwischen den Unmündigen und ihren Vormündern. Er ist auch für all die patriarchalen, religiösen und staatlichen Vormünder selbst typisch, deren autoritärer Machtanspruch in der Maske wohlwollender Fürsorge auftritt.
- Und zum Lachen war doch auch, dass Kant seine gegen den Krieg gerichtete Friedensschrift, in der er 1795 die Grundzüge des Staatsbürger-, Völker- und Weltbürgerrechts entwarf, unter dem Titel *Zum ewigen Frieden* veröffentlichte, mit dieser «satirischen Überschrift auf dem Schilde jenes holländischen Gastwirts, worauf ein Kirchhof gemalt war»[34]. Wie ein Schalk wird Kant sich über diese Ungereimtheit gefreut haben.

In der zweiten Hälfte des 18. Jahrhunderts hatte sich die Kontrasttheorie des Humors gegen die Überlegenheitstheorie des Lächerlichen durchgesetzt. Im 19. Jahrhundert wurde «Inkongruenz» zu einer Art fixer Idee. Überall und in allem schienen humoristische Ungereimtheiten, Kontraste und Widersprüche am Werk zu sein. Man entdeckte Bejahungen und Verneinungen in ein und derselben Sache, die Inkongruenzen zwischen Vollkommenheit und Unvollkommenheit, Vertrautem und Absurdem, Vernünftigem und Unvernünftigem, Wert und Unwert, Fiktivem und Realem, Idee und Erscheinung, unendlicher Freiheit und endlicher Begrenztheit.

Den Eröffnungszug machte Jean Paul Friedrich Richter 1804 in seiner *Vorschule der Ästhetik*, der dann fast alle Theoretiker des literarischen Humors gefolgt sind. Im Humor sah er das «umgekehrte Erhabene»: Wir lachen über den «unendlichen Kontrast» zwischen der Übergröße, die wir in den Ideen der Vernunft zu fassen glauben, und den vielen kleinen Endlichkeiten, in die wir uns alltäglich verstrickt sehen. «Der Humor, als das umgekehrte Erhabene, vernichtet nicht das Einzelne, sondern das Endliche durch den Kontrast mit der Idee. Es gibt für ihn keine einzelne Torheit, keine Toren, sondern nur Torheit und eine tolle Welt.»[35] Das war die Totalisierung des Humors, für die Jean Paul in seinen Romanen das unerschöpfliche Anschauungsmaterial lieferte.

Für die Philosophie des Humors war dann Arthur Schopenhauer (1788–1860) zuständig. Man hat ihn zwar zu einem Philosophen des Pessimismus erklärt, der nur griesgrämig über die Leiden des Lebens klagte. Bitter und trostlos sei seine Philosophie. Zu diesem Bild hat lebensgeschichtlich vor allem seine Mutter, die Schriftstellerin Johanna Henriette Schopenhauer, beigetragen, mit der er sich im Frühjahr 1814 in ein wüstes Zerwürfnis hineinsteigerte. Sie warf ihm sein Misstrauen, seine Verachtung, seine verdrießlichen Launen vor; und er machte sie nicht nur für den Selbstmord des geliebten Vaters verantwortlich, sondern überhaupt für alles, worunter er litt: «Wir folgen der Finsterniß, dem grimmigen Drange des Lebenwollens, gehen tiefer und tiefer in Laster und Sünde, in Tod und

Nichtigkeit»[36], schrieb er in sein Tagebuch, als es zur endgültigen Trennung mit der Mutter kam, die er nie wieder sah und die er noch im Grab verfluchen wollte.

Aber im Weimarer Haus seiner Mutter hatte er im April 1811 auch Christoph Martin Wieland kennen gelernt, der ein Hausfreund von Johanna Schopenhauer war. Man hatte ihn um seinen Rat zur Berufswahl des jungen Arthur gebeten, der lediglich Philosophie studieren wollte. Das wäre doch kein solides Fach, gab Wieland zu bedenken und lobte stattdessen die Arbeit eines Schusters, der gerade ein Paar Stiefel gebracht hatte: «Nun, sagen Sie, lieber Arthur, nützt dieser Mensch der Welt nicht weit mehr, als ich ihr je mit allen meinen Schriften genützt habe? Überlegen Sie sich das, und stehen Sie ab von Ihrem Vorhaben, ein so unpraktisches Studium, wie die Philosophie zu ergreifen.»[37]

Doch so einfach ließ sich der junge Schopenhauer nicht von seiner Absicht abbringen. Er wollte Philosophie studieren, um über die Misslichkeiten des Lebens nachdenken zu können; und gegen Wielands Selbstzweifel wandte er ein, «daß ja seine Schriften Tausenden von Menschen Trost und Erquickung unter den Leiden und Mühseligkeiten des Lebens gebracht hätten, und daß er ihnen dadurch frischen Mut eingeflößt, dieselben zu ertragen»[38]. Diese Antwort richtete nicht nur den greisen Wieland auf und ließ ihn den Entschluss seines jungen Freundes akzeptieren. Sie zeigte auch, dass Schopenhauer einen Sinn für Humor hatte, den er später einmal als den Spaß bezeichnete, «hinter dem der Ernst hervorguckt»[39].

Vor diesem Hintergrund hat der §13 von Schopenhauers Hauptwerk *Die Welt als Wille und Vorstellung*, dessen Erster Teilband 1819 erschien, seine besondere Bedeutung. Er handelt vom «Grund eines sehr merkwürdigen Phänomens, welches, eben wie die Vernunft, der menschlichen Natur ausschließlich eigen ist. Ich meine das *Lachen*.»[40]

Schopenhauers Begründung des Lachens mag zunächst recht abstrakt klingen: «Das Lachen entsteht jedesmal aus nichts Anderm, als aus der plötzlich wahrgenommenen Inkongruenz zwischen einem Begriff und den realen Objekten, die durch ihn, in irgend einer Beziehung, gedacht waren, und es ist selbst eben nur Ausdruck dieser Inkongruenz.»[41] Das war nicht nur die Transformation der Hutcheson-Kant-Theorie in eine sprachphilosophische Entdeckung: Die lachenmachende Ungereimtheit besteht zwischen der sinnlich-konkreten *Anschauung* und der geistig-abstrakten Erkenntnis, die durch *Begriffe* geprägt ist. Diese Inkongruenz, die im Zentrum von Schopenhauers Philosophieren stand, gab ihm zugleich Gelegenheit, über den Unterschied zwischen Witz und Narrheit nachzudenken und dabei ein eindrucksvolles Plädoyer für das Lachen zu halten, das uns vergnügt und Menschen sein lässt.

Wie gern Schopenhauer sich über Witze und Narrheiten amüsierte, dokumentiert seine *Theorie des Lächerlichen*, die er 1844 im Zweiten Band von *Die Welt als Wille und Vorstellung* nachgeliefert hat. Es scheint ihm großen Spaß gemacht zu haben. Denn hier ließ er es sich nicht nehmen, auch zahlreiche Witze zu erzählen und Narrheiten zu schildern, um die Inkongruenz zwischen Anschauung und Begriff in ihre beiden möglichen Richtungen bewusst zu machen.

Beim *Witz* nämlich gehen wir, Schopenhauer zufolge, zunächst von verschiedenen (heterogenen) anschaulichen Vorstellungen aus, die dann durch eine witzige Pointe unter einen (homogenen) Begriff gefasst werden, der nicht zu ihnen passt.

- In einem Pariser Theater wurde zu Beginn die Marseillaise nicht gespielt, auf die das Publikum gewartet hatte. Es gab großes Geschrei. Ein Polizeikommissar betrat in Uniform die Bühne und erklärte, dass nur gespielt werden dürfte, was auf dem Programm stände. Da rief ein Zuschauer: «Und Sie, Herr, stehen Sie auf dem Theaterzettel?!»[42]
- Auf dem Berliner Theater war Improvisation nicht erwünscht. Die Regie wollte alles präzise festgelegt haben. Schauspieler Unzelmann sollte auf der Bühne mit einem Pferd auftreten. Nach einigen Schritten blieb es stehen, machte sich steif und ließ einen großen Haufen auf die Bretter plumpsen. Das Publikum lachte, geriet aber fast außer sich, als Unzelmann mit strenger Miene sein Pferd ermahnte: «Was machst du denn? Weißt du nicht, daß uns Improvisieren verboten ist?»[43]
- Ein Gascogner trug auch bei strenger Winterkälte nur eine leichte Kleidung. Der König, der das sah, lachte über ihn, worauf ihm der Gascogner entgegnete: «Hätten Eure Majestät angezogen, was ich angezogen habe, so würden Sie es sehr warm finden.» Und auf die königliche Frage, was er denn angezogen habe, antwortete er: «Meine ganze Garderobe.»[44]

Bei solchen witzigen Einfällen ist es der Begriff, der nicht mit den verschiedenen Anschauungen kongruiert. Polizist und Marseillaise stehen beide (nicht) «auf dem Programm»; Schauspieler und Pferd sollen nicht «improvisieren»; die reichhaltige Kleiderfülle des Königs und der Sommerkittel eines armen Teufels sind deren «ganze Garderobe». Hier wuchs am pointierten Ende begrifflich zusammen, was anschaulich nicht zusammengehört.

Umgekehrt geht es bei den *Narrheiten* zu, bei denen zunächst in der Erkenntnis der Begriff da ist, der dann unpassend auf unterschiedliche Anschauungsobjekte angewendet wird, wodurch die «Ungereimtheit» einer närrischen Handlung entsteht.

- Als ein Mann einem Österreicher mitteilt, dass er gern allein spazieren ginge, entgegnet ihm dieser: «Ich halt auch: da können wir zusammen gehen.»[45] (Hier steht der begriffliche Gedanke am Anfang, «ein Vergnügen, das zwei lieben, können sie gemeinsam genießen», unter den dann der konkrete Fall subsumiert wird, der doch gerade die Gemeinschaft ausschließt.)
- In der Wachstube sitzen Soldaten und spielen Karten. Ein Gefangener wird zu ihnen gebracht. Man erlaubt ihm mitzuspielen. Durch seine Mogelei entsteht Streit, und man schmeißt ihn schließlich raus, sodass er frei ist.[46] (Man ließ sich also durch den allgemeinen Gedanken leiten: «Schlechte Mitspieler wirft man aus der Runde», was in diesem Fall der Gefangenensituation widersprach.)

Doch warum können wir über solche Witze und Narrheiten lachen? Warum versetzen sie uns in diesen «vergnüglichen Zustand», der sich bis zu einer «krampfhaften Erschütterung»[47] steigern kann? Schopenhauer fand darauf eine überraschende Antwort. Der Philosoph verwies auf das ernste Problem, das hinter den Späßen hervorguckte. Es ging um den Widerstreit zwischen lebendiger Anschauung und erkennendem Verstand. Als Philosoph hätte Schopenhauer eigentlich in der Welt begrifflicher Abstraktionen zu Hause sein sollen. Aber er ging zum Widersacher über. Er favorisierte die differenzierte Vielfalt der konkreten Anschauungen, die stets gegenwärtig sind und auch ein unmittelbares Vergnügen bereiten können. Dagegen stellte er die Anstrengungen des Begriffs und des abstrakten Denkens, die sich von den Urphänomenen des Lebens abgesetzt haben.

Lachend freuen wir uns, weil in der witzigen oder närrischen Inkongruenz zwischen dem sinnlich Wahrgenommenen und dem abstrakt Gedachten die Anschauung endlich einmal als klarer Sieger auftritt. In Witz und der Narrheit ist es immer der homogene Begriff, der irrt und die heterogene Wahrnehmungsvielfalt verfehlt. Dagegen «behält das Angeschaute allemal unzweifelhaftes Recht; denn es ist gar nicht dem Irrtum unterworfen, bedarf keiner Beglaubigung von außerhalb, sondern vertritt sich selbst. Sein Konflikt mit dem Gedachten entspringt zuletzt daraus, daß dieses mit seinen abstrakten Begriffen nicht herabkann zur endlosen Mannigfaltigkeit und Nüancierung des Anschaulichen. Dieser Sieg der anschauenden Erkenntniß über das Denken erfreut uns. (...) Diese strenge, unermüdliche, überlästige Hofmeisterin Vernunft jetzt ein Mal der Unzulänglichkeit überführt zu sehn, muß uns ergötzlich seyn.»[48]

Radikaler noch als Schopenhauer hat zwei Jahre später Sören Aabye Kierkegaard (1813–1855) die innere Anschauung des einzelnen Menschen in Widerspruch zur allgemeinen Begriffswelt gesetzt. Gegen das abstrakte Denken und die Sprache der Abstraktion stellte der dänische Gottsucher die konkrete Existenz und verborgene Innerlichkeit, die für jeden Einzelnen seine je eigene und einzige Wirklichkeit ist. Am 27. Februar 1846 hat er diesen Bruch dann auch öffentlich vollzogen. Unter dem eigenwilligen Titel *Abschließende unwissenschaftliche Nachschrift zu den Philosophischen Brocken. Mimisch-pathetisch-dialektische Sammelschrift. Existentielle Einsprache von Johannes Climacus* sagte der 33-jährige Kierkegaard seiner Mitwelt ein beängstigendes Adieu.[49]

Die leidenschaftliche Vertiefung in die eigene Innenwelt ließ die gesellschaftliche Außenwelt mit all ihren Abstraktionen unwesentlich werden. Aber diese Spaltung wurde von Kierkegaard, der sich selbst in einer Zeit des Grauens erlebte, nicht mit ernster Miene und wissenschaftlicher Systematik vollzogen. Hinter der Maske des Johannes Climacus, dessen *unwissenschaftliche Nachschrift* er ironisch nicht als sein eigenes Erzeugnis anerkannte, sondern nur herauszugeben simulierte, und über die er keine eigene Meinung zu haben vorgab außer als Leser, hat Kierkegaard den Bruch für *komisch* erklärt.

Um diese Komik anschaulich zu machen, karikierte er gleich zu Beginn einen Philosophieprofessor, der in seiner akademischen Arbeit immer wieder die gleichen abstrakten Gedanken hin- und herwälzt und deshalb «zerstreut» sein muss, weil er weder sich selbst, noch das Verhältnis zwischen Abstraktion und Existenz wirklich versteht. Gedanklich strebt er zum Höchsten und sieht die Wirklichkeit im Licht der Ewigkeit [sub specie aeterni], aber steht dem Leben fremd gegenüber. Nicht umsonst pflegt der zerstreute Professor die Spottlust zu reizen und konnte auch von Kierkegaard als komische Figur eingeführt werden:

– «Der Anblick eines Denkers wirkt komisch, der trotz aller Bravour persönlich wie ein armer Schlucker existiert, der sich wohl persönlich verheiratet, aber die Macht des Verliebens weder kennt noch fühlt, dessen Ehe daher ebenso unpersönlich wie sein Denken ist, dessen persönliches Leben ohne Pathos und ohne pathologische Kämpfe verläuft und sich philisterhaft nur damit beschäftigt, welche Universität das beste Einkommen biete.»[50]

Arthur Schopenhauer mit seinem Pudel.
Karikatur von Wilhelm Busch

Wer den Widerspruch zwischen Abstraktion und Existenz sehen und empfinden kann, muss für das Komische empfänglich sein. Und so kam Kierkegaard zu einer Bestimmung des Komischen, die ihm «ganz einfach» zu sein schien: «Das Komische ist in jedem Lebensstadium zur Stelle (nur daß die Stellung verschieden ist), denn überall, wo Leben ist, ist Widerspruch, und wo Widerspruch ist, ist das Komische zur Stelle. Das Tragische und das Komische sind dasselbe, insofern als beide den Widerspruch bezeichnen, aber *das Tragische ist der leidende Widerspruch, das Komische der schmerzlose Widerspruch.*»[51] Schmerzlos? Ja, weil er im Komischen zwar nicht aufgelöst wird und verschwindet, aber so offenbar gemacht werden kann, dass man «den Ausweg *in mente* hat»[52], wobei ein besonderes komisches Talent sich darin zeigt, diese geistige Haltung «in concreto darstellen zu können»[53].

Es ist nun selbst nicht ohne komische Spannung, dass Kierkegaard diese allgemeine Feststellung nicht im Haupttext ausführt und begründet, sondern in einer langen Fußnote konkretisiert, in der er eine durcheinander gewürfelte Menge von Beispielen vorstellt. Es sind zwanzig Witze und komische Geschichten, deren widersprüchliches Missverhältnis uns keinen Schmerz bereiten soll, sondern ein vergnügliches Lachen entlocken kann. Drei Beispiele sollen genügen.

– Ein Mann will ein Gasthaus eröffnen. Seine Geschäftsidee wird vom Stadtrat mit der Begründung abgelehnt, «weil es sowenig Gastwirte gibt». Was doch eigentlich ein guter Grund wäre, wird zur Absage verdreht, ähnlich dem folgenden Fall: «So erzählt man von einem Bäcker, der zu einer armen Frau sagte: ‹Nein, Mutter, sie bekommt nichts, neulich kam eine, die auch nichts bekam. Wir können nicht allen geben.› Das Komische liegt darin, daß er durch Subtrahieren gleichsam die Summe und das Fazit: alle, herausbekommt.»

- Ein dänischer Bauer klopft an der Tür eines Deutschen. Er fragt, ob hier der Mann wohne, der bei ihm eine Fuhre Torf bestellt hat. Leider habe er dessen Namen vergessen. Der Deutsche wird ungeduldig, weil er kein Dänisch versteht, und bemerkt: «Das ist doch wunderlich», worauf der Bauer für sich erfreut feststellt: «Richtig, Wunderlich hieß der Mann.» (So kann eben auch die witzig missverständliche Identifikation von Eigenschaftswort und Eigennamen unter einen gemeinsamen Begriff einen guten Effekt haben, worüber wir uns als die lachenden Dritten amüsieren können.)
- «Wenn ein dänisch-deutscher Pfarrer auf der Kanzel (auf Dänisch) sagt: ‹Das Wort ward Schinken› (Fläsk), so ist das komisch.» (Denn hier wurden gleich drei Widersprüche erzeugt: durch das dänische Wort «Fläsk», das dem deutschen «Fleisch» ähnlich klingt und den gleichen Begriff auszudrücken scheint, aber doch eine andere Bedeutung hat; durch die Rolle des Pfarrers, der doch wissen müsste, was er predigt; und durch das ethische Problem, «daß man unschuldigerweise dazu kommen kann, sich einer Blasphemie schuldig zu machen.»)[54]

Schopenhauer lachte mit der anschaulichen Vielfalt gegen die begriffliche Einheit an, Kierkegaard mit der existenziellen Konkretheit gegen alle Abstraktionen. An solche Widersprüche knüpfte an der Wende zum 20. Jahrhundert der französische Lebensphilosoph Henri Bergson (1859–1941) an. Ihm ging es nun um die komische Inkongruenz zwischen elastischer Lebendigkeit und starren Mechanismen. 1899 schrieb er drei Aufsätze für die *Revue de Paris*, in denen er das durch diesen

Widerspruch hervorgerufene Lachen untersuchte. 1900 sind sie zusammengefasst in *Le Rire* erschienen, seinem unterhaltsamsten Buch.

Die Bedeutung des Komischen war das zentrale Thema von *Das Lachen*, mit dem das neue Jahrhundert begrüßt wurde: ein Lachen, das noch ein letztes Mal ganz der Fülle und Tiefe des Lebens entsprang, aus diesem Schwung [élan vital], der das Leben als steten Wechsel, unumkehrbaren Prozess und individualisiertes Ereignis beseelt und vorwärts treiben sollte. Suggestiv und fordernd waren Bergsons Bestimmungen: Das wahrhaft lebendige Leben darf sich nicht wiederholen; jeder Mensch hat mit wacher Beweglichkeit und lebendiger Anpassungsfähigkeit der unumkehrbaren Dynamik der Wirklichkeit zu folgen; und mit unverwechselbarer Individualität soll er allen gleichförmigen Überlagerungen widerstreiten, die seriell und monoton ablaufen.

Ahnte Bergson bereits, dass seine Metaphysik des Lebens sich zunehmend als ein illusionäres Wunschbild erweisen wird? Denn wie in einem Negativ brachte er die Tendenzen zur Sprache, die immer mächtiger werden sollten. Er beschrieb die Versteifungen des Charakters; die Mechanisierungen des Körpers; die Verdinglichungen des Menschen zu Arbeitsmaschinen, die nur noch seriell funktionieren; die überwältigende Ausdehnung des Künstlichen und zunehmende Verdrängung des Natürlichen; die Marionetten-Existenz der Menschen, die glauben, sie würden frei handeln, denken und sprechen, während sie doch wie Spielzeuge an den Fäden fremder Mächte zappeln; die beruflichen Deformationen, die zu Wiederholungen des Immer-Gleichen führen; und die vielen «Zerstreutheiten», die ihren Grund in der mangelnden Anpassung an die Dynamik des Lebens haben. Aber all das wollte Bergson nicht wirklich ernst nehmen. Stattdessen ließ er daraus einen Effekt entstehen, der uns zum Lachen bringen soll.

Die Automatisierung und Mechanisierung des Lebens ist *komisch*. Das war Bergsons Grundidee. In ihrem Licht nahm er wahr, was er auf subtile Weise den Lesern vor Augen führte. Er ließ die mechanisch wirkende Steifheit in einem Augenblick komisch wirken, in dem man von einem Menschen lebendige Flexibilität erwartet. Er beschrieb die Handlungen des Menschen, der automatisch seinen Weg verfolgt, ohne sich um den Kontakt mit seinen Mitmenschen zu kümmern. Er charakterisierte den Zerstreuten, der sich in der Gegenwart der angeschauten Wirklichkeit nicht zurechtfindet. «Ein Mann, der über die Straße gelaufen kommt, stolpert und fällt hin: die Vorübergehenden lachen. (...) Vielleicht lag ein Stein im Wege. Dann hätte er seinen Lauf ändern und das Hindernis vermeiden müssen. Aber aus mangelnder Gelenkigkeit, Zerstreutheit oder Widerspenstigkeit des Körpers haben *nach dem Gesetz der Trägheit* die Muskeln ihre frühere Bewegungstätigkeit fortgesetzt, während die veränderten Umstände es anders geboten, und darüber lachen die andern.»[55]

Auch die «komische Häßlichkeit», von der schon Aristoteles in seiner Komödientheorie gesprochen hatte, brachte Bergson wieder zur Sprache. «Ein Gesichtsausdruck wird also lächerlich sein, wenn er uns an etwas Starres, sozusagen Geronnenes in der allgemeinen Beweglichkeit und Flüssigkeit der Gesichtszüge erinnert. Was wir sehen, erscheint uns dann als eine erstarrte Grimasse, als ein Tick, der steif und chronisch geworden ist.»[56]

An einer Fülle solcher Beobachtungen erläuterte Bergson seine Philosophie des Lachens. Sie verdeutlichten zugleich, wogegen sich Bergson richtete und was er sich wünschte. Etwas

Mechanisches drohte das Leben wie mit einer harten Kruste zu überdecken. Körper und Geist schienen zu erstarren und nach dem Gesetz der Trägheit zu funktionieren. Dagegen brauchte es ein Gegenmittel. Bergson fand es im Lachen über das Komische.

Denn wenn steife, zerstreute und mechanisch handelnde Menschen als komisch wahrgenommen werden, droht ihnen das Lachen als Bestrafung. Sie ist zwar nicht streng, wird nicht gewaltsam ausgeübt und soll auch keine Angst einjagen. Sie ist eher eine leichte Demütigung derjenigen, die als Zielscheibe des Lachens dienen. Bergson hielt das Lachen deshalb für eine besondere «soziale Geste»[57], mit der die Glieder des gesellschaftlichen Körpers wieder in Schwung gebracht werden können. Es richtet sich gegen die Versteifungen des Körpers, des Charakters und des Geistes, die die Gesellschaft beseitigen möchte, «um die größtmögliche Elastizität und Vergesellschaftung ihrer Glieder zu erzielen. Diese Trägheit ist das Komische, und das Lachen ist ihre Strafe.»[58]

Was 1900 als Einspruch gegen das Nicht-Lebendige, Mechanische und Dinghafte gerichtet war, wurde nach den Erfahrungen mit den totalitären Bewegungen des 20. Jahrhunderts in einem ganz anderen Licht gesehen. Es verlor seinen humoristischen Reiz. Jedenfalls ist einigen Philosophen völlig das Lachen vergangen, als sie Bergsons Essay durch ihre antitotalitäre Brille lasen. War denn mit Bergsons «Strafe», die im Interesse der gesellschaftlichen Elastizität lachend angedroht worden war, nicht ein gesellschaftlicher Gewaltakt gemeint gewesen? Klaus Heinrich etwa sah in Bergsons Lachtheorie eine «präfaschistische» Idee, die in ihm nur noch «Grauen» auslösen konnte, weil sie uns das «ungeschminkte Bild der Barbarei vor Augen»[59] führte. Die «soziale Geste» des Lachens wurde als

Strafaktion der geschlossenen Gesellschaft gegen unangepasste Individuen interpretiert, die es «auszumerzen» gelte.

Andere sind Heinrichs verdrehter Lesart gefolgt. Ohne Sinn für Humor haben sie Bergson zum Programmatiker des Totalitarismus erklärt. Sein feines Plädoyer für eine Lebendigkeit, die sich von Verkrustungen und Versteifungen befreit, wurde als Aufruf zur Gleichschaltung gelesen. Und sein Lachen galt als ein «homogenes Lachen, das die Funktion der sozialen Anpassung, der sozialen Vereinheitlichung erfüllt. Das Lachen erlaubt es der Gesellschaft, noch die geringfügigsten Abweichungen von der Norm zu sanktionieren. Es ist eine Form der Strafe, und zwar diejenige Form der Strafe, die die verdächtigen Partikularitäten einkreist und denunziert.»[60]

Lassen wir diese lächerlichen Einwände und interpretatorischen Ungereimtheiten auf sich beruhen, die uns zum Lachen reizen könnten, wenn sie nicht so ernst gemeint wären. Blicken wir lieber mit Freude zu Bergson zurück, der schon mit den ersten Sätzen seines Essays darauf hingewiesen hat, dass das Lachen gerade kein «homogenes» Phänomen ist. Für den Philosophen ist es ein erstaunliches Problem, das sich widerspenstig entzieht, wenn man es begrifflich fixieren und wissenschaftlich erklären will. Wie ein Kind wundert er sich über das Lachen, das etwas «Spitzbübisches» an sich hat und immer wieder entgleitet, wenn man es zu fassen versucht. Um das Lachen in seiner Ungreifbarkeit begreifen zu können, braucht man einen Sinn für das «ungereimt» Komische. Und deshalb war es auch ein schöner Schlussakkord, dass Bergson seine philosophische Untersuchung nicht mit einem wissenschaftlichen Urteil oder einem normativen Programm abschloss, sondern mit dem poetischen Bild des Schaums, den die Wellen des Meeres am Strand zurücklassen.

«Die zurückfließende Flut läßt diesen Schaum auf dem Sande des Ufers zurück. Ein Kind, das in der Nähe spielt, kommt und sammelt eine Hand voll und wundert sich, wenn es im nächsten Augenblick nur wenige Wassertropfen in der hohlen Hand hat, die aber viel salziger, viel bitterer sind als das Wasser der Welle, die den Schaum mit sich führte. Das Lachen entsteht ganz so wie dieser Schaum. Es meldet alle leichten Revolten auf der Oberfläche des sozialen Lebens. Es zeichnet im Nu die beweglichen Figuren dieser Erschütterung nach. Und auch salzhaltig ist es, und es schäumt und ist lustig wie Schaum. Und der Philosoph, der ein paar Tropfen sammelt, um zu kosten, mag wohl bisweilen in einer kleinen Menge dieses Stoffes sein gut Teil Bitterkeit finden.»[61]

Vielleicht waren die Revolten und Erschütterungen des sozialen Lebens im 20. Jahrhundert zu heftig, um ein spitzbübisches oder schaumartiges Lachen zu erzeugen. Jedenfalls ist bemerkenswert, dass in den Hauptströmungen der Philosophie des 20. Jahrhunderts das Lachen kaum noch eine Rolle spielte.

In Martin Heideggers Sorge des Daseins und in seinem «Schwermachen» der Philosophie, um dem Sein entsprechen zu können, war kein Platz für das Lachen.[62] Die Angst und das Sein zum Tode beherrschten sein Denken, und das Nichts nichtete alles.

Dagegen plagte sich die Analytische Philosophie mit Sprachproblemen herum, über die sie sich nicht amüsierte, sondern die sie lösen wollte, um philosophischen Unsinn auszuschalten.

Und auch die Kritische Theorie der Gesellschaft entdeckte noch in den feinsten Verästelungen der Kultur den Verblendungs- und Zwangszusammenhang des Systems, das seinen Kritikern absolut keinen Spaß machte.

Dass diese ernsthaften Anstrengungen zuweilen höchst komisch wirken, war zwar nicht im Interesse ihrer Erfinder, soll uns aber nicht abhalten, daraus am Schluss ein kleines «Endspiel der Metaphysik» zu machen, in dem sich Seinsdenker, Sprachlogiker und Gesellschaftskritiker unfreiwillig wie in einem Narrenhospital aufführen und die Zuschauer zum Lachen bringen.

Eine Ausnahme bildete nur die Philosophische Anthropologie, die im Sinne Kants danach fragte, wie die Natur den Menschen als ein Lebewesen gestaltet, das als frei handelnde Person etwas aus sich selbst machen kann und soll. So hat Max Scheler den Menschen von den anderen Tieren dadurch unterschieden, dass allein er ein Körper *ist* und einen Körper *hat*. Deshalb ist die *Stellung des Menschen im Kosmos* einzigartig. Denn während das Tier nur sein eigener Körper ist, hat ihn der Mensch auch als etwas, von dem er sich subjektiv distanzieren kann und das er bewusst für verschiedene Zwecke gebrauchen kann.[63]

Helmut Plessner (1892–1985) hat Schelers anthropologische Wesensbestimmung aufgegriffen und am menschlichen *Lachen und Weinen* konkretisiert. 1941 erschien seine *Untersuchung nach den Grenzen des menschlichen Verhaltens*. Der Ausgangspunkt lag ganz auf der Linie seines Lehrers: Der Mensch ist in sich widersprüchlich. Haben und Sein des Körpers machen aus ihm ein Doppelwesen, das eine Doppelrolle spielen muss.

Anders als das Tier, das in sich «zentriert» ist, lebt der Mensch in einer «exzentrischen Position»[64], die nicht stabil ist. Deshalb kann es zu Krisen kommen, in denen Sein und Haben des Körpers inkongruent werden. Dann verliert der Mensch seine Balance und hat seinen Körper nicht mehr unter Kontrolle. Nichts anderes geschieht im Lachen und im Weinen, in diesen beiden zwillingsartigen Ausdrucksformen einer Krise, die nur der Mensch erleben kann. Er fällt ins Lachen; er lässt sich fallen ins Weinen. Er hat seinen Körper nicht mehr.

Meist sind es widersprüchliche, gegensinnige, ungereimte oder unbeantwortbare Situationen, in denen der Mensch zum Lachen oder Weinen gebracht wird. Er verliert dabei zwar seine körperliche Beherrschung. «Aber er kapituliert nicht als Person. Er verliert nicht den Kopf. Auf die unbeantwortbare Lage findet er gleichwohl – kraft seiner exzentrischen Position, durch die er in keiner Lage aufgeht – die einzig noch mögliche Antwort: von ihr Abstand zu nehmen und sich zu lösen. Der außer Verhältnis zu ihm geratene Körper übernimmt für ihn die Antwort nicht mehr als Instrument von Handlung, Sprache, Geste, Gebärde, sondern als Körper. Im Verlust über ihn, im Verzicht auf ein Verhältnis zu ihm bezeugt der Mensch noch sein souveränes Verständnis des Unverstehbaren, noch seine Macht in der Ohnmacht, noch seine Freiheit und Größe im Zwang. Er weiß auch da noch eine Antwort zu finden, wo es nichts mehr zu antworten gibt. Er hat, wenn auch nicht das letzte Wort, doch die letzte Karte im Spiel, dessen Verlust sein Gewinn ist.»[65]

Humorvoll oder gar witzig klang das nicht, was Plessner, der 1933 seine Professur in Köln verloren hatte, 1941 im holländischen Groningen geschrieben hat. Das war kein fröhliches, heiteres Lachen, von dem der Philosoph im Exil sprach. Plessner verband es mit dem Weinen zu «Ausdrucksformen einer Krise»[66], in der Unverstehbares und Unbeantwortbares, Ohnmacht und Zwang herrschten. Es war ein lachendes Dennoch in einer Grenzsituation, die auch zum Weinen zwang. Der Schaum des Lachens, der bei Bergson das spielende Kind und den Philosophen staunen ließ, war voller Bitterkeit. Die Zeit war aus den Fugen, und das Gleichgewicht des Menschen, in oder mit seinem Körper zu *sein*, den man als seinen Leib *hat*, war verloren gegangen.

Aber sollte es nicht noch einen dritten Erklärungsgrund des Lachens geben, neben den «Ungereimtheiten» des Lebens und dem «Überlegenheitsgefühl» gegenüber dem Lächerlichen? Henri Bergson hatte ihn nicht außer Acht gelassen: «Insbesonderheit ist mit dem Lachen ein *Entspannungs*prozeß verbunden, der oft bemerkt worden ist und über den wir uns Rechenschaft geben müssen.»[67] Und auch Helmut Plessner erinnerte an ihn auf seine Art. Denn wenn das auslösende Moment des Lachens in einer Grenzlage besteht, die durch ihre Widersinnigkeit und Unbeantwortbarkeit es dem Menschen verwehrt, «ihrer Herr zu werden», dann kann das Lachen zwar nicht heiter sein und aus einer fröhlichen Stimmung entstehen, aber wenigstens ein wenig augenblickliche Lust bereiten: «Lustvoll ist es als Entladung einer Spannung.»[68]

3. Wenn eine nervöse Anspannung abgeführt wird oder: Die Entspannungstheorie

Schon Aristoteles hatte festgestellt, dass wir oft lachen müssen, wenn etwas unserer angespannten Erwartung widerspricht. Cicero und andere sind ihm gefolgt: Wir lachen, «weil wir uns gleichsam in unserer Erwartung getäuscht sehen»[69]. In der *Kritik der Urteilskraft* hat Immanuel Kant diese lachende Enttäuschung als ein differenziertes Spiel zwischen Gespanntheit und Entspannung beschrieben. «Das Lachen ist ein Effekt aus der plötzlichen Verwandlung einer gespannten Erwartung in nichts.»[70] So kommt jene konvulsivische, zwerchfellerschütternde Schwingung zustande, die sich wohltuend auf die Eingeweide überträgt und besser wirkt als ein vom Arzt verschriebenes Abführmittel.

Der englische Philosoph und Naturforscher Herbert Spencer (1820–1903) hat 1860 in seinem Aufsatz *The Physiology of Laughter* zu erklären versucht, wie dieser Vorgang als ein «Efflux» körperlich funktioniert. Mit diesem aus dem Lateinischen entlehnten Wort bezeichnete er das Entweichen und Abfließen von Spannungen innerhalb des nervösen Systems, die durch die motorischen Nerven zu verschiedenen Muskeln geleitet werden, «wodurch die halb konvulsivischen Bewegungen entstehen, die wir *lachen* nennen»[71]. Das Lachen ist eine Abfuhr [efflux] nervöser Energie, die plötzlich freigesetzt wird. Und das geschieht, Spencer zufolge, vor allem dann, wenn das Bewusstsein unvermutet von großen Dingen zu kleinen Dingen heruntergestimmt wird, «was wir eine absteigende Inkongruenz [*descending incongruity*] nennen mögen»[72].

Auch Spencer, der das Lachen rein physiologisch zu beschreiben und erklären versuchte, konnte dabei auf eine theatralische Szene nicht verzichten, die voller Emotionen war. Der Abstieg vom Großen zum Kleinen fand auch bei ihm vor einer Bühne statt, auf der sich ein interessantes Schauspiel ereignete.

– Man sitzt im Theater. Nach langen peinlichen Missverständnissen kommt es zur Versöhnung zwischen Heldin und Held, die mit angenehmer Sympathie verfolgt wird. Da erscheint plötzlich, aus dem Hintergrund der Szene kommend, eine zahme kleine Ziege, die zunächst ins Publikum schaut, bevor sie langsam zu den beiden Liebenden geht und sie beschnüffelt. Man lacht über diesen Zwischenfall.[73]

Was ist geschehen? Spencer fand folgende Erklärung. Eine große Menge von Emotionen war erzeugt worden oder, physiologisch gesagt: Ein großer Teil des nervösen Systems befand sich in einem Zustand der Spannung [tension] hinsichtlich des weiteren Verlaufs dieser anrührenden Szene. Aber nun wird, durch das überraschende Erscheinen der Ziege, diese Menge nervöser Energie in ihrem Fluss gehemmt. Wohin damit? Die Liebesszene-Kanäle sind geschlossen, durch die eine Entladung [discharge] hätte stattfinden können. Es ist ein Überschuss da, der in irgendeiner anderen Richtung und über andere Bahnen abgeführt werden muss, und so findet die erleichternde Entspannung [relief] über verschiedene Muskeln statt, die unseren Körper halb-konvulsivisch «lachen» machen.

Das freute nun besonders Sigmund Freud in Wien, als er dabei war, die Funktionsweise des psychischen Apparats zu erforschen. Er wollte es «sich nicht entgehen lassen, eine Ansicht über den Mechanismus des Lachens für unsere Zwecke zu verwerten, die sich in unseren Gedankenkreis vortrefflich einfügt. Ich meine den Erklärungsversuch von H. Spencer in seinem Aufsatze ‹Physiology of Laughter›.»[74] Und so baute er Spencers «relief» und «efflux» in seine eigene Vorstellung der «Abfuhr» ein, die ihm zu einer «Denkgewohnheit geworden war, seitdem ich begonnen habe, mir die Tatsachen der Psychopathologie philosophisch zurechtzulegen»[75]. In seiner Arbeit *Der Witz und seine Beziehung zum Unbewußten* hat Freud 1905 anschaulich vorgeführt, was ihn an dieser Abfuhr so sehr faszinierte, dass er sie immer wieder ins Spiel brachte. Doch das ist eine neue Geschichte, die selbst ein großartiger Witz ist, wenn man sie psychoanalytisch zu deuten versucht.

Die Lust des Lachens

Warum Sigmund Freud aus Wien so viele Witze erzählt hat, obwohl er sich selbst nicht für witzig hielt

Der Unterschied zwischen ordentlichen
und außerordentlichen Professoren besteht darin,
daß die ordentlichen nichts Außerordentliches
und die außerordentlichen nichts Ordentliches
leisten. (VI, 39)[1]
Sigmund Freud

Nicht zufällig wird Sigmund Freud (1856–1939) diesen Professorenwitz in den reichhaltigen, bunten Blumenstrauß der Witze, humorvollen Erzählungen und komischen Geschichten aufgenommen haben, mit dem er 1905 dem erstaunten Publikum einen Einblick in die witzige Arbeitsweise des Unbewussten bieten wollte. Schon für sich betrachtet, war der Witz raffiniert konstruiert. Die Eigenschaftswörter «ordentlich» und «außerordentlich» überkreuzten sich nicht nur widerstreitend mit den Hauptwörtern des «Ordentlichen» und des «Außerordentlichen». Dabei spielte auch noch der Doppelsinn der Wörter eine wichtige Rolle. «Ordentlich» meinte eine saubere Arbeit nach festen Regeln, die man tüchtig und zur allgemeinen Zufriedenheit macht, aber es bezeichnete auch die Stellung eines Professors in der universitären Hierarchie. Und «außerordentlich» spielte gleich in dreifacher Hinsicht mit: es deutete auf etwas hin, das außerhalb der fest gefügten Ordnung war, meinte eine ungewöhnliche, herausragende Leistung und war ebenfalls ein akademischer Grad. Der außerordentliche Professor hat zwar einen schönen Titel, aber keinen Posten. Er brachte ihm weder Gehalt noch die Mitgliedschaft im Professorenrat der Fakultät.

Was nur ein witziges Spiel mit Worten zu sein schien, hatte einen ernsthaften Hintergrund. Denn dieser Witz spielte nicht nur auf Freuds berufliche Situation an, sondern zeigte auch, hinter einer amüsanten Form getarnt, welchen wissenschaftstheoretischen Stellenwert er der Psychoanalyse innerhalb der «ordentlichen» Forschung zuschrieb. Folgen wir also der von Freud empfohlenen Analysetechnik und knüpfen zunächst an die einzelnen Wörter und ihren Doppelsinn an, um dem Gedanken auf die Spur kommen zu können, der in diesem Witz verborgen anwesend ist.

Der *außerordentliche Professor.* Es hat lange gedauert, bis es endlich so weit war. Was hatte er nicht alles geleistet, ohne dafür jene akademische Anerkennung zu finden, nach der er strebte! Nach der Schulzeit hatte ihm sein Vater Jacob, ein jüdischer Wollhändler aus der mährischen Kleinstadt Freiberg, der 1860 mit seiner Familie nach Wien gezogen war, freie Hand gelassen, sich für ein Studium seiner Wahl zu entscheiden. Sigismund Schlomo Freud wählte die Medizin als Studienfach an der Wiener Universität (1873–1881). Eigentlich wollte er nicht Arzt werden. Aber da ihn schon früh das große philosophisch-anthropologische Problem fasziniert hatte, wie der Mensch zu dem wurde, was er ist, er jedoch zugleich fürchtete, von seinem Hang zur spekulativen Abstraktion überwältigt zu werden, wollte er sich selbst Grenzen setzen. Das streng wissenschaftliche Studium von Tatsachen verlangte geistige Disziplin und sachhaltige Beweisführung.

Doch dabei sollte es nicht allein der Körper sein, der den jungen Mediziner interessierte. Er wollte den Menschen kennen lernen und wandte sich deshalb nach seinem Doktorexamen der Neurologie zu. Er forschte über Nervenzellen und -fasern, Nervengewebe und -system, um das rätselhafte Zusammenspiel von Leib und Seele zu begreifen, wobei immer stärker neuropathologische Störungen seine Aufmerksamkeit fesselten. An den Störungen sollte erkennbar sein, wie es normal funktioniert. Im Frühjahr 1885 wurde der 29-jährige Freud Privatdozent für Neuropathologie.

Während andere Dozenten aus seinem Jahrgang stetig in der professoralen Hierarchie aufstiegen, kam Freud nicht weiter, jedenfalls nicht an der Universität. Mit ungeheurer Energie konzentrierte er sich auf seine Arbeit. Er öffnete seine Praxis für Nervenkrankheiten, in der er auch die Erfahrungen machen konnte, die ihn als Forscher interessierten. Wie kam es zu all den Neurosen, mit denen er alltäglich zu tun hatte? In enger freundschaftlicher und beruflicher Verbindung mit dem Berliner Spezialarzt für Hals- und Nasenkrankheiten Wilhelm Fließ, der sich wie er vor allem für die sexuellen Hintergründe von Erkrankungen interessierte, entwickelte er im Herbst 1895 seinen *Entwurf einer Psychologie*, den er noch als ein rein naturwissenschaftliches Forschungsprogramm verstand. Es ging um materielle Ereignisse innerhalb des Nervensystems. Die Seele war ein komplizierter Neuronen-Apparat, in dem Spannungen, Widerstände und Energieabfuhr die Hauptrolle spielten. Lust war eine «Abfuhrempfindung»[2], in der die Unlust mit ihrem erhöhten Quantitätsniveau reduziert wird.

Auch Träume wurden in dieser Hinsicht zum Thema. Weil der schlafende Mensch seine Träume motorisch nicht abführen kann, ist er im Traum wie gelähmt und kann sich deshalb auch nicht gegen die unkontrollierbaren Traumverknüpfungen

Sigmund Freud und Wilhelm Fließ.
August 1890

wehren, die «teilweise *widersinnig*, teils *schwachsinnig*, oder auch sinnlos, seltsam toll»[3] sind.

Ein eigenartiger Assoziationszwang herrscht bei Träumen, durch den scheinbar Unzusammenhängendes eigenwillig verknüpft wird. Freud begann «*komische* Beispiele»[4] für das Wirken dieses Zwangs zu sammeln, den er nun auch im Wachzustand überall entdeckte: in neurotischen Verhaltensweisen, alltäglichen Fehlleistungen, komischen Handlungen und witzigen Einfällen.

Im Mai 1897 entschloss er sich, ein Buch über Träume zu schreiben. Das Material lieferten ihm nicht nur seine Patienten, von denen er sich Träume erzählen ließ, um den verborgenen Ursachen ihrer Erkrankung auf die Spur kommen zu können. Auch er selbst war immer ein guter Träumer gewesen. Schon als Kind hatten ihn diese nächtlichen Halluzinationen fasziniert, mit denen er sich in befremdliche Landschaften und unglaubliche Abenteuer träumte, und als junger Mann begann er in sein «Privattraumbuch»[5] zu notieren, was er träumend erlebt hatte. Da ging es oft völlig verrückt zu und manchmal auch so ineinander verwirrt, dass man nicht mehr wusste, was real und was imaginär war. So hatte er am 3. November 1884 geträumt, nach Lübeck gewandert zu sein, wo er zwei Freunde traf, die ihn zwangen, nach seinem anstrengenden Fußmarsch ins Bett zu gehen. «Im Bett fiel mir ein, daß es eigentlich ein Traum sein könnte u. dann lachte ich mich aus u. war überzeugt, daß es Wirklichkeit war u. – dann wachte ich auf.»[6]

Träumend lachte er, weil er sich nicht mehr auskannte in diesem seltsam tollen Spiel. Als ernsthafter Analytiker dagegen war er zunehmend davon überzeugt, dass sich hinter dem Widersinn oder Unsinn der Träume ein Sinn verbarg, der vor allem in sexueller Hinsicht bedeutsam war. Man müsste ihn nur entdecken und freilegen können! Das wäre doch eine hervorragende Möglichkeit, dem Anspruch des delphischen Orakels entsprechen zu können: «Erkenne Dich selbst!»

Zwei Jahre schrieb Freud an seiner *Traumdeutung*, in engstem Kontakt mit Wilhelm Fließ, seinem ersten Leser und Kritiker, den er wiederholt auch um Rat fragte, wenn er nicht weiterkam. Ende September 1899 war das Manuskript fertig. Es erschien am 4. November, aber der Verleger zog es vor, auf das Titelblatt das Datum 1900 zu setzen. Es sollte ein Jahrhundertbuch werden.

Freud erklärte seine *Traumdeutung*, neben den *Drei Abhandlungen zur Sexualtheorie* von 1905, zu seinem Lieblingswerk. Mit ihm war, «sozusagen mit dem zwanzigsten Jahrhundert» (XIII, 405), die Psychoanalyse geboren worden. Doch was hatte er von dieser Arbeit, die später zu den bekanntesten und meistgelesenen Büchern Freuds wurde? 600 Exemplare wurden gedruckt. In den ersten sechs Wochen wurden nur 123, in den folgenden Jahren ganze 228 Stück verkauft. Freud hatte 522 Gulden (209 Dollar) verdient und sein Renommee als seriöser Wissenschaftler verloren. Die Kollegen reagierten mit Desinteresse oder Missachtung, und die wenigen Kritiker, die das Buch lasen, hielten *Die Traumdeutung* für chaotisch, mystizistisch, unwissenschaftlich, zudem für obszön. Auch muss Freud enttäuscht haben, dass zu seinem Vortrag über Träume und ihre Deutungen, den er am 14. Mai 1900 an der Wiener Universität hielt, nur drei Zuhörer gekommen waren. Fast wohlwollend klang noch die Kritik eines Berliner Psychologen in der *Monatsschrift für Psychiatrie und Neurologie* 1901, der feststellte, dass «die phantasievollen Ideen eines Künstlers über den wissenschaftlichen Forscher triumphiert hatten»[7].

Und die akademische Laufbahn? Da sah es sehr betrüblich

aus. Seit mehr als fünfzehn Jahren war Freud nun schon unbezahlter Privatdozent. Er schien in seiner Karriere stecken geblieben zu sein. Zwar hatten sich 1897 zwei Mitglieder der Medizinischen Fakultät an den Unterrichtsminister Wilhelm Freiherr von Härtel gewandt und ihren Kollegen für eine außerordentliche Professur vorgeschlagen. Aber sie machten ihm keine besondere Hoffnung: «Sie kennen die weiteren Schwierigkeiten. Es ist vielleicht damit nur erreicht, daß Sie aufs Tapet gebracht sind. – Wir wissen alle, welche geringe Wahrscheinlichkeit es hat, daß der Minister dem Vorschlag Folge leistet.»[8] Der aufkeimende Antisemitismus wird dabei keine geringe Rolle gespielt haben. Freud war verzweifelt. Seine Praxis lief nicht gut, schließlich schien ihm ja die universitäre Anerkennung zu fehlen. Was konnte man schon von einem Arzt für Nervenkrankheiten halten, der keinen Professorentitel besaß?

1902 entschloss sich Freud endlich, seine Zurückhaltung aufzugeben und eigene Schritte zu unternehmen. Zu lange hatte das stille Warten auf Anerkennung gedauert. «So beschloß ich denn, mit der strengen Tugend zu brechen und zweckmäßige Schritte zu tun, wie andere Menschen auch. Von etwas muß man sein Heil erwarten können und wählte den Titel zum Heiland.»[9] Er sprach Freunde an, die sich bei Freunden für ihn einsetzten. Endlich lag seine Berufungsakte dann beim Kaiser auf dem Tisch, der tatsächlich seine Unterschrift darunter setzte.

Freud war bald 46 Jahre alt und konnte sich «außerplanmäßiger Professor» nennen. Das brachte zwar kein Geld, steigerte aber seine Reputation. Vielleicht war ja doch etwas dran an dieser eigenartigen Psychoanalyse, die sich auf verrückte Träume konzentrierte, um die unbewussten Geheimnisse der Sexualität zu lüften? Mit einem witzigen Spaß, hinter dem der Ernst hervorguckte, informierte Freud seinen Freund Fließ am 11. März 1902: «Es regnet auch jetzt schon Glückwünsche und Blumenspenden, als sei die Rolle der Sexualität plötzlich von Sr. Majestät amtlich anerkannt, die Bedeutung des Traums vom Ministerrat bestätigt, und die Notwendigkeit einer psychoanalytischen Therapie der Hysterie von ⅔ Majorität im Parlament durchgedrungen. (...) Ich habe gelernt, daß diese alte Welt von der Autorität regiert wird wie die neue vom Dollar. Ich habe meine erste Verbeugung vor der Autorität gemacht, darf also hoffen, belohnt zu werden.»[10]

Nichts *«Ordentliches»* geleistet. Vielleicht war Freud, wie er Fließ schrieb, «eine Person mit sehr langen Ohren»[11] gewesen, ein Esel, weil er selbst keine Anstrengungen unternommen hatte, sich bei den gesellschaftlichen Autoritäten einzuschmeicheln. Vielleicht wären ihm ja viele Enttäuschungen und Qualen erspart geblieben, wenn er früher mit der «strengen Tugend» persönlicher Zurückhaltung gebrochen hätte. Aber keinesfalls wollte er sich den wissenschaftlichen Autoritäten unterwerfen, deren Methodenzwang bestimmte, wie zu forschen sei. Auch wenn Freud ein genauer Beobachter menschlich-allzumenschlicher Eigenarten war, so war er doch kein Empiriker im strengen Sinn, der seine wissenschaftlichen Hypothesen und Theorien nur auf dem Fundament wiederholbarer Experimente und allgemein nachvollziehbarer Wahrnehmungen aufbaute. Er war ein philosophischer Kopf, der zur Spekulation neigte, und ein phantasievoller Forscher, der auch über die literarische Begabung verfügte, Ereignisse und Überlegungen dramatisch schildern zu können.

In diesem Sinn hat der Privatdozent und a. o. Professor Dr. med. nichts «Ordentliches» geleistet. Er hat kein wissenschaftliches Problem mit einer ordentlichen Methode gelöst, sondern sich auf ein Rätsel eingelassen, das ihn philosophisch beunruhigte und herausforderte. Am 23. Februar 1898, als schon einige Kapitel der *Traumdeutung* fertig waren, schrieb er an Fließ, dass das Buch «hübsch» würde und ihn noch tiefer als geplant in die Geheimnisse des Seelischen führen würde. «All meine Ansätze sind am philosophischen Ende, am organisch-sexuellen ist gar nichts gekommen.»[12] Damit verstärkte er nur, was ihm schon seit einigen Jahren klar war. Der Skandal bestand nicht allein darin, dass er die Sexualität eine Schlüsselrolle in der Entstehungsgeschichte der Neurosen spielen ließ. Er betraf auch seine philosophische Erkenntnisenergie, die ihn schon als jungen Mann zur Forschung getrieben hatte.

Der 70-jährige Freud wird es später im Rückblick auf sein Lebenswerk hervorheben: «In den Jugendjahren wurde das Bedürfnis, etwas von den Rätseln der Welt zu verstehen und vielleicht selbst etwas zu ihrer Lösung beizutragen, übermächtig.» (XIV, 219) Sein Arztsein schien nur eine Art Umweg gewesen zu sein, um das Rätsel Mensch philosophisch zu begreifen. Am 1. Januar 1898 teilte er Fließ mit, dass er «im geheimsten die Hoffnung nähre»[13], über Medizin und Nervenlehre «zu meinem Anfangsziel der Philosophie zu kommen. Denn das wollte ich ursprünglich, als mir noch gar nicht klar war, wozu ich auf der Welt bin». Und einige Monate später, in jener «heroischen Zeit» einer «splendid isolation» (X, 60), in der er gänzlich vereinsamt gegen die wissenschaftliche Zunft seine eigene Vorstellung vom Menschen entwickelte, hat er es am 2. April noch einmal nachhaltig unterstrichen: «Ich habe als junger Mensch keine andere Sehnsucht gekannt als die nach philosophischer Erkenntnis, und ich bin jetzt im Begriffe sie zu erfüllen, indem ich von der Medizin zur Psychologie hinüberlenke. Therapeut bin ich wider Willen geworden.»[14]

Im Vergleich mit seinen ordentlichen Kollegen mochte Freud als außerordentlicher Professor «nichts Ordentliches» geleistet haben. Aber er hat, anders als sie, etwas *«Außerordentliches»* vollbracht. Er hat sich, um seine Sehnsucht nach Erkenntnis zu stillen, auf eine riskante «Selbstanalyse»[15] eingelassen, die ihn in den Abgrund zu reißen drohte. 1897 begann er mit diesem kühnsten Unternehmen seines Lebens. Er versuchte sich selbst zu durchschauen. Vor allem seine Träume wiesen ihm den Weg zu einer radikalen Selbsterkenntnis, die bis zu den tiefsten Wurzeln und verborgensten Triebkräften seines Lebens vordrang. «Meine Selbstanalyse habe ich mit Hilfe einer Serie von eigenen Träumen durchgeführt, die mich durch alle Begebenheiten meiner Kindheit führten.» (X, 59)

Zur Durchführung dieses Vorhabens entwickelte Freud eine neue Technik, die zum Modellverfahren der Psychoanalyse wurde. Er überließ sich ohne Zensur der «freien Assoziation». Was fiel ihm alles ein, wenn er sich auf die einzelnen Elemente des (manifesten) Traumtextes einließ, der so ungereimt, verworren, widersinnig, unverständlich und toll zu sein schien, wenn man ihn wörtlich verstand? Das war eben keine «ordentlich» kontrollierte wissenschaftliche Methode. Es war ein «freies» Spiel der Einbildungskraft und der Erinnerung, an dessen Ende die Einsicht in die verborgene (latente) Bedeutung des Traums stehen sollte, die wie ein klarer Sinnspruch zeigen konnte, worum es eigentlich ging.

Aber was hat das alles mit Witz und Humor zu tun, mit Lachen und entspannender Lust, unserem eigentlichen Thema? Wozu diese Abschweifung zur Selbstanalyse und Traumdeutung? Weil sie uns zur Quelle von Freuds Witz führt! Denn es war die Arbeit an sich selbst und mit seinen eigenen Träumen, die Freud zwang, seine Aufmerksamkeit dem Lachen und dem

Lächerlichen zuzuwenden, und zwar zunächst ganz unfreiwillig.

Auch dabei brachte Wilhelm Fließ die Sache in Fluss. Schon bevor er Teile des *Traumdeutung*-Manuskripts zu lesen bekam, hatte sich Fließ nämlich bei Freud darüber beklagt, dass er ihm so viele «schlechte Witze»[16] erzählen würde. Freud entschuldigte sich dafür. Was könnte er denn dafür, wenn er von seinen Patienten ständig Witziges zu hören bekam! Vor allem in ihren Träumen wimmelte es von Wortspielen, die komisch waren. Unsinnige Wortkombinationen und seltsame Wortschöpfungen wären nun einmal an der Tagesordnung der nächtlichen Zwangsassoziationen. War es denn nicht witzig, wenn jemand von einem «wahrhaft *norekdalen* Stil» träumte, in dem das Kolossale sich aus der Verknüpfung der beiden Namen «Nora» und «Ekdal» aus Schauspielen von Hendrik Ibsen ergab; wenn eine Patientin träumte, ein Bauernfest würde in eine allgemeine *«Maistollmütze»* ausarten, wobei sie frei assoziierend über Mais, toll, mannstoll, Olmütz, Meißen, Miss und mies schließlich auf einen verblüffenden unbewussten Gedanken gelenkt wurde; oder wenn Freud selbst lebhaft das Wort *«Autodidakser»* träumte, das sich spielerisch in Autor, Autodidakt und Lasker zerlegen ließ, die dann über Lassalle und Alexander zu einem kleinen Familiendrama führten? (II/III, 302 f.)

Als Fließ zahlreiche solcher Wortspiele in der *Traumdeutung* seines Freundes zu lesen bekam, der ein wahres Vergnügen an diesen Zerlegungen und Zusammensetzungen der Silben zu haben schien, war er zunehmend irritiert. Im Herbst 1899 muss er deshalb Freud vorgeworfen haben, dass dessen Träumer oft als zu witzig erschienen. Denn Freud antwortete ihm am 11. September: «Daß der Träumende zu witzig, ist sicher richtig, aber es trifft weder mich, noch motiviert es einen Vorwurf. Alle

Träumer sind ebenso unausstehlich witzig und sie sind es aus Not, weil sie im Gedränge sind, ihnen der gerade Weg versperrt ist. Wenn Du meinst, werde ich noch eine solche Bemerkung irgendwo einschalten. Der scheinbare Witz aller unbewußten Vorgänge hängt intim mit der Theorie des Witzigen und Komischen zusammen.»[17]

In einer längeren Fußnote in der zweiten Auflage der *Traumdeutung* ist Freud 1912 noch einmal auf diesen Vorwurf des Witzelns eingegangen, den ihm «der erste Leser und Kritiker dieses Buches» gemacht hat, wobei er ein Beispiel jener witzigen «Silbenchemie» liefert, die uns im Wachen «zu mannigfachen Scherzen» dient:

– «Wie gewinnt man auf billigste Art Silber? Man begibt sich in eine Allee, in der Silberpappeln stehen, gebietet Schweigen, dann hört das ‹Pappeln› (Schwätzen) auf, und das Silber wird frei.» (II/III, 303)

Aber es werden nicht allein Freuds «schlechte Witze» gewesen sein, die Fließ verdrossen. Verärgert wird er wohl vor allem über den Traum gewesen sein, an dem Freud seine grundlegende Einsicht in die unbewusste Traumarbeit gewann. Es geschah in der Nacht vom 23. auf den 24. Juli 1895, in der Freud seinen *Traum von Irmas Injektion* träumte, wobei Wilhelm Fließ eine eigenartige Rolle spielen musste.

In diesem Traum ging es unter anderem darum, dass während eines Festes auf der Wiener Bellevue die jung verwitwete Irma unter Schmerzen im Hals, Magen und Leib litt. Freud als ihr Arzt schaute ihr in den geöffneten Mund, wo er «an merkwürdigen krausen Gebilden, die offenbar den Nasenmuscheln nachgebildet sind, ausgedehnte weißgraue Schorfe» fand. Sie stammten von einer Injektion, die ihr vor einiger Zeit ein

Freund Freuds mit der Propionsäure «Trimethylamin» gegeben hatte. «Man macht solche Injektionen nicht so leichtfertig», träumte Freud: «Wahrscheinlich war auch die Spritze nicht rein.» (II/III, 112)

Freud weiß nicht, was das bedeuten soll. Er wundert sich vor allem über die Krankheitssymptome. «Ich lächle über die unsinnige Idee einer Injektion mit Propionsäure.» (II/III, 112) Doch das freie Assoziieren lenkt ihn Schritt für Schritt, wie in einer Art «Spaziergangsphilosophie»[18], aus der anfänglichen Dunkelheit über lebensgeschichtliche Sonderbarkeiten, intime Details, einige Indiskretionen und auch «schlechte Witze» schließlich ins Licht. Am Ende seiner weit verzweigten Deutung will er das Geheimnis des Traums überhaupt gelöst haben. Träume sind «keineswegs Ausdruck einer zerbröckelten Hirntätigkeit», wie es die meisten ordentlichen Professoren behaupten. Denn: «Nach vollendeter Deutungsarbeit läßt sich der Traum als eine Wunscherfüllung erkennen.» (II/III, 126)

Deshalb war der Traum von Irmas Injektion ein Schlüsselereignis in der Geschichte der Psychoanalyse. Was als ein Ballereignis im Wiener Restaurant «Bellevue» geträumt worden war, hatte einen schönen Blick in die Arbeitsweise des Unbewussten ermöglicht, und nicht ohne Stolz schrieb Freud am 12. Juni 1900 an seinen «teuren Wilhelm»: «Glaubst Du eigentlich, daß an diesem Hause dereinst auf einer Marmortafel zu lesen sein wird?:

‹Hier enthüllte sich am 24. Juli 1895 dem
Dr. Sigm. Freud
das Geheimnis des Traumes!›

Die Aussichten sind bis jetzt hiefür gering.»[19] Die Antwort seines Freundes ist nicht überliefert, weil Freud alle Briefe von

Fließ vernichtet hat. Aber Fließ wird über diese kokette Frage wohl nicht besonders erfreut gewesen sein.

Denn während Freud sich mit seinem Traum und dessen Deutung den eigenen Wunsch erfüllte, an einem noch immer vorhandenen Leiden seiner Patientin Irma nicht schuld zu sein, spielte Fließ dabei eine eher unrühmliche Rolle. Zu ihm nämlich führten die Assoziationen, die der Traumdeuter mit dem «Trimethylamin» verband, einem Produkt des Sexualstoffwechsels, dessen Formel er im Traum fettgedruckt vor sich gesehen hatte: «Es kommt soviel Wichtiges in diesem einen Wort zusammen: Trimethylamin ist nicht nur eine Anspielung auf das übermächtige Moment der Sexualität, sondern auch auf eine Person, an deren Zustimmung ich mich mit Befriedigung erinnere, wenn ich mich mit meinen Ansichten verlassen fühlte. Sollte dieser Freund, der in meinem Leben eine so große Rolle spielt, in dem Gedankenzusammenhang des Traumes weiter nicht vorkommen? Doch; er ist ein besonderer Kenner der Wirkungen, welche von Affektionen der Nase und ihrer Nebenhöhlen ausgehen, und hat der Wissenschaft einige höchst merkwürdige Beziehungen der Nasenmuscheln zu den weiblichen Sexualorganen eröffnet. (Die drei krausen Gebilde im Hals bei Irma.) Ich habe Irma von ihm untersuchen lassen, ob ihre Magenschmerzen etwa nasalen Ursprungs sind. Er leidet selbst an Naseneiterungen, die mir Sorge bereiten, und darauf spielt wohl die Pyämie an, die mir bei den Metastasen des Traumes vorschwebt.» (II/III, 121 f.)

Weiter ging Freud zwar nicht in der Preisgabe intimer Einzelheiten seines Lebens. Aber das Inkognito des «Freundes» war ja leicht zu lüften. Schließlich war Wilhelm Fließ nicht nur bekannt als Entdecker der «Nasenreflex-Neurose», einer Krankheit, die von der Nase ausgehend bis in den Magen und die Nieren ausstrahlt und die er durch Kokainisierung der Nasenschleimhaut zu beseitigen versuchte, ein Mittel also, dem er selbst als Kokser nicht abgeneigt war und das seine eigene Nase eitern ließ. Fließ hatte diese eigenartige neurotische Nasenerkrankung auch auf eine sexuelle Störung zurückgeführt. Und dann gab es ja auch noch sein «merkwürdiges» Buch *Die Beziehungen zwischen Nase und weiblichen Geschlechtsorganen in ihrer biologischen Bedeutung dargestellt*, das 1897 veröffentlicht worden war.

All das wird Fließ nicht besonders amüsiert haben. Sein kritischer Einwand, dass der Träumende bei Freud «zu witzig» wäre und sein Deuter zu «witzelnd», zeigte nicht zuletzt, dass er in diesen sonderbaren Wunscherfüllungen keine Rolle spielen wollte. Freud musste sich verteidigen, und er gab Fließ Recht, zog sich dabei aber zugleich aus der Affäre. Er trennte sich selbst in einen Träumer und einen Traumdeuter: «Das ist richtig, solange es nur auf den Träumer bezogen wird, involviert einen Vorwurf nur dann, wenn es auf den Traumdeuter übergreifen soll. In der wachen Wirklichkeit kann ich wenig Anspruch auf das Prädikat ‹witzig› erheben; wenn meine Träume witzig erscheinen, so liegt es nicht an meiner Person, sondern an den eigentümlichen psychologischen Bedingungen, unter denen der Traum gearbeitet wird.» (II/III, 303)

Und dann kam am Ende noch ein kleiner Hinweis, der für die Geschichtsschreibung der Psychoanalyse nicht unwesentlich ist. Der Vorwurf, dass auch seine *Traumdeutung* selbst nur ein einziger großer Witz und ein «lächerliches» Machwerk wäre, wofür es ja einige Fachkollegen hielten, ließ ihn nämlich ein neues Projekt entwerfen. «Immerhin gab mir dieser Vorwurf Anlaß, die Technik des Witzes mit der Traumarbeit zu vergleichen, was in dem 1905 veröffentlichten Buche ‹Der Witz und seine Beziehung zum Unbewußten› geschehen ist. (Ges. Werke, Bd. VI).» (II/III, 304)

Doch bleiben wir für einen Moment noch bei Freuds Selbstbeschreibung, dass er im wachen Zustand kein witziger Mensch gewesen sein wollte und dass er auch seine *Traumdeutung* völlig ernst gemeint hatte. Denn das ist nur die halbe Wahrheit. Sicherlich war Freud kein lachender Philosoph. Er machte es sich schwer, um Außerordentliches zu leisten. In all seinen Arbeiten spürt man die gedankliche Anstrengung, mit der er sich auf die Lösung der großen Menschheits-Rätsel konzentrierte. Er nahm dafür Desinteresse, Ablehnung, Missverständnis und Einsamkeit in Kauf. Aber er war nicht nur ein künstlerisch-philosophischer Meister der «Traumarbeit» und «Traumdeutung». Er besaß auch jenes besondere Talent zur «Witzarbeit», von der er 1905 schreiben wird: «Die Witzarbeit steht nicht allen zu Gebote, und in ausgiebigem Maße überhaupt nur wenigen Personen, von denen man in auszeichnender Weise aussagt, sie haben Witz. ‹Witz› erscheint hier als eine besondere Fähigkeit etwa im Range der alten ‹Seelenvermögen›.» (VI, 156)

Man darf vermuten, dass sich Freud selbst zu diesen wenigen ausgezeichneten Personen zählte. Jedenfalls besaß er diesen besonderen Witz, der seit dem 18. Jahrhundert hoch geschätzt wurde. Erinnern wir uns. «Witz» als ein Stammwort der germanischen Sprachen meinte ursprünglich Denkkraft, Klugheit, Urteilsvermögen, gesunden Menschenverstand. Mit «Witzen», die man erzählt, um lachen zu können, hatte es zunächst nichts zu tun. Es ging nicht um den Witz, den man *macht*[20], sondern um den Witz, den man *hat*. Der englische Philosoph John Locke, der den jungen Anthony Ashley Cooper, späteren Third Earl of Shaftesbury, erzogen hatte, gab zuerst die Richtung vor, in der sich die Bedeutung von «wit» entwickelte.

Für ihn lag Witz im schnellen Zusammenfügen von disparaten Ideen, zwischen denen eine überraschende Übereinstimmung [congruity] gefunden werden kann, mit der man erfreuliche Bilder und angenehme Vorstellungen in der Phantasie schafft, [pleasant pictures and agreeable visions in the fancy][21].

In die deutschsprachige Philosophie wurde dieser Witz durch den Popularphilosophen Christian Wolff eingeführt. 1720 erschien seine *Deutsche Ethik* unter dem Titel: *Vernünfftige Gedancken von der Menschen Thun und Lassen zur Beförderung ihrer Glückseeligkeit*, wobei zu diesem Glück eben auch die Entdeckungs- oder Erfindungskunst gehört. Nicht jeder hat diese besondere Gabe, und einige besitzen «von Natur mehr Witz, als andere durch viele Bemühung nicht erreichen können»[22]. Denn man muss sich dazu von den manifesten Gegebenheiten lösen, um Ähnlichkeiten zwischen unterschiedlichen Dingen sehen zu können. «Es geschieht aber gar oft, daß Dinge eine Ähnlichkeit miteinander haben, aber die unter anderem, so mehr in die Augen fället, ganz versteckt ist. Wer nun dieselbe entdecken will, muß nicht einen geringen Grad der Scharffsinnigkeit haben. Und ist hier sonderlich nöthig, daß man das Allgemeine, so in Dingen verborgen, die uns vorkommen, heraus zu bringen geschickt wird.»[23]

Das lässt sich lesen als eine präzise Beschreibung der psychoanalytischen Technik, die «unter» den wahrnehmbaren Tatsachen «versteckte» Ähnlichkeiten entdeckt. Es fehlte nur noch der Hinweis auf die freie Assoziation, die zu Freuds Witz gehört. Immanuel Kant hat ihn 1798 in seiner *Anthropologie* geliefert, wo er den Witz als eine natürliche Anlage des Subjekts behandelte, die in einem «eigentümlichen Verähnlichungsvermögen»[24] besteht, das zwar nicht der methodischen Strenge einer klaren Urteilskraft entspricht, aber gerade deshalb «angenehm, beliebt und aufmunternd»[25] ist: «Der Witz *paart* (assimiliert) heterogene Vorstellungen, die oft nach dem Gesetze der Einbildungskraft (der Assoziation) weit auseinander liegen. (...) *Witzig* (im Reden oder Schreiben) zu sein, kann durch den Mechanismus der Schule und ihren Zwang nicht erlernt werden, sondern gehört, als ein besonderes Talent, zur *Liberalität* der Sinnesart in der wechselseitigen Gedankenmitteilung.»[26]

Für Kant war der Witz mehr «Spiel»[27] als Arbeit. Er gibt dem Verstand zwar auch Stoff zum Nachdenken. Aber er tut es so, dass es auch Vergnügen bereitet. «Gefälligkeit» gehört zum Wesen des Witzes, der mit der «Strenge» der Urteilskraft konkurriert und kontrastiert.

Auf Wolff und Kant hat sich Freud zwar nicht direkt berufen. Aber die *Anthropologie* des Weltweisen aus Königsberg war ihm bekannt, und vielleicht war seine «freie Assoziation» ja eine Art Übersetzung von Kants «Liberalität der Sinnesart». Und auch er hatte sie nicht durch ein ordentliches Studium gelernt, als Methodenzwang der Schulweisheit, sondern vor allem während der Analyse der Träume, die auf den ersten Blick so ungereimt und sinnlos zu sein schienen.

Sigmund Freud war nicht nur ein guter Träumer, der bereits am 15. Mai 1889 in einer Anmerkung zu seiner ersten Krankengeschichte schrieb, dass ihn das «freie Walten» (I, 123) des Traumbewusstseins faszinierte, diese spielerische Kraft zur Assoziation verschiedener Dinge, deren Ähnlichkeit ganz versteckt ist und erst entdeckt werden muss. Freud war in all seinen Arbeiten als ein witziger Kopf tätig, gleichgültig worum es ging, um Träume, Witze, Fehlleistungen, Phobien, Zwangsvorstellungen, Neurosen, Wahnideen, Kunstwerke oder religiöse Glaubensgebäude. Immer wieder entdeckte er verblüffende Ähnlichkeiten, die einer strengen Kritik der wissenschaftlichen

Urteilskraft zwar oft nicht standhalten können, jedoch immer vergnüglich sind und lächeln lassen, von der «Verähnlichung» einer weich gewordenen Kerze mit dem männlichen Schlappschwanz bis hin zur assoziativen Übersetzung eines hochtheologischen Kampfes gegen Gott in den infantilen Konflikt mit dem autoritären Vater.

Wer Freuds Texte nur durch die Brille einer wissenschaftlich geschulten Vernunft liest, muss sie für spekulativ oder abwegig halten. Dann scheinen sie so widersinnig und verrückt zu sein wie die Träume, auf die sich Freud frei assoziierend konzentrierte. Wem Kants «Liberalität der Sinnesart» fremd ist, kann auch den Witz nicht genießen, der in allen Werken Freuds mitspielt.

Schmerzhaft hat Freud diesen mangelnden Sinn für Witz und Humor erlebt, als seine *Traumdeutung* keine Käufer fand und auf akademische Ablehnung stieß. Deshalb sah er sich gezwungen, die «Witzeslust» selbst zum Thema zu machen und den Witz mit dem Traum auf die gleichen unbewussten Mechanismen zurückzuführen. «Wir können nicht bezweifeln, daß wir hier wie dort den nämlichen Prozeß vor uns haben, den wir an den identischen Leistungen erkennen dürfen. Eine so weitgehende Analogie der Witztechnik mit der Traumarbeit wird gewiß unser Interesse für die erstere steigern und die Erwartung in uns rege machen, aus dem Vergleich von Witz und Traum manches zur Aufklärung des Witzes zu ziehen.» (VI, 29) Ergänzen wir diese Information durch die Umkehrung, dass erst dieser Vergleich erhellen konnte, was in der *Traumdeutung* so witzig gewesen war. Denn noch immer schien Freud besonders der Vorwurf von Fließ geärgert zu haben, er sollte nicht so viele «schlechte Witze» machen, wenn es um Träume ging. Warum sonst hätte Freud in *Der Witz und seine Beziehung zum Unbewuß-*

ten so großen Wert darauf gelegt, jetzt nur noch «gute Witze»[28] zu erzählen und zu deuten, bei denen durch die verknüpften Wörter nicht nur eine klangliche Wortspielerei erzeugt wird, die schon Kant für «schal»[29] hielt, sondern zugleich «eine andere wesentliche Ähnlichkeit des Sinnes angezeigt ist»? (VI, 135)

– «Ein vortreffliches Beispiel eines solchen Modifikationswitzes ist auch der bekannte Ausruf: *Traduttore – Traditore!* Die fast bis zur Identität gehende Ähnlichkeit der beiden Worte ergibt eine sehr eindrucksvolle Darstellung der Notwendigkeit, die den Übersetzer zum Frevler an seinem Autor werden läßt. (Brill zitiert einen ganz analogen Modifikationswitz: *Amantes amentes* (Verliebte = Narren).» (VI, 33)

Was hat ein Übersetzer [traduttore] mit einem Verräter [traditore] zu tun? Beide spielen doch in unseren Vorstellungen völlig disparate Rollen, und sie müssten streng geschieden bleiben angesichts der Aufgabe des Übersetzers, dem übersetzten Text treu zu bleiben und seinen Sinn in einer anderen Sprache wiederherzustellen. Doch durch den Gleichklang der beiden Wörter geschieht zugleich eine Annäherung des Sinns, die witzig auf ein Problem verweist. Die äußerliche Assoziation bringt einen verborgenen begrifflichen Zusammenhang zur Sprache, der uns überrascht und nachdenklich werden lässt.[30] «Der ‹Übersetzer› heißt nicht nur ähnlich wie der ‹Verräter›; er ist auch eine Art von Verräter, er führt gleichsam mit Recht seinen Namen.» (VI, 135) Denn jede Übersetzung ist immer auch ein Verrat am originalen sprachlichen Ausdruck. Ist die Vermutung zu verwegen, dass Freud mit diesem Witz auch seine eigene Deutungsarbeit meinte, die doch stets auch eine Übersetzung der manifesten Symptome und Texte in eine andere Sprache ist? War nicht auch der Analytiker ein Verräter?

«Worte sind ein plastisches Material, mit dem sich allerlei anfangen läßt» (VI, 34); und gute Witze lassen dieses bunte Allerlei zugleich als amüsant und sinnvoll erleben. Man lacht über dieses Spiel, bei dem, wie Kant so schön bemerkte, der Witz «nach *Einfällen* hascht.»[31]

– «*Wie geht's?*» fragte der Blinde den *Lahmen*. «Wie Sie *sehen*», antwortete der Lahme dem *Blinden*.
– «Das Ehepaar X lebt auf ziemlich großem Fuße. Nach der Ansicht der einen soll der Mann *viel verdient* und sich dabei etwas *zurückgelegt* haben, nach der anderen wieder soll sich die Frau etwas *zurückgelegt* und dabei *viel verdient* haben.»
– «Als in Berlin einmal *Antigone* aufgeführt wurde, fand die Kritik, daß die Aufführung des antiken Charakters entbehrt habe. Der Berliner Witz machte sich diese Kritik in folgender Weise zu eigen: *Antik? Oh, nee.*»
– In ärztlichen Kreisen ist ein analoger Zerteilungswitz heimisch. Wenn man einen seiner jugendlichen Patienten befragte, ob er sich je mit der Masturbation befaßt habe, würde man gewiß keine andere Antwort hören als: *O na, nie.*» (VI, 31 ff.)

In solchen Beispielen sind durch die mehrfache Verwendung und leichte Modifikation des sprachlichen Ausdrucks unterschiedliche Vorstellungen miteinander verknüpft worden, aus deren Zusammenspiel sich witzige Effekte ergeben.

Wie in der Traumarbeit sind es oft einfache *Verdichtungen* des sprachlichen Materials, die zum Lachen reizen, vor allem dann, wenn sich dahinter ein komplexer Gedanke verbirgt. In dieser Hinsicht gehörte eine kleine Anekdote aus Heinrich Heines *Reisebilder* zu Freuds Lieblingswitzen:

– Trifft einmal der Dichter den komischen Lotterieverkäufer

und Hühneraugenoperateur Hirsch-Hyacinth aus Hamburg, der das große Wort führt und sich mit Eigenlob nicht zurück hält. Auch mit dem reichen Baron Rothschild will er gut bekannt sein, und voller Stolz sagt er zu Heine: «Und so wahr mir Gott alles Gute geben soll, Herr Doktor, ich saß neben Salomon Rothschild und er behandelte mich ganz wie seinesgleichen, ganz *famillionär.*» (VI, 14)

Es ist leicht zu erkennen, was hier an sprachlichem Material zusammengedrängt wurde. «Famillionär» ist ein verdichtetes Mischgebilde aus «familiär» und «Millionär». Wenn man allerdings den Gedanken entziffert, der sich hier als witziger Versprecher ausdrückt, so haftet ihm eine unverkennbare Bitterkeit an. Der arme Mann war bei einem Reichen zu Gast gewesen, der ihn wie seinesgleichen zu behandeln schien, zugleich jedoch mit der Herablassung eines aufgeblasenen Millionärs, der seinen Tischnachbarn die Distanz spüren ließ, die zwischen ihnen bestand. Doch dieser ernste Hintergrund (vgl. VI, 157 f.) löste sich in einem witzigen Einfall auf, der uns sprachlich durch seine verdichtete Kürze vergnügt.

Auch *Verschiebungen*, durch die der ursprüngliche Gedanke sprachlich anders zentriert wird, finden nicht nur in Träumen statt, sondern sind ebenso eine beliebte Technik der Witzarbeit:

– «Ein Pferdehändler empfiehlt dem Kunden ein Reitpferd: ‹Wenn Sie dieses Pferd nehmen und sich um 4 Uhr früh aufsetzen, sind Sie um 1/2 7 Uhr in Preßburg.› – ‹Was mach' ich in Preßburg um 1/2 7 Uhr früh?›» (VI, 57)
– «Zwei Juden treffen in der Nähe des Badehauses zusammen. ‹*Hast du genommen ein Bad*?› fragt der eine. ‹Wieso?› fragt der andere dagegen, ‹*fehlt eins*?›» (VI, 50)[32]

Hier ist der Akzent von «Bad» auf «nehmen» verschoben worden. Denn dem Fragenden ging es doch darum, ob der andere ein *Bad* genommen hatte, während dieser so antwortete, als ob die Frage gelautet hätte: «Hast du ein Bad *genommen*?», wobei zugleich die Mehrdeutigkeit von «nehmen» ausgenutzt wurde, das sich gut für Wortspiele eignet:

– «Ein bekannter Börsenspekulant und Bankdirektor geht mit einem Freunde über die Ringstraße spazieren. Vor einem Kaffeehaus macht er diesem den Vorschlag: ‹Gehen wir hinein und *nehmen* wir etwas.› Der Freund hält ihn zurück: ‹Aber Herr Hofrat, es sind doch Leute darin.›» (VI, 53)

Vor allem die Techniken der Verdichtung und der Verschiebung lassen Traum und Witz als ähnliche Phänomene deuten und in Beziehung zum Unbewussten setzen. Aber es gilt auch die Unterschiede zu beachten. Während nämlich der Traum sich nach vollendeter Deutungsarbeit als eine «Wunscherfüllung» zu erkennen gibt, sei sie auch noch so unkenntlich gemacht worden, ist der Witz ein schnell und leicht verständliches «Spiel». (VI, 205) Und während der Traum, trotz seiner praktischen Bedeutungslosigkeit für den Wachzustand des Menschen, auf die «großen Interessen des Lebens» bezogen bleibt, lässt sich aus Witzen nur ein «kleiner Lustgewinn» (VI, 204) ziehen, der sich im Lachen äußert und in der Regel rasch verpufft.

Der wichtigste Unterschied besteht jedoch darin, dass der Traum «ein vollkommen asoziales seelisches Produkt» (VI, 204) ist. Er spielt sich in der privaten Innenwelt jedes Einzelnen ab, für ihn selbst meist unverständlich und für andere Personen uninteressant. Träumen ist ein solipsistischer Akt. Dagegen ist der Witz ein soziales Phänomen; und er bietet vielleicht sogar die geselligste Möglichkeit, im Lachen eine gemeinsame Lust zu empfinden. Witze macht man nicht für sich allein. Damit sie funktionieren, brauchen sie ein Publikum, wobei Freud einer «dritten Person» eine besondere Bedeutung zuschrieb. Denn der Witz «benötigt oftmals dreier Personen und verlangt seine Vollendung durch die Teilnahme eines anderen an dem von ihm angeregten Vorgange. Er muß sich also an die Bedingung der Verständlichkeit binden, darf die im Unbewußten mögliche Entstellung durch Verdichtung und Verschiebung in keinem weiteren Ausmaße in Anspruch nehmen, als soweit dieselbe durch das Verständnis der dritten Person redressierbar ist.» (VI, 204)

Es ist eine allgemein bekannte Tatsache, dass man einen Witz nicht für sich macht oder bei sich behält. Man mag sich still über ihn amüsieren, aber man kann dabei nicht recht lachen. Erst die Mitteilung des Witzes bringt jenes Lachen zustande, auf das er zielt. Es scheint also, wie Freud feststellte, der psychische Vorgang der Witzarbeit mit dem Einfall des Witzes nicht abgeschlossen zu sein. «Es bleibt etwas übrig» (VI, 160), das erst durch das soziale Moment des Witzes zur Geltung kommen kann.

Dabei hat Freud das nötige Publikum als «dritte Person» eingesetzt. Es sind die lachenden Dritten, die zum Gelingen des Witzes notwendig sind. Sie müssen hinzukommen, um den psychischen Prozess vollenden zu können. Es ist dabei etwas unklar, wen Freud mit den beiden ersten Personen meinte, die ja vorausgesetzt sind, wenn man von einer dritten Person spricht. Etwas Licht in die Sache bringt der Unterschied zwischen dem Komischen und dem Witz, den Freud in diesem Zusammenhang machte. Denn beim Komischen genügen meist zwei Personen: Ich, der etwas komisch findet, und die Person (oder Sache), die ich komisch finde. «Mit diesen beiden

Personen, dem Ich und der Objektperson, begnügt sich der komische Vorgang.» (VI, 161) Beim Witz dagegen braucht es einen Dritten, einen Hörer, dem der Witz erzählt wird und der viel deutlicher die Lachlust zeigt, auf die es der Witz und sein Macher anlegen. Während nämlich die erste Person den Witz meist mit ernsthafter Miene vorbringt, um seine Wirkung nicht zu verderben, kann der Hörer «seine Lust durch explosives Lachen» (VI, 163) demonstrieren.

Was sich zwischen der ersten Person und den lachenden Dritten abspielt, hat Freud genau analysiert und ausführlich dargestellt. Die zweite Person geriet dabei aus dem Blick, und Freud begnügte sich mit dem vagen Hinweis, dass sie «nicht der Objektperson bei der Komik» (VI, 161) entspricht. Was er damit gemeint haben könnte, lässt sich an den Witzen, die er erzählt hat, vielleicht so erläutern. Der Lahme und der Blinde, das Ehepaar X, der Berliner Witzbold, der jugendliche Patient, der Lotterieverkäufer Hirsch-Hyacinth, der Pferdehändler, die beiden Juden, Börsenspekulant und Bankdirektor: Sie alle spielen zwar eine große Rolle in den Witzen. Aber sie sind nicht eigentlich komisch, sondern nur Mitspieler in den Witzen, über die wir lachen. Was sie sagen oder wie sie beschrieben werden, ist witzig, nicht ihre Person. So gesehen sind sie «sekundär», zweite Personen in einem raffinierten Spiel, das sich hauptsächlich zwischen der ersten Person, die den Witz macht oder erzählt, und den lachenden Dritten vollzieht.

Richten wir, Freud folgend, die Aufmerksamkeit zunächst auf diese dritte Person, an der sich «die Lust, welche der Witz bereitet hat, deutlicher erweist als an dem Urheber des Witzes». (VI, 162) Warum lacht sie? Zur Beantwortung dieser Frage griff Freud auf seine Vorstellung der «Abfuhr» zurück, die ihm zur Denkgewohnheit geworden war, seit er begonnen hatte, sich seine Beobachtungen und Erkenntnisse «philosophisch zurechtzulegen». (VI, 165) Lust ist eine «Abfuhrempfindung»[33], schrieb er bereits 1895 in seinem *Entwurf einer Psychologie.* In Herberts Spencers *Physiology of Laughter* fand er die Bestimmung, dass das Lachen ein Phänomen der Abfuhr seelischer Erregung ist, die auf ein Hindernis gestoßen war und sich über lachende Konvulsionen entlädt.

Wie diese Abfuhr beim lachenden Dritten funktioniert, war Freud dann vor allem durch eine psychologisch-ästhetische Untersuchung des Philosophen Theodor Lipps (1851–1914) klar geworden. 1898 war dessen Buch *Komik und Humor* erschienen, dem Freud, wie er schon in der ersten Fußnote seiner Witz-Psychoanalyse dankend bemerkte, «den Mut und die Möglichkeit verdanke, diesen Versuch zu unternehmen». (VI, 5) Und es war wohl auch dieses Buch gewesen, in dem er zum ersten Mal auf Heinrich Heines Witz vom *famillionären* Börsenbaron gestoßen war, den Lipps einer spannungstheoretischen Analyse unterzogen hatte.

Nach den gewöhnlichen Gesetzen unseres vernünftigen Denkens und Sprechens ist «famillionär» ein scheinbar sinnloses Wortspiel. Wir finden es nicht im Wörterbuch. Aber im Zusammenhang der Geschichte, die uns Heine vom Treffen zwischen dem reichen Rothschild und dem armen Hirsch-Hyacinth erzählt, verblüfft es uns für einen Augenblick. Man staunt über dieses Wort, das wie ein Rätsel ist. Es spannt unsere Aufmerksamkeit, und plötzlich verstehen wir, dass mit «famillionär» etwas bedeutet wurde, dessen Wahrheit unmittelbar einleuchtet: Die Familiarität des Millionärs ist nur eine Maske. Das aber ist noch nicht der Grund des Lachens, sondern eher ein ernstes Problem. Wir lachen vielmehr, weil wir das Mittel durchschaut oder verstanden haben, das Heines kleine Anekdote witzig werden ließ. «Wir fragen nicht mehr: Was *will* das? Wir antworten auch nicht mehr: Das ist *gemeint*, sondern wir wissen: So ist es *gemacht*; dies sinnlose Wort hat uns verblüfft und dann den seltsamen Sinn ergeben. Diese *völlige* Erleuchtung, d. h. diese Erleuchtung, wie es *gemacht* ist, die Einsicht, daß ein nach gemeinem Sprachgebrauch sinnloses Wort das Ganze verschuldet hat, diese völlige Lösung, d. h. die *Auflösung in nichts*, erzeugt die Komik.»[34]

Indem wir blitzartig die witzige Machart der Pointe durchschauen, löst sich die Spannung, die durch die Geschichte und durch das sonderbare Wort aufgebaut worden war. Sie verwandelt sich, wie Lipps im Anschluss an Kant schrieb, «in nichts». Freud hat diese Überlegung aufgegriffen. Aber er hat sie verfeinert, indem er nicht nur die witzige Machart des Witzes analysierte, sondern auch die Rolle der ersten und der dritten Person, zwischen denen sich ein erstaunliches Erregungs- und Abfuhrspiel besonders dann vollziehen kann, wenn beide die gleiche Wellenlänge haben. «Jeder Witz verlangt so sein eigenes Publikum, und über die gleichen Witze zu lachen ist ein Beweis weitgehender psychischer Übereinstimmung.» (VI, 169)

Wer einen Witz macht, braucht Energie. Schließlich handelt es sich um «Witzarbeit», die Kraft kostet. Ein guter Witz setzt einen bestimmten Aufwand von Erfindungskraft und Denkarbeit voraus. Ohne ihn könnte z. B. der komplexe Gedanke, dass sich der Millionär mit seiner familiären Vertrautheit überheblich verhält, nicht in das Witzwort «famillionär» verdichtet werden. Dieser Energieaufwand kann aber nicht direkt abgeführt werden. Auch wenn die erste Person eine Lust empfindet, wenn ihr ein Witz einfällt, so darf sie selbst nicht lachen, würde sie doch sonst ihr Ziel nicht erreichen, die dritte Person zum Lachen zu bringen.

Da hat es der lachende Dritte viel einfacher. Er kann sich die Arbeit ersparen, die zum Machen eines guten Witzes gehört. «Den psychischen Vorgang beim Hörer, bei der dritten Person des Witzes, kann man kaum treffender charakterisieren, als wenn man hervorhebt, daß er die Lust des Witzes mit sehr geringem eigenem Aufwand erkauft. Sie wird ihm sozusagen geschenkt.» (VI, 166) «Zur Unterstützung des Obenstehenden kann man noch anführen, daß der Witz auch bei der dritten Person seinen Lacheffekt einbüßt, sobald derselben ein Aufwand von Denkarbeit zugemutet wird. Die Anspielungen des Witzes müssen augenfällig sein, die Auslassungen sich leicht ergänzen; mit der Erweckung des bewußten Denkinteresses ist in der Regel die Wirkung des Witzes unmöglich gemacht.» (VI, 168) Schließlich soll man ja nicht viel denken, sondern herzlich lachen, und wer erst groß nachdenken muss, hat den Witz nicht verstanden.

Für die lachenden Dritten ist jeder gute Witz ein Geschenk. Sie müssen die Spannungen nicht selbst aufbauen, sondern sich nur in Spannung versetzen lassen; und sie können sich der Lust der Spannungsabfuhr überlassen, wenn der Witz zündet. Doch dieses Geschenk ist nicht ohne Eigennutz. Auch die erste Person hat etwas davon. «Der Witz ist so ein doppelzüngiger Schelm, der gleichzeitig zweien Herren dient.» (VI, 173) Denn wer einen Witz macht, kann erst am Lachen seiner Zuhörer prüfen, ob seine Witzarbeit so gut gelungen ist, wie er es sich vorstellt.

Aber noch wichtiger ist, dass auch die erste Person sich über die Wirkung ihres Geschenks in den lustvollen Zustand einer lachenden Abfuhrempfindung versetzt. Witze machen hat einen erfreulichen Rückwirkungseffekt. «Das Lachen gehört zu den im hohen Grade ansteckenden Äußerungen psychischer

Zustände; wenn ich den anderen durch die Mitteilung meines Witzes zum Lachen bringe, bediene ich mich seiner eigentlich, um mein eigenes Lachen zu erwecken, und man kann wirklich beobachten, daß, wer zuerst mit ernster Miene den Witz erzählt hat, dann in das Gelächter des anderen mit einer gemäßigten Lache einstimmt.» (VI, 174)

Aber auch diese janusartige Doppelgesichtigkeit des Witzes, der den Lustgewinn im Zusammenspiel zwischen erster und dritter Person höher schätzt als die ernste Verstandesarbeit eines einsamen Denkers, garantiert weder, dass das Geschenk ankommt, noch, dass es auch den Schenker freut.

– «Ein reisender Komiker, zu Gast in einer mittelgroßen Stadt, wird zu einer festlichen Veranstaltung geladen. Er gibt sich große Mühe, sein Publikum zu erheitern, aber alle bleiben sie todernst. Am Ende dankt der Bürgermeister dem Vortragenden für den ungewöhnlichen Abend: alle hätten es sehr schön gefunden. Allerdings, fügt er hinzu, sie hätten sich auch sehr zusammennehmen müssen, nicht laut herauszulachen.»[35]
– «Als Carlini (Komiker) Neapel zu konvulsivischem Lachen brachte, suchte ein Patient in dieser Stadt einen Arzt auf, um ein Heilmittel gegen seine furchtbare Melancholie zu erlangen, die sein Leben rasch verzehrte. Der Arzt versuchte, seine Lebensgeister aufzumuntern, und riet ihm, ins Theater zu gehen, um Carlini zu sehen. Der Patient erwiderte: ‹Ich bin Carlini.›»[36]

Doch mit diesem traurig-schönen Witz sind wir schon wieder bei der nächsten Geschichte, die allerdings nicht in Neapel, sondern in einem Münchner Theater spielt.[37]

Die Grillen eines philosophischen Kopfes

Wie Karl Valentin in München mit der Sprache spielte und sein Publikum zum Lachen brachte

Die Probleme, die durch ein
Mißdeuten unserer Sprachformen entstehen,
haben den Charakter der Tiefe. (...)
Fragen wir uns: Warum empfinden wir einen
grammatischen Witz als tief? (Und das ist ja
die philosophische Tiefe.)[1]
LUDWIG WITTGENSTEIN

«KARL VALENTINS EIGENHEITEN SIND EIGEN.»[2] So tautologisch hat er sich am 8. Februar 1935 in seiner *Selbstbiographie* charakterisiert, mit dieser eigenartigen Distanzierung von sich selbst, die das «ich» vermied und stattdessen den gewählten Künstlernamen einsetzte. Denn eigentlich hieß er ja Valentin Ludwig Fey, geboren am 4. Juni 1882 im Münchner Vorort Au, Entenbachstraße 63. Sein Vater Johann Valentin Fey war aus dem hessischen Darmstadt zugereist, hatte zunächst als Tapeziermeister gearbeitet und dann die Möbelspedition «Falk & Fey» geleitet. Die Mutter Johanna Maria Fey, geborene Schatte, stammte aus dem sächsischen Zittau. Nach seiner Schulzeit, die er als eine «siebenjährige Zuchthausstrafe»[3] empfand, lernte der junge Fey in der Möbelschreinerei von Johann Hallhuber das Tischlerhandwerk. Am 7. Oktober 1902, nach dem Tod des Vaters, übernahm er dessen Möbelspedition. Sein Lebensweg schien vorgezeichnet zu sein.

Doch es kam anders. Die Firma ging 1906 pleite, das schöne Elternhaus in der Au musste wegen Hypothekenlast verlassen werden, die Mutter kehrte in ihre Heimat nach Sachsen zurück, und der 24-jährige Valentin Ludwig Fey stand plötzlich als «armer magerer Teufel allein in München, wohnte vier Jahre lang im Handwerksburschenkasino Gasthof Stubenvoll – Fremdenbett à 30 Pfennig pro Nacht»[4].

Da entschloss er sich, jenes besondere Talent zum Beruf zu machen, mit dem er schon seit einigen Jahren in Wirtshäusern, auf Kleinkunstbühnen und in Varietés herumtingelte. Er sah es selbst als eine Art «Komplex», der ihn seit seiner frühen Schulzeit beherrschte: Autoritäten zwangen ihn zum Lachen. «Das ist ein Komplex aus der Schule, da habe ich auch immer lachen müssen, wenn der Lehrer mich ernst angeschaut hat. Ein Glück, daß ich nicht zum Militär gekommen bin! Ich hätte herausbrüllen müssen, wenn ein Offizier zu mir gesagt hätte: ‹Was lachen Sie denn da?›»[5] Es war sein anti-autoritärer Charakter, der ihn lachen ließ. Daraus sollte sich doch etwas machen lassen! So war er auf die Idee gekommen, mit ernster Miene und immer am Rand der Katastrophe, andere zum Lachen zu bringen.

Bereits 1902 hatte er sich als «Salonkomiker» bezeichnet und auf seiner ersten Visitenkarte drucken lassen: «Karl Valentin: Münchener Original-Humorist»[6]. Nach der wirtschaftlichen Katastrophe der ererbten Firma ging er 1907 zum ersten Mal auf Tournee und trat mit einem aus zahlreichen Musikinstrumenten zusammengebastelten, sechs Zentner schweren Apparat als «Das lebende Orchestrion» auf. Erfolglos und ohne dieses musikalische Monstrum, für das er die Speditionsschulden nicht bezahlen konnte, kehrte er nach München zurück. Nach mehreren Privatauftritten mit humoristischen Monologen wurde man auf diesen skurrilen Menschen mit seinem klapperdürren Körper aufmerksam, der auch als «Das Skelett-Giggerl» auftrat, und schon 1909 wurde er in Inseraten als «Münchens populärster Humorist» oder als «Blödsinnkönig Valentin»[7] angekündigt. Das war der Beginn seiner Karriere, die in den zwanziger Jahren ihren Höhepunkt erreichte, mit Liesl Karlstadt als Partnerin.

Man hielt ihn für unverwechselbar in seiner Individualität. «Er war ein völlig einmaliges Gewächs»[8], wird Thomas Mann anlässlich des armseligen Endes Karl Valentins feststellen, der 1948, wie könnte es anders sein, am Rosenmontag (den 9. Februar) gestorben ist und am Aschermittwoch (den 11. Februar) beerdigt wurde.

Eigen waren die Eigenheiten des Karl Valentin, der, wie Bertolt Brecht feststellte, keine Witze machte, sondern ein Witz war.[9] Doch worin bestand die Eigenart und Eigensinnigkeit dieses Unikums? Schon früh hat man ihn einen Philosophen genannt, um das Besondere seines Humors und seiner Clownerien zu betonen. Aber das schien nur eine Notlösung zu sein angesichts der Schwierigkeiten, ihn nicht recht einordnen zu können. «Er ist etwas ganz für sich. Wenn er wo hingehört, dann unter die Philosophen.»[10]

Valentin – ein Philosoph? Das klingt etwas übertrieben und darf nicht ganz wörtlich genommen werden. Jedenfalls spielte die Philosophie als Fachdisziplin in seinem Werk keine besondere Rolle. Aber er soll Immanuel Kant gelesen haben und sich dabei selbst erkannt haben. Wilhelm Hausenstein hat die Szene[11] geschildert, in der Valentin, nach einer Aufführung spät nachts mit seinem gleichaltrigen Freund im Weinrestaurant Eckel sitzend, aus seiner Brusttasche ein kleines zerknittertes Büchlein zog, darin hastig blätterte, schließlich die gesuchte

Stelle fand, die er mit den raunenden Worten kommentierte: «Sehng S', Herr Doktor, do moant er mi'!, do moant er mi'!» Hausenstein traute seinen Augen nicht, hatte Valentin doch tatsächlich Kants Schrift *Von der Macht des Gemüts* in den Händen, in der er sich porträtiert fand. Die Stelle handelte von der «hypochondria vaga», der «*Grillenkrankheit*, welche gar keinen bestimmten Sitz im Körper hat, und ein Geschöpf der Einbildungskraft ist, und daher auch die *dichtende* heißen könnte»[12].

Valentins Verfassung schien dieser gegenstandslos ausschweifenden Hypochondrie zu entsprechen, die Kant körperlich aus der zu flachen und engen Brust abgeleitet hatte, jener Beklemmung also, unter der ja auch Valentin sein Leben lang litt. Kam nicht auch bei ihm alles aus der Sphäre einer dichtenden Einbildungskraft, in der seine Grillen verrückt spielten, ganz so, wie es Kant auch in seinem *Versuch über die Krankheiten des Kopfes* dem Hypochonder zugeschrieben hatte! «Die innere Phantasterei desselben anlangend, so bekommen die Bilder in seinem Gehirne öfters eine Stärke und Dauer, die ihm beschwerlich ist. Wenn ihm eine lächerliche Figur im Kopfe ist (ob er sie gleich selber nur für ein Bild der Phantasie erkennet), wenn diese Grille ihm ein ungeziemendes Lachen in anderer Gegenwart ablockt, ohne daß er die Ursache davon anzeigt, oder wenn allerhand finstere Vorstellungen in ihm einen gewaltsamen Trieb rege machen, irgend etwas Böses zu stiften, vor dessen Ausbruch er selbst ängstlich besorgt ist, und der gleichwohl niemals zur Tat kommt: alsdann hat sein Zustand viel Ähnliches mit dem eines Verrückten, allein es hat keine Not.»[13]

Kant glaubte, dass diese Grillen entweder von selbst verschwinden oder durch geeignete Arzneimittel leicht zu beheben sind. Und Valentin? Hypochondrisch gab er zu bedenken:

Karl Valentin mit seinem Hund Bobsi

«Vielleicht würden die Leute weniger über mich lachen, wenn sie wüßten, wie mies ich meist beieinander bin, teils durch mein Asthma, das mich quält, teils durch meine Zwangsvorstellungen; es ist eben die ewige G'schicht' vom ‹Lache, Bajazzo!›, die sich in meinem Leben abspielt.»[14] Aber auch er hatte ein erfolgreiches Mittel gefunden, mit den lächerlichen Figuren und finsteren Vorstellungen in seinem Kopf fertig zu werden. Er brachte sie auf die Bühne und ließ das Publikum über seine Verrücktheiten lachen.

Zum Philosophen wurde er dadurch zwar nicht. Aber er arbeitete und wirkte als ein philosophischer Kopf, wie ihn Gotthold Ephraim Lessing skizziert hatte: Ein solcher Kopf würde zwar zu einem Philosophen gehören, wäre jedoch noch keiner. Und der Witz, das Lachen und der Spott galten Lessing als die größten Hindernisse, jemals als ein echter Philosoph anerkannt werden zu können. «Der Philosoph verachtet alle Spötterei. Philosophische Köpfe, weiß ich wohl, mochten einmal und möchten noch gern die Spötterei zum Probierstein der Wahrheit machen. – Aber eben darum waren und sind sie auch keine Philosophen, sondern nur philosophische Köpfe.»[15]

Dieses «nur» kann und will uns nicht hindern, Valentins Werke in philosophischer Hinsicht zu lesen. Denn dass in ihnen eine philosophische Tiefe zu finden ist, daran kann kein Zweifel bestehen. All seine Dialoge und verbalen Streitgefechte, Monologe und skurrilen Reden, Szenen und Theaterstücke besitzen jene besondere Qualität, die von Sokrates bis Ludwig Wittgenstein für typisch philosophisch erklärt worden ist: Man staunt und wundert sich über die Sprache, die plötzlich als rätselhaft und problematisch erscheint. Je näher man sie betrachtet, desto ferner blickt sie zurück, und je genauer man auf sie hört, desto größer wird jene irritierende «Verwunderung» [thaumazein], die bereits Sokrates, Platon und Aristoteles in Erinnerung an Thaumas, den Gott der Wunder, als anfänglichen Grund und treibendes Motiv des Philosophierens bestimmt haben.

«Ich kenne mich nicht aus.» Das ist Ludwig Wittgenstein zufolge der allgemeinste Ausdruck einer philosophischen Problemsituation. «Ich bin in einem Wirrwarr.»[16] Es sind freilich keine Irritationen, die durch eine wissenschaftliche Forschung behoben werden können. Die Linguistik kann in dieser Situation der Verwirrung, der Ratlosigkeit und des Orientierungsverlustes im Medium der Sprache nicht weiterhelfen. Es kommt vielmehr darauf an, in den Abgrund zu blicken, in den man mit jenen grammatischen Witzen stürzen kann, die Valentin in den Sinn gekommen sind. Denn es war keine Heiterkeit, durch die Valentin sein Publikum lachen machte. Seine Witze waren sprachliche Katastrophen und Schockmomente, die man «auslachen» konnte in der Doppeldeutigkeit des Wortes. Man wurde die Bedrohung los, indem man über die ebenso ernsthaft wie komisch vorgeführte Grillenkrankheit dieses philosophischen Kopfes lachte.[17]

Doch zunächst gilt es ein wenig Ordnung zu schaffen in den vielfältigen Formen der sprachlichen Irrungen und Wirrungen. An sieben Punkten soll gezeigt werden, *wie* uns *Alles von Karl Valentin*[18] in seine sprachlichen Fallen lockt, um schließlich klären zu können, *warum* es uns zum Lachen provoziert.

1. Raumprobleme: Hier, dort, irgendwo

Die elementarste Orientierung in der Welt, wie sie sich auf der Stufe der sinnlichen Gewissheit und unmittelbaren Wahrnehmung vollzieht, ist auf Gegenwärtigkeit und Nähe angewiesen. Es ist eine subjektive Orientierung, die von der dreifaltigen

«Origo» des Ich-Jetzt-Hier ausgeht. So sah es jedenfalls Karl Bühler in seiner *Sprachtheorie*. Wir sollen uns problemlos in der Welt zurechtfinden und verständigen können, weil wir alle von diesem Koordinationspunkt ausgehen. Ich, jetzt, hier. Das sind keine Nennwörter, mit denen wir Dinge oder Tatsachen darstellen. Es sind Zeigwörter, von denen aus uns alle anderen Personen, Zeitpunkte und Orte gezeigt werden können. «Daß das klappt, und zwar ohne Denkakrobatik klappt, ist Faktum.»[19] Es soll, Bühler zufolge, unmittelbar einleuchten. Man sollte deshalb in diese Zeigwörter auch keine «philosophischen Spekulationen» hineindichten. Das könnten doch nur «Beckmessereien»[20] sein.

Aber ist das so einfach mit dem Zeigen? «Von der Origo des anschaulichen Hier werden sprachlich alle anderen Positionen gezeigt, von der Origo Jetzt aus alle anderen Zeitpunkte.»[21] Wie aber kommen wir denn von dieser stets subjektiven Wahrnehmung im Zeigfeld zu einer gemeinsamen Erfahrung der Welt in ihren gesellschaftlichen, räumlichen und zeitlichen Dimensionen? Das ist hier die Frage, die schon Georg Wilhelm Friedrich Hegel zutiefst beunruhigt hat. Von ihr ausgehend entwickelte er seine *Phänomenologie des Geistes*, die mit einer komplizierten «Dialektik der sinnlichen Gewißheit» begann.

Was ist das *Hier*? Was ist das *Jetzt*? Was ist das *Ich*? Zeigen müssen wir es uns lassen. Aber ist es nicht einerseits schon immer verschwunden, wenn wir es unmittelbar als dieses Ich, dieses Jetzt, dieses Hier packen wollen? «Das *Hier* ist z. B. der *Baum*. Ich wende mich um, so ist diese Wahrheit verschwunden und hat sich in die entgegengesetzte verkehrt: *Das Hier ist nicht ein Baum*, sondern vielmehr *ein Haus*.»[22] Schon am Anfang befinden wir uns also in einer verkehrten Welt. Und wie können wir andererseits von dieser momentanen Unmittelbarkeit überhaupt zur Welt kommen, die sich nicht zeigen, sondern nur denken oder sagen lässt? Gibt es nicht zwischen dem erlebbaren Ich-Jetzt-Hier und der erfahrbaren Welt eine Lücke, sogar einen Abgrund, der nicht leicht zu überspringen ist?

Das war ein typisches Valentin-Problem. Es brauchte doch etwas mehr Denkakrobatik, als sich Bühler träumen ließ. Valentins philosophischer Kopf begann zu arbeiten und seine Grillen zu produzieren. Betrachten wir zunächst ihren räumlichen Aspekt. Valentin befand sich also an einem bestimmten Ort, der ihm durch das Positionszeigwort «hier» signalisiert wurde. Damit hatte er keine Probleme. Im Gegenteil. Nur hier fühlte er sich sicher. Er versuchte hartnäckig, an dieser Origo des Raums festzuhalten, und misstrauisch meldete er seine grundsätzlichen Bedenken an, sich über diesen Ort hinauszubewegen. Die ferne Welt einer unbestimmten Fremde und eines Anderswo, die ihm nicht als Hier vertraut waren, drohten zu einem Orientierungsverlust zu führen, den es zu vermeiden galt. So musste ihm die Bedeutung all jener Wörter problematisch werden, die sich auf die Ferne eines Nicht-Hier beziehen.

Ist die Orientierung auf das unmittelbare Hier fixiert, so können alle Dinge nur an diesem Platz vertraut sein. Deshalb war für Valentin ihr bloßes Vorhandensein an einer beliebigen, unbestimmten Raumstelle, ihr *Irgendwosein*, nicht recht greifbar. Der unbestimmte Gebrauch von Ortsadverbien musste ihn verwirren. Die Suche nach der verlegten Brille, die nicht an ihrem bestimmten Platz war, führte zur verqueren Frage nach dem Sinn von «irgendwo».

– FRAU: Ja, wo sie jetzt liegt, das weiß ich auch nicht, irgendwo wird s' schon liegen.

MANN: Irgendwo! Freilich liegt s' irgendwo – aber wo – wo ist denn irgendwo?
FRAU: Irgendwo? Das weiß ich auch nicht – dann liegt s' halt woanders!
MANN: Woanders! – Woanders ist doch irgendwo.
FRAU: Ach, red doch nicht so saudumm daher, woanders kann doch nicht zu gleicher Zeit woanders und irgendwo sein. (S. 201)

Aufgelöst wurde der indefinite Gehalt der Adverbien. Sie wurden verstanden als Benennungen einer bestimmten Raumstelle. Das «irgendwo» konkretisierte sich zum «wo» und geriet in Spannung zum «woanders». Unverstanden blieb die Bedeutung der Adverbien, die Unbestimmtes ausdrücken, das nicht hier ist.

– B: So, heut hättn S' Zeit. Also, gehen S' mit.
V: Wohin?
B: Irgendwohin.
V: Ja, da war i scho amal!
B: So?
V: Ja!
B: So, da warn Sie schon amal?
V: Ja, öfters scho! ... usw. (S. 223)

Die Fixiertheit auf das eigene Hier ließ die Perspektive des Anderen unklar werden. Der Gebrauch von Zeigwörtern, in dem die Übernahme eines fremden Standpunktes verlangt wird, führte zur Desorientierung. Der Transport einer Pauke an einen anderen Ort brachte unüberwindliche Schwierigkeiten mit sich, weil nicht geklärt werden konnte, wer auf welcher Seite, hier oder dort, anpacken sollte. Die Ordnung, die der Kapellmeister, verärgert über das ständige Hin und Her, schließlich herstellen wollte, scheiterte nicht zuletzt am Missverständnis der Positionszeigwörter.

– K. V.: Jetzt haben wir uns doch mißverstanden – er will nämlich drenten tragen.
Der Kapellmeister: Da war er ja grad – warum ist er dann hinübergelaufen?
K. V.: Weil sie ihn nübergeschickt haben.
Der Kapellmeister: Sie haben gesagt, er will drenten tragen – und drenten ist meiner Ansicht nach drüben auf der andern Seite.
K. V.: Ja, von Ihnen aus ist drenten drüben – aber vom Anderl aus ist drenten herüben, außer er steht herenten, dann ist es umgekehrt.
Der Kapellmeister: Das kann kein Mensch verstehen, drenten und herenten. (S. 316 f.)

Was allgemein ohne Denkakrobatik funktioniert, überforderte den, der die zeigenden Ortsadverbien nur aus der je eigenen Perspektive verstehen konnte.

Dieses sture Festhalten am subjektiven Orientierungspunkt führte dazu, dass auch die Identität des gleichen Gegenstandes in Frage gestellt wurde, wenn er in mehrfacher Perspektive erschien. Wie konnte denn hier die Brücke über den Bach führen, der auch dort floss?

– Liesl Karlstadt: Ja, das kommt mir auch a bißl dumm vor.
K. V.: Das ist schon saudumm.
L. K.: Ja wissen S', der Bach ist schon da drüben aa.
K. V.: Des warn ja dann zwoa Bach.
L. K.: Ja, ich glaub, daß des da drüben der gleiche Bach ist, wie der da herüben.

K. V.: Wie gibt's denn des, der kann doch net zu gleicher Zeit da drüben und da herüben sein. (S. 390)

Radikalisiert wurde die Distanzlosigkeit vom räumlichen Hier im Unverständnis gegenüber allem, das w*oanders* war. Der andere Ort wurde strukturlos. Er unterlag nicht mehr den Geordnetheiten, die eine Orientierung im Hier ermöglichten. Nacheinander, jeder verspätet, kamen die Musiker des Tingeltangel auf die Bühne, der erste, total verschwitzt, mit der Entschuldigung, «weil es so heiß ist», der zweite vollständig durchnässt, weil es «wolkenbrüchelt», Valentin selbst schließlich im Pelzmantel, ganz mit Schnee bedeckt, weil es so «furchtbar und eminent» schneite. Der Stehgeiger, ratlos über die Unbestimmtheit des Wetters draußen, konnte sich nur noch pragmatisch retten: «Also Schluß mit dem Unsinn!» (S. 291)

Noch absurder zeigte sich dieser Unsinn zu Beginn der Christbaumbrettl-Szene. (S. 323) Die Mutter, allein zu Hause, telefonierte mit dem Vater, der «augenblicklich» gerade am Viktualienmarkt war und einen Christbaum gekauft hatte. «Geh nur glei heim! Gib Obacht, wenn du über die Straße gehst, daß dich keine Frau überfährt mit'n Kinderwagl.» Es klopfte. «Ja, herein! Also, adje, Sebastian, komm nur gleich! – Ich wart auf dich – grüß dich Gott, Sebastian!» Es klopfte. «Ja, herein!» Sie legte den Hörer auf. Im selben Moment kam der Vater Sebastian mit dem Christbaum herein. Das absurde Spiel nutzte hier die Dimensionslosigkeit des fremden Ortes, der nicht den Ordnungen des anschaulichen Hier unterlag. Sofort war die Anwesenheit des Vaters möglich, da seine Abwesenheit nicht im Koordinatensystem der Ich-Jetzt-Hier-Origo unterzubringen war.

Das führte oft zur Konsequenz, dass Valentins Held, wenn überhaupt, nur im engen Rahmen der räumlichen Bestimmtheit handlungsfähig war. Der Raum erschien nicht mehr als Ort möglicher Aktivität, wenn man nicht wusste, was woanders los war. Was sollte Knecht Michl machen, wenn er aus dem fernen Olching vom Berger Pauli Kisten holen sollte, aber nicht wissen konnte, ob der auch da war?

– Bauer: Dann muaßt halt wartn, bis da Berger Pauli kimmt.
  Michl: Wenn aber der Berger Pauli net kimmt, soll ich dann sei Frau fragn, wia lang i wartn soll?
  Bauer: Fragn kannst ja.
  Michl: I moan, es is besser, i fahr morgn nüber, da ist der Pauli vielleicht sicherer dahoam als heit.
  Bauer: Red doch net so saudumm daher, morgn kann er vielleicht noch weniger dahoam sei als heit.
  Michl: Jetzt kenn i mi nimmer aus, soll i heit fahrn oder morgn? (S. 224)

«Jetzt kenn i mi nimmer aus» drückte eine Verwirrung aus, die sich sprachlich in dem Maße als «saudummes Gerede» äußerte, in dem der Bedeutungsgehalt jener sprachlichen Zeichen, die sich auf die Unbestimmtheit am fremden Ort bezogen, nur aus der sicheren Perspektive des konkreten räumlichen Hier verstanden wurden.

2. *Zeitprobleme: Jetzt, zukünftig, vergangen*

Paralleles zeigte sich auch bei jenen Zeit-Formen, die das Jetzt des unmittelbaren Augenblicks überschritten. Das Bewusstsein hob sich auch nicht aus dem Jetzt-Sein heraus, war ganz augenblickliche Wahrnehmung der reinen Gegenwärtigkeit.

Heillos verwirrend war der Gebrauch von Zeitadverbien, wenn sie sich auf einen *zukünftigen* Zeitpunkt bezogen, der nicht genau bestimmt werden konnte.

– Verkäuferin: Sie wünschen?
K. V.: Eine Leica.
Verkäuferin: Zur Zeit haben wir leider keine da.
K. V.: Wann bekommen Sie wieder welche?
Verkäuferin: Schauen Sie in vierzehn Tagen wieder her … Ich meine, kommen Sie in vierzehn Tagen wieder her.
K. V.: Kommen, ja. Und da haben Sie Leicas bekommen?
Verkäuferin: Vielleicht.
K. V.: Vielleicht? Ich kann ja auch nicht vielleicht kommen, ich komme bestimmt.
Verkäuferin: Bestimmt? Ich kann natürlich nicht garantieren, ob in vierzehn Tagen bestimmt Leicas eingetroffen sind.
K. V.: Dann ist es auch nicht nötig, daß ich in vierzehn Tagen kommen soll … Wenn ich aber auch früher komme, und Sie haben noch keine, soll ich dann etwas später kommen?
Verkäuferin: Selbstverständlich.
K. V.: Wann?
Verkäuferin: Das ist unbestimmt.
K. V.: Und wann wäre es dann bestimmt?
Verkäuferin: Sobald welche da sind.
K. V.: Momentan haben Sie also keine da? (S. 266 f.)

Dass das zukünftige Ereignis nicht voll bedingt, bestimmt und vorhersehbar war, provozierte diese hartnäckige Frage nach dem genauen Zeitpunkt, die angesichts des zukünftigen Möglichkeitsspielraums als «saudumm» erscheinen musste.

Die Unbestimmtheit des «Irgendwann» konnte bis zum Infragestellen zukünftiger Ereignisse selbst führen. Ihre Nicht-Gegenwärtigkeit ließ die Zukunft problematisch werden.

– L. K.: Ja, Sie, wann is denn des Feuerwerk?
  Der Wirt: Jetzt na, wenn's finster wird.
  L. K.: Jetzt is's aber no lang net finster.
  Der Wirt: Drum wird's aa jetzt no net abbrennt.
  K. V.: Wenn's aber heut net finster wird? (S. 404)

Dieser Zweifel konnte nur durch das Jetzt in seiner gleichsam zeitlosen Dauer ausgeräumt werden. «Jessas Maria, mei Kind … moana S', daß es sterbn muaß?» Valentins Antwort: «Das sehn S' scho, ob es alt wird.» (S. 395) Nur das, was man schon sieht, ist der einzig verlässliche Bezugspunkt der Erfahrung in der Zeit.

Die gleiche Unsicherheit wie gegenüber dem, was noch nicht ist, bestand gegenüber dem *Vergangenen*, das nicht mehr war. Die Konzentration auf das Jetzt ließ die Vergangenheit verschwinden. Sie löste sich entweder in ein diffuses Chaos auf (die Frage, wie oft er zur Jagd gegangen wäre, wurde so beantwortet: «Hie und da oft sehr selten» [S. 213]), verlor ihre objektive Struktur («Von gestern auf heute habe ich vier Nächte nicht geschlafen» [S. 380]) oder wurde gänzlich vergessen: «Sie: Wo kommst du denn her? Er: Des kann ich dir gar nicht sagen. Sie: Na, des wirst doch wissen, wo du herkommst! Er: Woher soll ich das wissen.» (S. 204)

Vergesslichkeit war folglich ein wesentliches Kennzeichen von Valentins Figuren. Sie war kein einzelnes psychopathologisches Ereignis des Alltagslebens, das man hätte interpretieren können, sondern Persönlichkeitsmerkmal. Es gab nichts, was nicht vergessen wurde: Orte, Namen, selbst der Name des Sohnes, Daten, der Tod der Frau zum Beispiel:

– «Kunigunde: Aber Heinrich! Deine Frau ist doch schon tot.

Heinrich: Was! Mein Frau? Naa!
Kunigunde: Doch, Heinrich! Schon seit zehn Jahren ist deine Frau tot.
Heinrich: Was?! Mei Frau is tot? Ja, daß die mir nie was gsagt hat davon? Drum hab i de schon so lang nimmer gsehn.» (S. 557)

Auch das eigene Alter wurde vergessen:
– L. K.: Wie alt sind Sie denn schon, Herr Meier?
K. V.: Herr Doktor, ich bin schon bald zehn Jahre älter als meine Frau. Ja.
L. K.: Soso – und wie alt ist denn Ihre Frau?
K. V.: Ja, meine Frau, die ist jetzt – das könnt ich Ihnen momentan gar nicht sagen.» (S. 241)

Vergessen wurde sogar die elementarste Fähigkeit des Körpers:
– K. V.: Da bin ich im Hofbräuhaus gwesn und hab mir Weißwürscht kauft. Moanst, ich hätt s' essen können? Ich hab s' net nunterbracht.
L. K.: Warum nicht? Waren s' z' hoaß?
K. V.: Naa, aber ich hab vergessen, daß ich's Maul aufmach.» (S. 488)

Das Jetzt füllte das wahrnehmende Bewusstsein so aus, dass für ein strukturiertes Gedächtnis nur wenig Raum blieb.

Das erklärt den «saudummen Blödsinn» beim Darstellen oder Erzählen *geschichtlicher* Ereignisse. Denn Geschichte war jetzt allenfalls noch verfügbar über Namen, die zwar einen historischen Bezug noch andeuteten, deren bestimmte Bedeutung jedoch nicht mehr gekannt wurde. Das historische Gedächtnis war angefüllt mit sinnentleerten Namen, die in der Rede beliebig arrangiert werden konnten. Reden über «Historisches» war nur als Puzzle möglich, ohne jeden Zusammenhang. Geschichtliches Wissen bestand im Rückgriff auf Gehörtes, ohne dass dabei der wirkliche geschichtliche Prozess eine Rolle spielte. Besonders der Dialog über den Trompeter von Säckingen, der bereits mit dem Vorwurf begann: «O mei, Herr Nachbar, Sie haben ja von historischen Ereignissen nicht die geringste Ahnung» (S. 192), zeigte diese Orientierungslosigkeit in grenzenlosen Ausmaßen:

– L. K.: Sie haben doch im Moment behauptet, der Rübezahl hat nicht gelebt, zur Zeit als der Trompeter von Säckingen gelebt hat!
  K. V.: Das kann schon sein! – Also einer von den zwein hat nicht gelebt, das weiß ich aus Erfahrung. Das hat mir nämlich mein ehemaliger Vater immer oft erzählt. Der Herr Trompeter von Säckingen, hat er gesagt, war beim Dreißigjährigen Krieg Trommler.
  L. K.: Geh! So a Schmarrn! A Trompeter ist doch kein Trommler!
  K. V.: Lassen Sie mich bitte ausreden; der Trompeter von Säckingen war ein gelernter Trommler, aber während einer früheren Schlacht, 1333, wurde ihm von einem bösen Hunnensoldaten die Trommel entzweigeschlagen, und das ärgerte ihn so, daß er das Trompetenblasen lernte. (S. 193)

Das Reden über das Vergangene war für das Ich im Jetzt bedeutungslos, ein «Schmarrn». Auch der Rückgriff auf die geborgte Autorität des Vaters gab keinen Sinn mehr. Als fremde Erfahrung, die über das Jetzt hinausreichte, hatte sie keinen Anspruch auf Authentizität. Die Brücke zwischen Gegenwart und Vergangenheit war abgebrochen. Folgerichtig zu Ende gedacht wurde dies in einem historischen Vortrag, der nur noch aus einer Aneinanderreihung bloßer Versatzstücke bestand und so endete: «Da stiftete nun zum Trotz Kaiser Nero zur Einweihung des Wittelsbacherbrunnens zehn Hektoliter Mangfallwasser. Das ärgerte den alten Diogenes so, daß er sein Faß verkaufte und mit dem Lohengrin seinem Schwan auf dem Rhein vor dem Loreleyfelsen vorbeifuhr und zur Loreley hinaufschrie: ‹Ich weiß nicht, was soll das bedeuten…› – Genau wie jeder vernünftige Mensch nach diesem Vortrag sich denken wird: ‹Ich weiß nicht, was soll das bedeuten!›» (S. 61)

Zeit erschien als ständiges Jetzt. Das hatte zur Folge, dass die *Zeitlichkeit* selbst nicht mehr als organisierte Struktur in den drei Dimensionen von Vergangenheit, Gegenwart und Zukunft erfahren wurde. Sie wurde amorph und ungegliedert. Die Frau, zu spät zur Abfahrt des Zuges gekommen, beantwortete den Hinweis: «Wärn S' drei Minuten früher komma, hätten S' ihn noch erwischt» mit der Überlegung: «So, dann geh ich nochmal heim und komm drei Minuten früher.» (S. 484) Das Früher wurde aus der dynamischen Strukturiertheit des zeitlichen Verlaufs hinausgesetzt.

Pointiert erschien die Unfähigkeit, Zeitlichkeit zu erfahren, auch in jenem Brief, den der zu Hause gebliebene Mann an seine in Kur befindliche Frau schrieb: «Wenn du mir wieder schreibst, schreibe bitte in den Brief hinein, wieviel Uhr es ist. Ich weiß gar nicht, wie ich an der Zeit bin.» (S. 46)

Die bisherige Kennzeichnung von Valentins vorgespieltem Raum- und Zeitbewusstsein sollte deutlich gemacht haben, dass für ihn Orientierung nur in seinem Zeigfeld möglich war, das sich um die Origo des Ich-Jetzt-Hier bildete. Verwirrend mussten deshalb auch alle Sprachformen sein, in der die positive Feststellung dessen, was ist, überschritten wurde. Das soll an einigen weiteren grammatischen Witzen kurz verdeutlicht werden.

3. Entweder – Oder

Die unmittelbar gegebene Wahrnehmung als Bezugspunkt bedeutungsvoller Sprache ließ die *logischen Relationen* missverstehen, in der Alternativen ausgedrückt werden. Die *Disjunktion* «Entweder – Oder» bereitete Schwierigkeiten, weil sie sich von dem löst, was tatsächlich der Fall ist. Alternativen sind nicht wahrnehmbar. Das erklärt, warum Valentin das «oder» oft in ein additives «und» übersetzte. Dass etwa bei einem zweistimmig zu blasenden Musikstück der eine Musiker entweder die erste oder die zweite Stimme blasen musste (entsprechend umgekehrt der jeweils andere), brachte einige Probleme mit sich. Wiederholt misslang die Einigung, wer denn nun welche Stimme spielen sollte. Nachdem beide immer wieder unisono geblasen hatten, unternahmen sie einen letzten Versuch der Klärung:

– K. V.: Ja, ich hab doch ausdrücklich gsagt: einer die erste und der andere die zweite!
  L. K.: Das ist ja recht, und da hab ich den einen gmacht.
  K. V.: Den einen hab ich gmacht; Sie hätten den andern machen solln! – Mir ist's gleich. Ich kann die erste und die zweite blasen.
  L. K.: Ja – dann kann ich ja heimgehen; dann brauchen S' mich ja überhaupt nicht mehr.
  K. V.: Nein! – Ich mein so: ich kann die erste – und kann aber auch die zweite blasen!
  L. K.: Das ist eben bei mir leider auch der Fall. (S.528)

Das Alternative des «Entweder-Oder» war unaussprechlich. Sie wurde in eine Summierung aufgelöst und durch «und» auszudrücken versucht, ohne Erfolg. Manchmal wurde die Möglichkeit der Wahl auch wie ein Ding gesehen, um so ihre Irritation zu bewältigen. Im Schallplattenladen wurde Valentin zum Beispiel auch ein Reisegrammophon angeboten:

– K. V.: Aber ich reise ja fast selten nie, ich bin noch ganz selten gerissen.
  Verkäuferin: Sie können ja den Apparat zu Hause auch spielen lassen.
  K. V.: Geht der zu Hause auch?
  Verkäuferin: Natürlich!
  K. V.: Und auf der Reise?
  Verkäuferin: Und auf der Reise!
  K. V.: Zu gleicher Zeit?
  Verkäuferin: Nein, entweder zu Hause oder auf der Reise.
  K. V.: Ah, dann ist das ja ein Entweder-Apparat. (S. 520)

Nur als gegenständliches Objekt konnte die logische Form der Disjunktion begriffen und (miss)verstanden werden.

4. Mehrere, jeder

Ähnliches zeigte sich auch bei der «saudummen» Abwehr jener Indefinitpronomen, die eine offene Auswahlmöglichkeit hinsichtlich einer nicht genau bestimmten Menge benennen. Nachdem Valentin als potenzieller Hutkäufer (selbstverständlich konnte aus dem Kauf nichts werden) schon einige Warenangebote zurückgewiesen hatte, stellte ihm die Verkäuferin schließlich *mehrere* zur Auswahl.

– Verkäuferin: Sie sind sehr schwer zu bedienen, ich zeige Ihnen einmal mehrere Hüte!
  K. V.: Was heißt mehrere, ich will doch nur einen. Ich habe ja auch nur einen Kopf.

Verkäuferin: Nein, zur Auswahl zeige ich Ihnen mehrere.
K. V.: Ich will keine Auswahl haben, sondern einen Hut, der mir paßt. (S. 261)

Auch dass indefinit jedem Teilnehmer eines Pferderennens der Wunsch, Sieger zu werden, zugeschrieben werden konnte, konnte dem nicht einleuchten, der nur in der Bestimmtheit sich zu orientieren vermochte.

– Sie: Der erste möchte doch jeder wern!
Er: Natürlich möchte jeder der erste wern! – Deshalb is ja doch a Rennen.
Sie: Jaaa, aber wenn jeder der erste wird, dann müaßt ja jeder an ersten Preis kriegen.
Er: Naa, wia ma nur so saudumm daherredn ko – a jeder konn doch net da erste wern. (S. 438 f.)

5. Das Möglichkeitsproblem

Unsinnig wurde besonders dann dahergeredet, wenn es sich um hypothetische Überlegungen handelte. Unverständnis bestand gegenüber jeder sprachlichen Aussage der Form: «*Wenn* dieses oder jenes geschehen *wäre*, dann ...», wurde damit doch auf eine bloß als möglich gedachte Wirklichkeit Bezug genommen, um daraus auf mögliche Konsequenzen zu schließen. Unnachgiebig wurde von Valentin gegen die mögliche Welt des Konjunktivs Einspruch erhoben. Immer wieder wies er auf die tatsächlichen Ereignisse hin, die ein hypothetisches Vermuten und Schlussfolgern von vornherein bedeutungslos machten.

Kaum allein gelassen, sperrten die Gehilfen des Fotografenmeisters hinter ihm die Tür zu, um so ungestört ihren Unsinn treiben zu können. Doch der Meister kam zurück, fand seine Tür verschlossen und stellte seine Gehilfen zur Rede.

– Meister: Das kann ja recht nett werden, die zwei Tage!
Alfons: Na, wenn wir gwußt hätten, daß 's Sie wärn, hätten mir glei aufgmacht.
Meister: So, und wenn es eine Kundschaft gewesen wäre?
Heinrich: Es war ja koa Kundschaft, des warn ja Sie.
Meister: Wenn's aber eine gewesen wäre?
Heinrich: Es war doch koane. (S. 410 f.)

Etwas später wiederholte sich das Ganze noch einmal.
– Meister: Wie stellt ihr euch das denn vor, wenn das nun eine Kundschaft gewesen wäre?
Heinrich: Es war ja keine, warn ja wieder Sie.
Meister: Wenn's aber eine gewesen wäre?
Heinrich: Niemals. (S. 412)

Das Beharren auf der Wirklichkeit, wie sie nun einmal war, konnte selbst ein «philosophisches» Streitgespräch über den Zufall provozieren. Dass es zum Beispiel ein bloßer Zufall gewesen wäre, dass gerade in dem Moment, in dem über einen Radfahrer gesprochen worden war, ein solcher auch tatsächlich vorbeigefahren war, begründete der Kapellmeister mit der hypothetischen Annahme, dass man ja auch über etwas anderes gesprochen haben könnte. Dieser Möglichkeit wurde sofort durch den Hinweis auf die Wirklichkeit widersprochen.
– K. V.: Wir haben aber von nix anderm gredt!
Der Kapellmeister: Das weiß ich schon – ich mein nur, wenn Sie zum Beispiel von einem Flieger gesprochen hätten –
K. V.: Ham ma net! – Mir ham von einem Radfahrer gredt!
Der Kapellmeister: Das weiß ich ja – ich mein, wenn Sie von einem Flieger gesprochen hätten! – Und im selben Mo-

ment wär da oben einer dahergekommen, dann wär's eher ein Zufall gwesn!

K. V.: Ja – naufgschaut ham ja mir net!

Der Kapellmeister: Aber ich mein doch nur – wenn Sie statt von dem Radfahrer von einem Flieger gesprochen hätten!

K. V.: Wieso? – Kann ich denn von einem Flieger sprechen, wenn ich von einem Radfahrer sprech?

Der Kapellmeister: Ich mein eben – grad so gut, wie Sie von einem Radfahrer gredt haben, hätten S' auch von einem Flieger sprechen können!

K. V.: Ausgeschlossen. (S. 319)

Diese Zurückweisung des Gebrauchs irrealer Konditionalsätze, die das, was tatsächlich der Fall ist, gedanklich verneinen, zeigte bereits, dass es neben der Möglichkeit besonders die Negation war, die in der konkreten Fülle und Dichte des Daseins keinen Platz hatte.

6. Nichts

Das Hier und Jetzt ist durch und durch Positivität. Es ist da. Die Möglichkeit, sinnvoll über das zu sprechen, was nicht da ist, stellte für Valentin einen der tiefsten Abgründe der Sprache dar. Er wollte sich nicht einlassen auf einen Sprachgebrauch, in dem das Nicht-Sein benannt werden konnte. Als philosophischer Kopf nahm er teil an einem unlösbaren Widerstreit innerhalb der Philosophie, auch wenn er ihn nicht gekannt haben sollte.

Denn das Problem, ob es das Nichts gebe oder nicht, gehört zu den Dauerbrennern der europäischen Philosophiegeschichte. Valentins Grille entsprach dabei ganz und gar der Seinslehre, die der weise Parmenides aus dem unteritalienischen Elea etwa

500 v. Chr. entworfen hatte. Denn es war dieser anfängliche Denker, der in seinem großen Lehrgedicht *Über die Natur* [Peri physeos] als Erster festgestellt hatte, welcher Weg allein zur Erkenntnis der Wahrheit führen kann. Die Göttin der Wahrheit hatte es ihm offenbart. Es gibt nur den Weg zu dem, was seiend ist. Denn dass etwas nicht ist, kann weder wahrgenommen noch gezeigt werden. Wie aber steht es dann mit dem, was nicht ist? Immerhin gab es auch für Parmenides die sinnvolle Alternative: Entweder es ist, oder es ist nicht. Aber sie ließ dennoch nur einen Weg offen: den Weg zum Seienden:

«Richtig ist, das zu sagen und zu denken, daß Seiendes ist; denn das *kann* sein;

Nichts *ist nicht*: Das, sage ich dir, sollst du dir klarmachen.»[23]

Diese Bannformel konnte nicht unwidersprochen bleiben. Demokrit von Abdera, der lachende Philosoph, war der erste Nichts-Sager. Denn ihm zufolge bestand die Welt ja nicht nur aus dem Seienden. «Die Urgründe des Alls sind die Atome und die Leere.»[24] Also gibt es einerseits den leeren Raum, das Nichts [ouden], ebenso wie die raumfüllenden Dinge, und diese Atome existieren andererseits «nicht mehr als das Nichts».[25]

Damit war der Widerstreit zwischen den Seins- und den Nichtsphilosophen eröffnet, der noch immer nicht entschieden ist. Für Valentin war klar, wen er bedingungslos zu unterstützen hatte. *Nichts ist nicht!* Denn man kann nicht wahrnehmen, was nicht ist. Nicht in der philosophischen Akademie, sondern im Tingeltangel ist Valentin diesem parmenideischen Wegweiser gefolgt.

– Der Kapellmeister: Zum Schluß kommt jetzt die Ouvertüre dran – Dichter und Bauer.

K. V.: Die können wir heut nicht machen, weil der Trommler nicht da ist.
Der Kapellmeister: Das seh ich auch, daß der nicht da ist.
K. V.: Nein, der ist nicht da.
Der Kapellmeister: Das seh ich doch selbst, daß er nicht da ist.
K. V.: Wie kann man denn einen sehen, wenn er nicht da ist?
Der Kapellmeister: Wer sieht ihn denn?
K. V.: Sie!!
Der Kapellmeister: Nein, ich hab gsagt, ich seh, daß er nicht da ist. Ich kann ihn doch nicht sehn, wenn er nicht da ist.
K. V.: No ja, das mein ich ja.
Der Kapellmeister: No also – oder sehn ihn Sie?
K. V.: Ahhh – (S. 315)

Das Wahrnehmbare ist das, was da ist. Etwas Abwesendes kann nicht wahrgenommen werden. Die Verneinung «er ist nicht da» scheint gleichsam in der Luft zu hängen. Aber sagen wir nicht auch: «Ich habe sofort gesehen, dass er nicht da ist»?

Dass es sich hier um ein ernsthaftes philosophisches Problem handelt, hat Jean-Paul Sartre 1943 in seinem Monumentalwerk *Das Sein und das Nichts* demonstriert. Man weiß, dass er sich dabei vor allem durch Martin Heideggers Metaphysik des Nichts lenken ließ, in der die «nichtende» Kraft des Nichts die Hauptrolle spielte. Gegen die beschränkte alltägliche Erfahrung, die uns kein Nicht-Sein enthüllt, und gegen die wissenschaftliche Konzentration auf das, was tatsächlich ist, wurde ein beängstigendes Nichts beschworen, in das der Mensch «hineingehalten»[26] ist.

Dem begeisterten Heideggerianer Sartre musste Valentins

parmenideische Verneinung, dass man, was nicht da ist, auch nicht sehen kann, provozieren. Man weiß zwar nicht, ob Sartre Valentins Tingeltangel besucht hat. Aber seine berühmte Lokal-Szene in *Das Sein und das Nichts* griff diesen grammatischen Witz auf und gab ihm eine verwirrende Wende.

Sartre war nämlich mit Peter verabredet gewesen. Aber er kam eine halbe Stunde zu spät. Peter war immer pünktlich. Hatte er auf Sartre gewartet? «Ich blicke im Lokal umher, sehe mir die Gäste an und sage: ‹Er ist nicht da.› Liegt hier eine unmittelbare Erkenntnis der Abwesenheit Peters vor?»[27] Valentin hätte mit «Niemals!» geantwortet. Man kann doch nicht die Abwesenheit Peters sehen! Sartre aber hatte andere Augen, auch wenn es ihm dabei leicht schwindlig wurde. Weil er erwartet hatte, Peter im Lokal zu sehen, ließ ihn seine Erwartung «Peters Abwesenheit *geschehen* wie ein reales, das Cafe betreffende Ereignis. Gegenwärtig ist die Abwesenheit ein objektiver Tatbestand, ich habe sie *entdeckt*.»[28] Wie ein Phantom schob sich der Nichts-Peter zwischen Sartre und die zuverlässigen realen Dinge des Lokals, die unbedeutend wurden, dahinschwanden und «genichtet» wurden, weil Sartre sah, dass sein Peter nicht da war, diese Gestalt, die «sich als nichts vom Nichtungshintergrunde des Cafes abhebt. Derart, daß das der unmittelbaren Erkenntnis Dargebotene ein Flimmern [papillotement] des Nichts ist, das Nichts des Hintergrundes, dessen Nichtung die Erscheinung der Gestalt herbeiruft und fordert, und die Nichts-Gestalt, die wie ein *nichts* auf der Oberfläche des Hintergrundes umhergleitet.»[29]

Was Sartre einen Schrecken einjagte, weil das Nicht-Sein Peters für ihn anwesend war und «dieses Nichts das Sein *heimsucht*»[30], konnte für Valentin nur spaßig sein. War nicht der philosophische Ernst Sartres selbst zum Lachen? Da ging es doch im dörflichen Heubod'n viel lustiger zu als im Pariser Lokal. Anni und Simmerl hatten sich zum nächtlichen Stelldichein verabredet. Beide waren pünktlich im Heuschober angelangt. Aber es war zu dunkel, um sich sofort sehen zu können. Das brachte ein erstes Problem mit sich.

– Anni: Simmerl, Simmerl! Wo bist denn?
  Simmerl: Do!
  Anni: Wo?
  Simmerl: Do!
  Anni: I seh Di ja net.
  Simmerl: Desweg'n bin i do da. (S. 189)

So war hier wenigstens die Stimme ein verlässliches Indiz von Simmerls Dasein, auch wenn Anni ihn nicht sehen konnte. Das aber führte die beiden schnell zu dem neckischen Problem, was mit dem Hören los ist, wenn man schweigt. Wie steht es um das Nichts des Gesagten?

– Simmerl: Hörst du mi denn aa, wenn i nix red?
  Anni: Sell woaß i net; red amal nix, ob i nacha was hör.
  Simmerl: Ja, jetzt paß auf, jetzt red i nix . --------- Hast des jetzt gehört, wia i nix gredt hab?
  Anni: Ja tadellos – und des ha i nacha ghört, wias d' gsagt hast: ‹Hast des jetzt ghört, wia i nix gredt hab?›
  Simmerl: So, des hast ghört? – Aber das andere net?
  Anni: Was für a anders?
  Simmerl: No ja, wie i nix gredt hab.
  Anni: Na, zuaghört hab i scho, aber ghört hab i nix.
  Simmerl: Des is gspaßig, gell, mit dera Hörerei. (S. 190)

7. Konkretismus

Erwähnt werden soll schließlich noch eine Besonderheit von Valentins Sprachdenken, für die es Hunderte von Beispielen gab. Gemeinsam war ihnen ein Sprachverständnis, das von der sprachlichen Bedeutung die gleiche Bestimmtheit und Vertrautheit forderte, die allein eine Orientierung im konkreten Hier und Jetzt ermöglichte.

Störend empfunden wurde von Valentin die Mehrdeutigkeit vieler Wörter, besaßen sie doch keine eindeutige Bedeutung mehr, die unmittelbar verstehbar war. Um sich im Gespräch orientieren zu können, wurde deshalb hartnäckig jede Mehrdeutigkeit festgestellt, um so den gerade nicht gemeinten Bedeutungsgehalt ausschalten zu können. Der Erforschung jener sprachlich mehrdeutigen Stellen, an denen der Gedanke entgleisen könnte, diente sogar eine eigene Wissenschaft, die Lehre von der «Ilobrasekoledation»: Vom homonymen Gleichklang von Wörtern mit mehrfacher Bedeutung. Valentin als ihr Fachvertreter, ein berühmter deutscher Sprachforscher, konnte jenen nicht ganz Unrecht geben, «die die deutsche Sprache als verzwickt bezeichnen»[31]: «Das Fest findet statt in der Stadt auf dem Lande statt»; «mancher Knabe ist frühreif»; «auf den Feldern liegt auch Frühreif»; «mit Würm fisch ich in der Würm» (S. 232); «da hab ich rausgefunden, daß ich fünfzig Knochen hab, und weil ich in jedem Knochen a Mark hab, bin ich fünfzig Mark wert.» (S. 15)

– Kapellmeister: Hab' ich's Ihnen schon g'sagt, meine Herren, – der Musiker, der vor zwei Jahren amal bei uns war, – der kleine dicke, – hat sich mit seinem Mädl erschossen!?!
  K. V.: Dös gibt's net, dös kann net sein!!!
  Kapellmeister: Wieso gibt's dös net??
  K. V.: Weil's dös auf der ganzen Welt net gibt!!!

Kapellmeister: Ja, – wieso denn nicht??

K. V.: Weil man sich mit einem Mädl nicht erschießen kann! – nur mit einem Revolver![32]

Hier war auch das weite Feld für die Zoten, die hauptsächlich den versteckten obszönen Doppelsinn ausnutzten, auch wenn nicht jeder das Organ haben wollte, ihn wahrzunehmen. «Es ist niemals eine Zote über seine Lippen gekommen, nicht einmal etwas Schlüpfriges, eine noch so leise erotische Zweideutigkeit»[33], lobte Wilhelm Hausenstein und überhörte zum Beispiel: «Zweiter Schaffner: Der Wagen ist besetzt; im hintern ist noch genügend Platz. K. V.: Bitte drücken Sie sich nicht so zweideutig aus.» (S. 602) – «Wissen Sie schon, daß ein alter Professor nur mehr seinen Schirm stehen lassen kann?» (S. 630)

Im Hutladen. Valentin wollte für seine Frau eine Handtasche kaufen.

– Verkäuferin: Einen Moment! – Da wären sehr schöne Taschen!

K. V.: Etwas Schöneres! – Haben Sie keine schönere?

Verkäuferin: Doch, ich hab eine schöne, wollen Sie sie sehen?

K. V.: Aber mein Fräulein, welcher Herr würde ein solches Angebot ablehnen!

Verkäuferin: Bitte, hier! Sehen Sie, die schließt sehr schön.

K. V.: So eine hat meine Frau auch. Die von meiner Frau schließt natürlich nicht mehr so gut. Durch den vielen Gebrauch nützt sich so etwas ja ab. (S. 226)

Etwas später ging es um einen Regenschirm.

– Verkäuferin: Soll es so eine Form sein, wie Sie schon haben?

K. V.: Nein – nicht so ein schlapper – ich möchte einmal einen steifen.

Verkäuferin: Steife sind aber gegenwärtig nicht so beliebt wie schlappe. (S. 226 f.)

Neben diesem Spiel mit sprachlichen Vieldeutigkeiten war es besonders Valentins Hang zum Konkreten, der ihn sprachphilosophisch herausforderte. Dass nämlich zwischen den Wörtern und den Dingen, dem Bezeichnenden und dem Bezeichneten, nur ein beliebiger, kompliziert vermittelter, «arbiträrer»[34] Bezug bestehen soll, konnte für ihn nur schwer vorstellbar sein. Er lebte in der Unmittelbarkeit konkreter Situationen, und wie ein Kind fragte er immer wieder nach der Bedeutung und Herkunft von Namen, die doch so gut zu den Dingen zu passen schienen.

Auch diese Frage, warum denn die Dinge so heißen, wie sie heißen, hat eine lange philosophische Tradition. Bereits Platon hat in seinem Dialog *Kratylos*, etwa zwischen 390 und 370 v. Chr., über die Richtigkeit der Namen diskutieren lassen. Entsprechen, wie Kratylos meinte, die Namen dem Wesen der benannten Dinge, oder handelt es sich dabei nur, wie Hermogenes meinte, um willkürliche Ausdrücke, auf die man sich aus Konvention geeinigt hat? Sokrates musste um Rat gefragt werden. Es war eine erstaunliche Aktion, mit der er seine Zuhörer überraschte. Denn er spielte mit etymologischen Wortableitungen, die eher amüsant als sachkundig waren. Machte er nur Witze? Kratylos und Hermogenes wunderten sich jedenfalls über die verrückte «Begeisterung» [mania], mit der Sokrates seine Einfälle und Eingebungen (396 a) über die Herkunft der Namen vortrug, die ihm selbst als «lächerlich» (402 a) erschienen.

Auch Valentin ist diesen sokratischen Inspirationen gefolgt, wobei er in der Regel die einzelnen Sinnbestandteile der betreffenden Wörter als natürlichen Ausdruck des Bezeichneten missverstand. Das konnte dann zu Streitereien darüber führen, ob ein Springbrunnen auch dann einer ist, wenn er nicht springt (S. 205), oder zu solchen verrückten Erklärungen:

– L. K.: Käfig Nr. 5. Das Nashorn. Warum heißt das Nashorn?
  K. V.: Weil's auf der Nase ein Horn hat.
  L. K.: Ja, wia is denn des dann beim Elefant?
  K. V.: Naja, der hat eine Ele am Fant.
  L. K.: Nein, der hat einen Rüssel am Kopf, der müßte eigentlich Rüsselkopf heißen!
  K. V.: Sag's ihm!
  L. K.: Wem, dem Elefant?
  K. V.: Nein, dem zoologischen Besitzer. (S. 198)

Valentin liebte es, die Sprache wörtlich zu nehmen, woraus sich meistens mehr oder weniger harmlose Missverständnisse ergaben: «Pfafferl: Ich bitte Sie, Herr Kommerzienrat, greifen Sie mir unter die Arme. Kommerzienrat: Das kann ich schon machen. (Greift ihm unter die Arme.)» (S. 620) – «K. V.: Was fehlt ihm denn? Werner: Ein Furunkel. K. V.: Fehlt ihm? Werner: Na, fehln tuats eahm net, aber haben tuat er oans.» (S. 553) Ein solches Wörtlichnehmen konnte aber auch katastrophale Folgen haben. – Der Vater ist gerade dabei, einen Christbaum anzustecken und die Wohnung in Brand zu setzen. Die Mutter kommt herein und schreit: «Was machst denn da, du zündest ja den Baum an!»

– Der Vater: Du hast doch gesagt, ich soll den Baum anzünden!

Die Mutter: Ich hab doch gemeint, die Kerzen.
Der Vater: An Baum hast gsagt.
Die Mutter: No ja, wie man halt so sagt. (S. 327)

Seine *Leidensgeschichte* des Karl Valentin *in zufällig ausgerechnet 7 Kapiteln* hat Georg Seeßlen mit einer Feststellung und einer Vermutung begonnen: «Mit nichts kann man sich so ernsthaft beschäftigen wie mit Komikern. Das liegt wahrscheinlich an der Nähe zur Philosophie.»[35] Die sieben Einblicke, die uns Valentin in seine Unsinnfabrikation gestattet hat, scheinen Seeßlens Vermutung bestätigt zu haben. Auch wenn die Philosophie für den Münchner Komiker kein Beruf war, so handelte es sich bei den Problemen, mit denen er sich plagte, doch stets um philosophischen Wirrwarr im Sinne Wittgensteins. Von den Zeigwörtern des Raums über das rätselhafte Nichts bis zu seinem sprachlichen Konkretismus: In allen sieben Fällen fiel es diesem philosophischen Kopf schwer, unsere Sprachformen mit jener Selbstverständlichkeit zu gebrauchen, «wie man halt so sagt».

Aus dieser Schwierigkeit ergaben sich die vielfältigen grammatischen Witze, die alle mehr oder weniger dem gleichen Muster folgten. Vor allem in den Dialogen war es am deutlichsten erkennbar. In der Regel trafen zwei Partner oder Kontrahenten aufeinander, von denen der eine vernünftig redete und kompetent die eingespielten Gebrauchsregeln der Sprache befolgte. Dagegen redete der andere oft «saudumm» daher, indem er hartnäckig immer und immer wieder die Sprache auf die sinnliche Präsenz der konkreten Situation zurückzuholen versuchte.

Die Tücken der Sprache, mit denen Valentin sein Publikum zum Lachen brachte, waren in jenen Lücken angesiedelt, die zwischen unmittelbar erlebbaren Gegebenheiten und der Unanschaulichkeit/Abstraktheit/Abwesenheit des sprachlich Gemeinten besteht. Problematisch wurde die Sprache als Re-Präsentanz einer Abwesenheit oder eines Nicht-Seins, sei dieses nun ein anderer Ort, ein anderer (vergangener oder zukünftiger) Zeitpunkt, eine Unbestimmtheit, Offenständigkeit, Nichtigkeit oder bloße Möglichkeit. Das unvernünftige, blödsinnige Reden, das in Valentins Dialogen oft genug gegenüber dem vertrauten, vernünftigen Sprachgebrauch siegreich war, war distanzlos. Es funktionierte im Zeigfeld des Ich-Jetzt-Hier. Valentin hatte sich noch nicht in jener Dialektik eingerichtet, die zwischen der sinnlichen Präsenz und der sprachlichen Repräsentation besteht. Dabei hatte Valentin die Lacher auf seiner Seite. Seine Missverständnisse waren komisch.

Doch *warum* lachen wir überhaupt über diesen Orientierungsverlust im Medium der Sprache, über jenes «Jetzt kenn i mi nimmer aus»? Valentin selbst hat uns den Hinweis zur Beantwortung dieser Frage gegeben: Die Quelle seiner Komik liege in der Erinnerung an die «falschen Vorstellungen» des Kindes, «die man im Alter nie verantworten, höchstens verwerten kann». (S. 73) Treffend bezeichnete er sich als Komiker und *«gewesenes Kind»*. (S. 91)

Das war eine ungewöhnliche Charakterisierung, verkleidet als grammatischer Fehler. «Gewesen» hätte nicht als Adjektiv gebraucht werden dürfen. So lautet zumindest die Regel. Erwachsene sind zwar einmal Kinder gewesen, aber sie sind keine Kinder mehr. Und doch traf dieser Regelverstoß das Wesen der Grillen, die in diesem philosophischen Kopf ihren Unsinn trieben. Valentins tiefer Sprachwitz bezog seine Kraft und Ausdauer aus einem «Gewesen-Sein», das nicht zufällig auch in der Philosophie Martin Heideggers und Jean-Paul Sartres eine

Schlüsselrolle spielte. Es ist nicht das Vergangene, das vorbei ist. Das Gewesene ist zwar auch vergangen, aber bestimmt noch immer unsere Gegenwart.[36]

Als gewesenes Kind hat Valentin vor allem die Sprache behandelt. Denn im «saudummen Daherreden», als die sie aus der Perspektive einer erwachsenen Vernunft erscheint, ist die Sprache des Kindes wiederbelebt worden, das jeder Erwachsene einmal gewesen ist. Es ist die Sprache eines Kindes im Erwachsenen, die ihre Anziehungskraft noch nicht verloren hat. Aus dieser regressiven Spannung, die durch eine verantwortungslose Verwertung kindlicher Irrtümer entsteht, leben Valentins Dialoge.

Es geht hier nicht um eine tatsächliche Erneuerung oder direkte Wiederholung der kindlich verfügbaren Ausdrucksweisen. Als philosophischer Kopf *ist* Valentin kein Kind mehr, sondern *hat* eine Vergangenheit, die «wie ein rückwärts gerichtetes Transzendieren»[37] seiner Erwachsenenexistenz ist. Als Schauspieler, insofern er den regressiven Part der Dialoge und Szenen übernommen hat, spielt und spricht Valentin nicht als Kind. Er lockt vielmehr die «vernünftige» Sprache und Handlungsweise des Erwachsenen in einen Strudel der Regression, um sie dadurch über sich selbst in Verwirrung geraten zu lassen. Seine Komik ergibt sich deshalb nicht aus einem bloß äußerlichen Aufeinandertreffen getrennter Prinzipien, sondern aus der Spannung im Inneren jedes Subjekts. Gewagt sei deshalb die Vermutung, dass nur der über Valentins Komik lachen kann, der sich durch sie an seine eigene Kindheit erinnern lässt, die noch immer wirksam ist.

Deshalb lacht man ja auch nicht Valentin aus, wenn man über seine verwirrenden Irrtümer lacht, die der wohlgeordneten Sprachvernunft seiner Gegenspieler widersprechen. Die

Komik Valentins lebt aus dem Widerstreit zwischen dem Gesetz der Sprache, das uns von der unmittelbaren Lebenswirklichkeit und von uns selbst distanziert, und dem kindlichen Umfeld, das immer hier und jetzt gewesen ist. Man verbündet sich mit Valentin, weil in seiner schöpferischen Infantilität ein Leben durchscheint, das noch nicht durch die große kulturelle Leistung der sprachlichen und geistigen Symbolisierung geprägt ist.

Vielleicht hätte Valentin nicht nur zu Kants «hypochondria vaga», sondern auch zu Arthur Schopenhauers philosophischen Bemerkungen gesagt: «Do moant er mi! Do moant er mi!» Denn für Schopenhauer entsprang das Lachen aus dem Widerstreit zwischen dem angestrengten, ernsthaften, besorgten «Denken» und dem «Anschauen» als der ursprünglichsten Erkenntnisweise, «in der sich Alles, was dem Willen unmittelbar Genügen giebt, darstellt: es ist das Medium der Gegenwart, des Genusses und der Fröhlichkeit». Gegen das Denken hat Valentin das Anschauen favorisiert. Er hat die Vernunft in ihre Grenzen verwiesen und Schopenhauers Diagnose bestätigt: «Diese strenge, unermüdliche, überlästige Hofmeisterin Vernunft jetzt ein Mal der Unzulänglichkeit überführt zu sehn, muß uns daher ergötzlich sein.»[38]

Was Schopenhauer systematisch gegeneinander gestellt hatte, interpretierte Sigmund Freud entwicklungspsychologisch. Das lustvoll Angeschaute ist das Kindliche. Das streng und ernst Gedachte ist das Erwachsene. Und als hätte er auch die Schriften des Wiener Psychoanalytikers gelesen, folgte der Münchner Komiker Freuds Theorie des Witzes. Als «gewesenes Kind» knüpfte der erwachsene Valentin an das «Infantile» an und brachte so sein Publikum zum Lachen: «Dürfte man verallgemeinern, so schiene es recht verlockend, den gesuchten spezifischen Charakter des Komischen in die Erweckung des Infantilen zu verlegen, das Komische als das ‹verlorene Kinderlachen› zu erfassen. Man könnte dann sagen, ich lache jedesmal über eine Aufwanddifferenz zwischen dem anderen und mir, wenn ich in dem anderen das Kind wiederfinde. Oder genauer ausgedrückt, der vollständige Vergleich, der zum Komischen führt, würde lauten:

So macht es der – Ich mache es anders – Der macht es so, wie ich es als Kind gemacht habe.»[39]

Na, da sehn Sie doch ganz deutlich,
Hochverehrtes Publikum,
Nichts als Blödsinn, Blödsinn, Blödsinn,
Nehmen S' mir die Sach nicht krumm!

Das Endspiel der Metaphysik

Kleines philosophisches Narrenstück, in dem es um nichts geht

Es scheint, als wenn unsere Erde ein
großes Narrenhospital ist, wo aus dem
ungeheuren Universo alle Narren
hingeschickt werden, um Quaranteine
zu halten.[1]
IMMANUEL KANT

BEI DEN PERSONEN HANDELT ES SICH, in der Reihenfolge ihres Auftretens, um den Seinsdenker Martin Heidegger, den Sprachlogiker Rudolf Carnap und den Gesellschaftskritiker Max Horkheimer. Alle hier in dramatische Form gebrachten Äußerungen sind wörtliche Zitate aus drei berühmten Untersuchungen, in denen es um die Überwindung der Metaphysik geht. Die Beiträge von Doktor Ubu stammen aus verschiedenen pataphysischen Texten. Von der Stimme aus der Kulisse hört man etwas am Ende dieses kleinen philosophischen Lustspiels.

Zeit: Heute.
Ort: Leerer Raum, ohne Aussicht nach draußen. Zwei Tische. Einige Stühle.

Martin sitzt allein und bewegungslos im Rollstuhl am rechten, etwas größeren Tisch.
MARTIN
vor sich hin grübelnd

Der Mensch
– ein Seiendes unter anderem –
«treibt Wissenschaft».
In diesem «Treiben» geschieht nichts Geringeres
als der Einbruch eines Seienden,
so zwar,
daß in und durch diesen Einbruch
das Seiende in dem, was und wie es ist,
aufbricht.
Der aufbrechende Einbruch
verhilft in seiner Weise
dem Seienden allererst zu ihm selbst.

Rudolf tritt von links ein. Er betrachtet zunächst die beiden Tische.

RUDOLF
protokollierend
Erstens: Dieser Tisch ist größer als jener.
Zweitens: Die Höhe dieses Tisches
ist größer als die Höhe jenes Tisches.

MARTIN
zu sich selbst sprechend
Welch zwiespältiges Wesen enthüllt sich da?

RUDOLF
Hier wird das Wort «größer»
in (1) als Beziehung zwischen Gegenständen,
in (2) als Beziehung zwischen Zahlen
gebraucht,
also für zwei verschiedene syntaktische Kategorien.
Der Fehler ist hier unwesentlich;
er könnte z. B. dadurch eliminiert werden,
daß «größer$_1$» und «größer$_2$» geschrieben wird.

Martin

versucht Rudolf anzusprechen

Wir fragen uns, hier und jetzt, für uns.
Was geschieht Wesentliches
mit uns im Grunde des Daseins,
sofern die Wissenschaft
unsere Leidenschaft
geworden ist?

Rudolf

nimmt neben Martin am größeren Tisch Platz

«Dieser Tisch ist größer$_1$ als jener.» –
Ein Satz besagt nur das,
was an ihm verifizierbar ist.
Daher kann ein Satz,
wenn er überhaupt etwas sagt,
nur eine empirische Tatsache besagen.

Martin

Die vermeintliche Nüchternheit
und Überlegenheit
der Wissenschaft
wird zur Lächerlichkeit …

Rudolf

unterbricht, sachlich insistierend

«Die Höhe dieses Tisches ist
größer$_2$ als die Höhe jenes Tisches.»

Martin

… wenn sie
das Nichts
nicht ernst nimmt.
Nur weil das Nichts offenbar ist,
kann die Wissenschaft das Seiende selbst

zum Gegenstand der Untersuchung machen.
Warum ist überhaupt Seiendes
und nicht vielmehr Nichts?

Rudolf

Gegen diesen Einwand
wollen wir folgendes überlegen.
Wenn die Bedeutung eines Wortes
nicht angebbar ist,
oder die Wortreihe
nicht syntaktisch zusammengestellt ist,
so liegt nicht einmal eine Frage vor.

Martin

Gleichwohl versuchen wir,
nach dem Nichts zu fragen.
Was ist das Nichts?

Es klopft zaghaft an der Tür.

Rudolf

Was ist draußen?

Martin

hartnäckig sich wiederholend

Warum ist überhaupt Seiendes
und nicht vielmehr Nichts?

Rudolf

Draußen ist nichts.
In einer korrekten Sprache
dient zu dem gleichen Zweck
nicht ein besonderer Name,
sondern eine gewisse
logische Form des Satzes:
«Es gibt nicht
(existiert nicht, ist nicht vorhanden)

etwas, das draußen ist.»
~ (∃x) · dr (x)
MARTIN
Gibt es das Nichts nur,
weil es das Nicht,
das heißt die Verneinung gibt?
Oder liegt es umgekehrt?
Gibt es die Verneinung und das Nicht nur,
weil es das Nichts gibt?
RUDOLF
Die Bildung dieser Sätze
beruht einfach auf dem Fehler,
daß das Wort «nichts»
als Gegenstandsname verwendet wird.
MARTIN
Wir behaupten:
Das Nichts ist ursprünglicher
als das Nicht und die Verneinung.
Es klopft wieder, diesmal lauter und länger.
RUDOLF
Draußen ist nichts.
Es gibt nicht etwas,
das draußen ist.
MARTIN
Wenn so die Macht des Verstandes
im Felde des Fragens
nach dem Nichts und dem Sein
gebrochen wird,
dann entscheidet sich damit
auch das Schicksal
der Herrschaft der «Logik»

innerhalb der Philosophie.
Die Idee der «Logik» selbst
löst sich auf
im Wirbel eines ursprünglicheren Fragens.

Rudolf

Wird aber die nüchterne Wissenschaft
mit dem Wirbel
eines widerlogischen Fragens
einverstanden sein?

Martin

selbstbewusst dozierend

Nur wenn die Wissenschaft
aus der Metaphysik existiert,
vermag sie ihre wesenhafte Aufgabe
stets neu zu gewinnen.
Metaphysisch ist
das Hinausfragen über das Seiende,
um es als ein solches
und im Ganzen
für das Begreifen zurückzuerhalten.
In der Frage nach dem Nichts
geschieht ein solches Hinausgehen
über das Seiende als Seiendes
im Ganzen.

Rudolf

Etwas, das prinzipiell
jenseits des Erfahrbaren läge,
könnte weder gesagt,
noch gedacht, noch erfragt werden.
Dementsprechend
ist auch jede Antwort auf diese Frage

von Hause aus unmöglich.
Denn sie bewegt sich
notwendig in der Form:
Das Nichts «ist» das und das.
Frage und Antwort
sind im Hinblick auf das Nichts
gleichermaßen in sich widersinnig.

Es klopft schon wieder, nachhaltig und andauernd.

RUDOLF

schreiend

Draußen ist nichts.

MARTIN

Das Nichts ist zugegeben.

RUDOLF

sich korrigierend

Es existiert nicht etwas,
das draußen ist.

MARTIN

Das Nichts entsteht nicht
durch die Verneinung,
sondern die Verneinung
gründet sich auf das Nicht,
das dem Nichten des Nichts entspringt.
Das Nichts selbst nichtet.

RUDOLF

lachend

«Das Nichts nichtet.» –
Hier haben wir
einen der seltenen Fälle vor uns,
daß ein neues Wort eingeführt wird,
das schon von Beginn an

keine Bedeutung hat.

MARTIN

geheimnisvoll orakelnd

Im Sein des Seienden
geschieht das Nichten des Nichts.

Endlich stürmt Max, ebenfalls von links kommend, von draußen in den Raum.

Vor Erregung bebend nähert er sich den beiden Sitzenden.

MARTIN

sehr erschreckt und ängstlich

Die Angst verschlägt uns das Wort.

RUDOLF

gefasst und scheinbar unbeeindruckt

Dies Ding ist bebig.

MARTIN

Die Angst ist da.
Ihr Atem zittert ständig
durch das Dasein.

Max setzt sich zu Martin und Rudolf an den Tisch.

Er blickt aufmerksam um sich und beruhigt sich langsam.

MAX

Es gibt zu wenig Speise,
auch ist die Anzahl der guten Ruhelager
zu gering.
Es waltet die Atmosphäre
eines Asyls dritter Klasse
für Geisteskranke.
Der denkende Einzelne
hat für sich zu sorgen.

MARTIN

erleichtert

In der Helle des Blicks,
den die frische Erinnerung trägt,
müssen wir sagen:
Wovor und warum
wir uns ängstigten,
war «eigentlich» –
nichts.
In der Tat:
Das Nichts selbst – als solches – war da.
Wie steht es um dieses Nichts?

MAX

Jedes Individuum
steht im Mittelpunkt seiner Welt
und weiß zugleich,
daß es in der wirklichen überflüssig ist.
Aus dieser Erfahrung des Alltags,
die in seine Seele gegraben ist,
sollen die metaphysischen Träume
einen Ausweg bilden.

RUDOLF

Sie dienen zum Ausdruck
des Lebensgefühls.

MARTIN

Was wir so «Gefühl» nennen …

RUDOLF

schneidet ihm das Wort ab

Hierfür ist für unsere Überlegung
nur dies wesentlich,
daß die Kunst das adäquate,
die Metaphysik aber ein inadäquates
Ausdrucksmittel für das Lebensgefühl ist.

Metaphysiker sind Musiker
ohne musikalische Fähigkeit.
Dafür besitzen sie
eine starke Neigung
zum Arbeiten
im Medium des Theoretischen,
zum Verknüpfen von Begriffen und Gedanken.
Unsere These behauptet nun,
daß die angeblichen Sätze der Metaphysik
sich durch logische Analyse
als Scheinsätze enthüllen.

MAX
dialektisch lächelnd

Auf *den* neuen Angriff
darf die Metaphysik stolz sein;
sie wird mit dem Denken verwechselt.

Martin will etwas sagen, ist aber zu verwirrt. Er resigniert, leise vor sich hinmurmelnd.

MARTIN

… das Wesen des Nichts: die Nichtung.

Er verstummt und zieht sich enttäuscht aus dem Gespräch der anderen, das er für bloßes Gerede hält, in sein Selbstsein zurück.

MAX

Wissenschaft und Metaphysik
sind schwer miteinander
in Einklang zu bringen.

RUDOLF

Wenn unsere These,
daß die Sätze der Metaphysik
Scheinsätze sind,
zu Recht besteht,

so würde also
in einer logisch korrekt aufgebauten Sprache
die Metaphysik
gar nicht ausgedrückt werden können.

Max
Das heißt selbstbewußt reden.
Mit solcher zweifelhafter Sprachreinigung
glaubt man die Probleme
aus der Welt
geschafft zu haben.

Es klopft wieder zaghaft.

Rudolf
Was ist draußen?

Max
Die Auffassung,
daß die Wissenschaft sich darin erschöpfe,
gegebene Tatsachen
zu konstatieren und zu ordnen,
um künftige vorauszusagen,
isoliert die Erkenntnis,
ohne die Isolierung wieder aufzuheben.
Die Konsequenz ist ein von den Empiristen
gespenstisch verzerrtes Bild der Welt,
das sie als solches nicht erkennen.

Rudolf
Draußen ist Regen.
Wie steht es um diesen Regen?
(d. h.: was tut der Regen?
oder: was läßt sich über diesen Regen
sonst noch aussagen?)
Wir kennen den Regen.

Der Regen regnet.

Max

den Kopf schüttelnd

Wenngleich es falsch ist,
gegen die Resultate der Wissenschaft
zu verstoßen,
so ist es naiv und sektenhaft,
bloß ihr entsprechend
zu denken und zu reden.

Rudolf

«Der Regen regnet» –
sowohl grammatisch wie logisch einwandfrei,
also sinnvoll.

Max

intransigent

Logisch gesehen
geruht diese unangreifbare Abgeschlossenheit
der Wissenschaft
auf der Hypostasierung des abstrakten Begriffs
des Gegebenen oder der Tatsache.

Rudolf

Über die logische
und erkenntnistheoretische Auffassung,
die unserer Darstellung zugrunde liegt,
hier aber nur kurz angedeutet werden kann, vgl.
WITTGENSTEIN, Tractatus logico-philosophicus, 1922.
CARNAP: Der logische Aufbau der Welt, 1928.
WAISMANN: Logik, Sprache, Philosophie. (In Vorbereitung.)

Max

Die aufrechte Gesinnung einzelner Vertreter

und der Scharfsinn
mancher ihrer fachlichen Leistungen
machen ihre Philosophie nicht besser.

Es klopft wieder. Nur Martin scheint es zu bemerken. Aber er ist von einer so tiefen Langeweile und Gleichgültigkeit beherrscht, dass er nichts unternimmt. Max ist von seinen eigenen Aussagen so begeistert, dass er sich durch nichts ablenken lassen will. Und Rudolf überlegt sich neue überzeugende Beispielsätze und will dabei nicht gestört werden.

Rudolf

Nehmen wir als Beispiel
die folgenden beiden Wortreihen:
1. «Cäsar ist und»,
2. «Cäsar ist eine Primzahl.»
Die Wortreihe (1) ist syntaxwidrig gebildet;
die Syntax verlangt, daß an dritter Stelle
nicht ein Bindewort,
sondern ein Prädikat stehe.
Syntaxgemäß gebildet ist z. B. die Wortreihe
«Cäsar ist ein Feldherr».
Ebenso ist nun aber auch
die Wortreihe (2) syntaxmäßig gebildet,
denn sie hat dieselbe grammatische Form
wie der soeben genannte Satz.
(2) ist aber trotzdem sinnlos.
«Primzahl» ist eine Eigenschaft von Zahlen;
sie kann einer Person
weder zu- noch abgesprochen werden.

Max

kichernd

Bei den exakten Wissenschaften

pflegt
mit zunehmender Isolierung ihrer Interessen
die Naivität der Lösungen
in krassem Mißverhältnis
zur Differenziertheit
ihres wissenschaftlichen Verfahrens zu stehen.

Doktor Ubu, der bisher zweimal vergeblich geklopft hat, betritt endlich die Szene. Rudolf und Max sind überrascht und staunen. Martin findet seine Sprache wieder und lässt sich in die Grundfrage der Metaphysik zurückschwingen.

Martin

Die Frage nach dem Nichts
stellt uns – die Fragenden –
selbst in Frage.
Sie ist eine metaphysische.

Doktor Ubu

Das belieben Sie zu behaupten,
mein Herr,
aber Sie sprechen
zu einem großen Pataphysiker.[2]
Die Pataphysik ist die Wissenschaft …

Martin

Die Philosophie kann nie
am Maßstab der Idee der Wissenschaft
gemessen werden.

Doktor Ubu

Die Pataphysik ist die Wissenschaft
von jenem Bereich,
der sich jenseits der Metaphysik erstreckt;
oder auch:
die Pataphysik übersteigt die Metaphysik

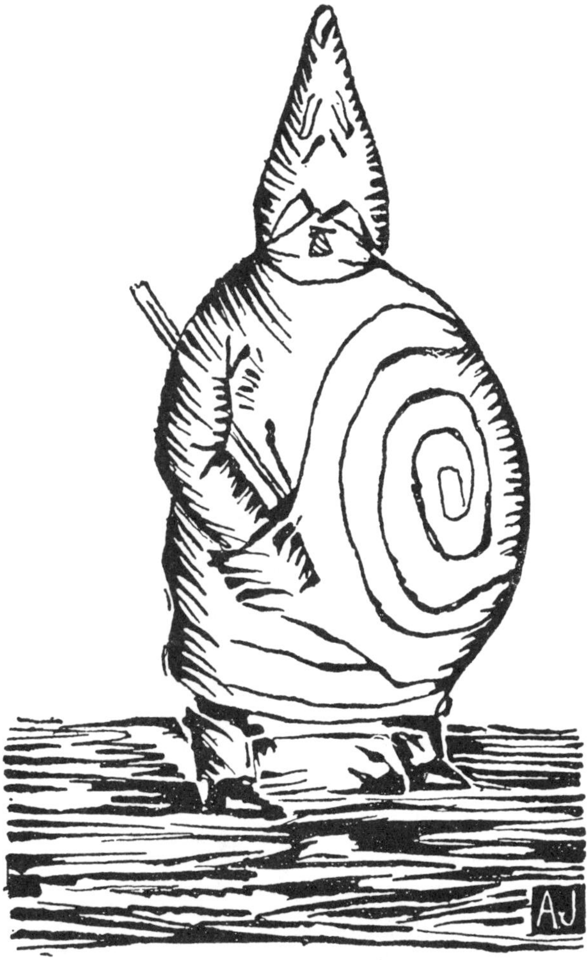

Ubu Roi. Holzschnitt von Alfred Jarry
für die Ausgabe im «Mercure de France», 1896

in dem Maße,
wie diese die Physik übersteigt
in alle Richtungen ad libitum.[3]

MARTIN

Gleichwohl versuchen wir,
nach dem Nichts zu fragen.
Was ist das Nichts?

DOKTOR UBU

auf und ab gehend, mit seinen Muskeln spielend

Das würde die Pataphysik eingrenzen,
unter dem Vorwand,
sie den Grenzen des Seins zu entziehen,
sie in die Bereiche des Nichtseins
einschließen zu wollen.
Die Pataphysik transzendiert
aber sowohl das eine wie das andere.[4]

RUDOLF

entnervt

«Transzendenz» – O «Gott» …

DOKTOR UBU

Gott
ist der kürzeste Weg
von Null nach Unendlich.
In welcher Richtung?
wird man fragen.
Wir werden antworten,
daß sein Vorname nicht Jules ist,
sondern Plus und Minus.
Und man muß sagen:
± Gott ist der kürzeste Weg
von Null nach Unendlich,

in beiderlei Richtungen.
Erinnern wir uns noch einmal daran, daß
$\infty - O - a + a + O = \infty$.[5]

Max
mit erhobenem Zeigefinger
Ihre Lehrgebäude sind selbst nichts anderes
als die verfeinerte Erfahrung
des bürgerlichen Individuums.
Metaphysische Illusionen
und höhere Mathematik
bilden gleichermaßen
Elemente ihrer Mentalität.

Doktor Ubu
Ha ha.
Und das waren seine letzten lachenden Worte.[6]

Stimme aus der Kulisse
Solches Denken
ist solidarisch
mit Metaphysik
im Augenblick ihres Sturzes.[7]

Anmerkungen

Kurzes Vorspiel

1 Sören Kierkegaard: Abschließende unwissenschaftliche Nachschrift. Zweiter Teil. In: Gesammelte Werke. Band 7. Jena 1910, S. 3
2 Vgl. Michail Bachtin: Rabelais und seine Welt. Volkskultur als Gegenkultur. Frankfurt a.M. 1995
3 Vgl. Thomas Rütten: Demokrit. Lachender Philosoph und sanguinischer Melancholiker. Leiden – New York – Kobenhavn – Köln 1992. Bildteil
4 Friedrich Nietzsche: Werke III. Herausgegeben von Karl Schlechte. Frankfurt a.M. – Berlin – Wien 1972, S. 1047
5 Platon: Theaitetos 174 a, b. «Witzig» und «hübsch» ist die thrakische Magd in der Übersetzung von Martin Heidegger: Die Frage nach dem Ding. Tübingen 1962, S. 2
6 Hans Blumenberg: Das Lachen der Thrakerin. Frankfurt a.M. 1987, S. 149. Vgl. H. Blumenberg: Der Sturz des Protophilosophen. Zur Komik der reinen Theorie. In: Wolfgang Preisendanz und Rainer Warning (Hg.): Das Komische (= Poetik und Hermeneutik. Band VII). München 1976, S. 11–64
7 Adriana Cavarero: Platons Töchter. Frauengestalten der antiken Philosophie. Hamburg 1997, S. 86
8 Sigmund Freud: Der Humor. In: Gesammelte Werke XIV, S. 382–389, S. 389

Die Austreibung des Lachens aus der Philosophie

1 Alfred North Whitehead: Prozeß und Realität (1929). Frankfurt a.M. 1984, S. 91. Ich zitierte Platons «Sämtliche Werke» in der Übersetzung von Friedrich Schleiermacher mit der Stephanus-Nummerierung, hg. von Walter F. Otto, Ernesto Grassi und Gert Plambück in sechs Bänden. Rowohlts Klassiker, Hamburg 1957–59
2 Diogenes Laertius: Leben und Meinungen berühmter Philosophen. III, 26 (= Erster Band. Drittes Buch). Hamburg 1990, 3. Aufl., S. 161
3 Ebd., II, 40 (= Erster Band. Zweites Buch), S. 93. Vgl. Platon: Apologie 24b. Zur Biographie und Typik des Sokrates vgl. Johanna Braun und Günter Braun:

Der unhandliche Philosoph. Frankfurt a. M. 1983; Gernot Böhme: Der Typ Sokrates. Frankfurt a. M. 1988

4 Platon: Der siebente Brief 326c. Stuttgart 1998, S. 7

5 Aristophanes: Die Wolken, Vs. 1005–1008. Stuttgart 2001, S. 65

6 Diogenes Laertius: a. a. O., II, 37, S. 102

7 Sören Kierkegaard: Über den Begriff der Ironie. Mit ständiger Rücksicht auf Sokrates (1841). Frankfurt a. M. 1976, S. 19

8 R. M. Hare: Platon. Stuttgart 1990, S. 29

9 Xenophon: Das Gastmahl. Stuttgart 2003, S. 5

10 Vgl. Artikel «Parasitos». In: Paulys Realencyklopädie der classischen Altertumswissenschaft. Neue Bearbeitung. 36. Halbband. Stuttgart-Waldsee 1949, Sp. 1381–1405

11 Vgl. Artikel «Gelotopoioi». In: Ebd., 13. Halbband. Stuttgart 1910, Sp. 1019–1021; Wilhelm Süß: Lachen, Komik und Witz in der Antike. Zürich – Stuttgart 1969; Gerhard Fink (Hg.): Götter, Spötter und Verrückte. Antike Anekdoten. Frankfurt a. M. – Leipzig 1995; Jan Bremmer: Witze, Spaßmacher und Witzbücher in der antiken griechischen Kultur. In: J. Bremmer und Herman Roodenburg (Hg.): Kulturgeschichte des Humors. Von der Antike bis heute. Darmstadt 1999, S. 18–31; Karl-Werner Weeber: Humor in der Antike. Stuttgart 2006

12 Xenophon: Das Gastmahl, a. a. O., S. 9

13 Ebd., S. 23

14 Ebd., S. 65

15 Ebd., S. 31

16 Ebd., S. 71

17 Ebd., S. 53

18 Ebd., S. 11

19 Philogelos. Der Lachfreund. Griechisch-deutsch mit Einleitungen und Kommentar. Herausgegeben von Andreas Thierfelder. München 1968. Ich zitiere die Witze Nr. 3 (S. 29); Nr. 11 (S. 33); Nr. 13 (S. 33); Nr. 18 (S. 35); Nr. 22 (S. 37). Vgl. Gerhard Ritter: Studien zur Sprache des Philogelos. Diss. Basel 1955

20 Aristoteles: Über die Glieder der Geschöpfe (De partibus animalium). Buch III, Abschnitt 10 (Das Zwerchfell). Herausgegeben, übertragen und in ihrer Entwicklung erläutert von Paul Gohlke. Paderborn 1959, S. 124 f.

21 Aristoteles: Rhetorik. Übersetzt und herausgegeben von Gernot Krapinger. Stuttgart 1999, S. 112

22 Aristoteles: Nikomachische Ethik (Band IV, 12–14). Übersetzt, eingeleitet und kommentiert von Franz Dirlmeier. Frankfurt a. M. – Hamburg 1957, S. 97–102

23 Vgl. Umberto Eco: Der Name der Rose. München – Wien 1982

24 Aristoteles: Poetik. Stuttgart 1986, S. 17. Vgl. Hellmut Flashar: Aristoteles, Das

Lachen und die Alte Komödie. In: Siegfried Jäkel und Asko Timonen (Hg.): Laughter down the Centuries. Vol. I. Turku 1999, S. 59–70

25 Vgl. Michael Mader: Das Problem des Lachens und der Komödie bei Platon. Stuttgart – Berlin – Köln – Mainz 1977

Die Geschichte vom lachenden Philosophen

1 Christoph Martin Wieland: Geschichte der Abderiten (1774). In: Sämmtliche Werke VI. Hamburg 1984, S. 86

2 Diogenes Laertius: Leben und Meinungen berühmter Philosophen. Hamburg 1990, 3. Aufl.. Abschnitt IX, 37 (= Zweiter Band, S. 178)

3 Ebd. III, 25 (= Erster Band, S. 160)

4 Ebd., IX, 40 (= Zweiter Band, S. 180)

5 Ebd., IX, 38 (= Zweiter Band, S. 179)

6 Demokrit: Fragmente zur Ethik. Griechisch/Deutsch. Neu übersetzt und kommentiert von Gred Ibscher. Stuttgart 1996, S. 123

7 Diogenes Laertius, IX, 36 (= Zweiter Band, S. 178)

8 Überliefert von Clemens, Katechet von Alexandria, gestorben wohl am Beginn des 3. nachchristlichen Jahrhunderts (Clemens Alexandrinus). Zitiert nach Albert Lange: Geschichte des Materialismus und Kritik seiner Bedeutung in der Gegenwart (1866). Frankfurt a.M. 1974, S. 14

9 Zit. nach Wilhelm Capelle (Hg.): Die Vorsokratiker. Stuttgart 1968, S. 414

10 Diogenes Laertius, IX, 44 (= Zweiter Band, S. 182). Zu Demokrits Atomtheorie vgl. Hans-Georg Gadamer: Antike Atomtheorie (1935). In: H.-G. Gadamer: Der Anfang des Wissens. Stuttgart 1999, S. 101–128; Sousanna-Maria Nikolaou: Die Atomlehre Demokrits und Platons «Timaios». Stuttgart 1998

11 Zit. nach Wilhelm Capelle (Hg.): Die Vorsokratiker, a.a.O., S. 402

12 Zit. ebd., S. 399

13 Demokrit: Fragmente der Ethik, a.a.O., S. 29

14 Ebd., S. 31. Zum Verhältnis zwischen Demokrits Physik und Ethik vgl. Gregory Vlastos: Ethics and Physics in Demokritus. In: Philosophical Review 54 (1945), S. 578–529; 55 (1946), S. 53–64; Salomon J. Luria: Zur Frage der materialistischen Begründung der Ethik bei Demokrit. Berlin 1964

15 Diogenes Laertius, IX, 45 (= Zweiter Band, S. 182)

16 Demokrit: Fragmente zur Ethik, a.a.O., S. 31

17 Ebd., S. 79

18 G.W.F. Hegel: Vorlesungen über die Geschichte der Philosophie I. In: Werke in zwanzig Bänden. Band 18. Frankfurt a.M. 1971, S. 366

19 Friedrich Albert Lange: Geschichte des Materialismus, a.a.O., S. 13f.

20 Gred Ibscher: Demokrits Wege des Denkens. In: Demokrit. Fragmente zur Ethik, a.a.O., S. 134–211, S. 180f.

21 Vgl. zu dieser langen Geschichte: Salomon Jakovlevic Luria: Democritea. Leningrad 1970; Angel M. Gomez: The legend of the laughing philosopher and its presence in Spanish literature (1500–1700). Cordoba 1984; Thomas Rütten: Demokrit. Lachender Philosoph und sanguinischer Melancholiker. Leiden – New York – Kobenhavn – Köln 1992; Reimar Müller: Demokrit – der «lachende Philosoph». In: Siegfried Jäkel und Asko Timonen (Hg.): Laughter down the Centuries. Band 1. Turku 1994, S. 39–51

22 Demokrit: Fragmente der Ethik, a.a.O., S. 35

23 Ebd., S. 41

24 Marcus Tullius Cicero: De oratore. Über den Redner. Stuttgart 1997, 3. Aufl., S. 346f.

25 Ebd., S. 359

26 Ebd., S. 367

27 Vgl. als Systematisierungsversuch Edwin Rabbie: Cicero über den Witz. Kommentar zu De oratore II, 216–290. Amsterdam 1986

28 Cicero: De oratore, a.a.O., S. 377

29 Aristoteles: Rhetorik (Drittes Buch, Abschnitt II). Stuttgart 1999, S. 177. (Das Beispiel hat Aristoteles aus Homer: Odyssee 21, 341 übernommen.)

30 Cicero: De oratore, a.a.O., S. 385

31 Ebd., S. 377

32 Ebd., S. 385. Metallus soll ein so prachtvolles Landhaus gebaut haben, dass es auch für Kurzsichtige von Rom aus nicht zu übersehen war. Dieser Protz wird als lächerlich entlarvt, ohne dass er dagegen etwas sagen kann.

33 Ebd., S. 359

34 Aristoteles: Über die Glieder der Geschöpfe. Hg., übertragen und in ihrer Entstehung erläutert von Paul Gohlke. Paderborn 1959, S. 124

35 Ebd., S. 124f.

36 Horaz: Ars Poetica. Die Dichtkunst. Stuttgart 1980, S. 5

37 Horaz: Epistularum Liber II. Briefe Zweites Buch. In: Horaz: Sämtliche Werke. München – Zürich 1985, 10. Aufl., S. 515/517

38 Stobaeus: Florilegium III, 20, 53. Zit. nach Thomas Rütten: Demokrit, a.a.O., S. 14

39 Seneca: Von der Ruhe der Seele und andere Essays. München 1991, S. 108. Zum Stoizismus vgl. Manfred Geier: Das Glück der Gleichgültigen. Reinbek bei Hamburg 1997, S. 85–111

40 Seneca: Von der Ruhe der Seele und andere Essays, a.a.O., S. 108. Vgl. dazu Cora E. Lutz: Democritus and Heraclitus. In: The Classical Journal 49 (1953/54), S. 309–314

41 Diogenes Laertius IX, 3 (= Zweiter Band, S. 160)
42 Seneca: Von der Ruhe der Seele und andere Essays, a. a. O., S. 256
43 Ebd., S. 257
44 Vgl. Robert Philippson: Verfasser und Entstehungszeit der sogenannten Hippokrates-Briefe. In: Rheinisches Museum 77 (1928), S. 293–328
45 Hermann Diels: Hippokratische Forschungen V. In: Hermes 53 (1918), S. 57–87, S. 84 f.
46 Die Werke des Hippokrates. Corpus Hippocraticum. Ergänzungsteil: Die Briefe des Hippokrates. Stuttgart 1938
47 Philogelos. Der Lachfreund. Griechisch-deutsch mit Einleitungen und Kommentar hg. von Andreas Thierfelder. München 1968. Ich zitiere die Witze Nr. 110, 112 und 120
48 Juvenal: Satiren. Hg., übersetzt und mit Anmerkungen versehen von Joachim Adamietz. München 1993, S. 209
49 Ebd., S. 229
50 Ebd., S. 205/207
51 Lukian: Hermotimos oder Lohnt es sich, Philosophie zu studieren? Hg., übersetzt und erläutert von Peter von Möllendorf. Darmstadt 2000. Lukian wurde in Samosata am Euphrat in Kommagene geboren, einer östlichen Randregion der römischen Provinz Syrien. Hier existierten griechische und syrisch-aramäische Kultur nebeneinander. Er war viele Jahre als sophistischer Wanderredner auf Reisen, die ihn über Griechenland bis nach Italien und Gallien führten. Er schrieb zahlreiche Komödien und Satiren, in griechischer Sprache, und man schätzte ihn schon zu seinen Lebzeiten als einen philosophischen Schriftsteller, «dem es ernst damit gemeint ist, Gelächter zu erzeugen». Er war vor allem ein Meister der Adaption des philosophischen Dialogs sokratisch-platonischer Prägung. In dieser Hinsicht gehören, neben dem *Hermotimos*, zu seinen Meisterwerken auch: *Das Gastmahl* (Symposion); *Nigrinus*; *Philopseudeis* (Die Lügenfreunde); *Der Parasit oder: Beweis, daß Schmarotzen eine Kunst sey*. Seine sämtlichen Werke sind von Christoph Martin Wieland aus dem Griechischen übersetzt und mit Anmerkungen und Erläuterungen versehen worden. Leipzig 1788/89; Nachdruck in 3 Bänden Darmstadt 1971. Zum philosophischen Gelächter bei Lukian vgl. bes. Clay Diskin: Lucian of Samosata: Four Philosophical Lives. In: Aufstieg und Niedergang der römischen Welt. Teil II: Principat. Band 36/5. Berlin – New York 1992, S. 3405–3450; Heinz-Günther Nesselrath: Kaiserlicher Skeptizismus in platonischem Gewand: Lukians «Hermotimos». In: Ebd., S. 3451–3482
52 Lukian von Samosata: Lügengeschichten und Dialoge. Aus dem Griechischen übersetzt und mit Anmerkungen und Erläuterungen versehen von Christoph Martin Wieland. Nördlingen 1985 (= Die andere Bibliothek. Hg. von Hans Magnus Enzensberger. Band 1), S. 11

53 Ebd., S. 48

54 Ebd., S. 42. Vgl. Martin Ebner, Holger Gzella, Heinz-Günther Nesselrath und Ernst Ribbat: Lukian. Die Lügenfreunde oder: Der Ungläubige. Darmstadt 2001, S. 44f.

55 Lukian von Samosata: Lügengeschichten und Dialoge, a. a. O., S. 342

56 Ebd., S. 344

57 Vgl. A. M. Garcia Gomez: The legend of the laughing philosopher, a. a. O., S. 45ff. Zur kritisch-ablehnenden Haltung der christlichen Kirche gegen das Lachen vgl. Ernst-Robert Curtius: Europäische Literatur und lateinisches Mittelalter. Bern – München 1863, 4. Aufl., S. 419–434; Jacques Le Goff: Das Lachen im Mittelalter. Stuttgart 2004

58 Die Heilige Schrift. Das Evangelium nach Lukas. Wehrufe 6, 25

59 Erasmus von Rotterdam: Das Lob der Torheit. Stuttgart 2004, S. 3

60 Ebd., S. 5

61 Ebd., S. 6

62 Vgl. August Buck: Democritus ridens et Heraclitus flens. In: Ders.: Die humoristische Tradition in der Romania. Bad Homburg 1968, S. 101–117

63 Francois Rabelais: Gargantua und Pantagruel. Frankfurt a. M. – Leipzig 1994, S. 34. Vgl. dazu Henning Mehnert: Democritus ridens und Heraclitus flens. Zur thematischen Tiefenstruktur der Rabelaisschen Bücher. In: Ders.: Melancholie und Inspiration, Heidelberg 1978, S. 311–325

64 Michail Bachtin: Rabelais und seine Welt. Frankfurt a. M. 1995; vgl. Michail Bachtin: Literatur und Karneval. Frankfurt a. M. – Berlin – Wien 1985

65 Francois Rabelais: Gargantua und Pantagruel, a. a. O., S. 86

66 Michel de Montaigne: Über Demokrit und Heraklit. In: Essais. Erste moderne Gesamtübersetzung von Hans Stilett. Erstes Buch, Abschnitt 50. Frankfurt a. M. 1988, S. 154

67 Christoph Martin Wieland: Der Schlüssel zur Abderitengeschichte. In: Sämmtliche Werke VI. Hamburg 1984, Band 20, S. 297. Vgl. J. G. Gruber: Wielands Leben (1827): Sechstes Buch. Hamburg 1984, S. 423; Friedrich Sengle: Wieland. Stuttgart 1949; Irmela Brender: Christoph Martin Wieland. Reinbek bei Hamburg 1990

68 Christoph Martin Wieland: Geschichte der Abderiten. In: Ders.: Sämmtliche Werke VI. Hamburg 1984, Bände 19 und 20. Vgl. Klaus Bäppler: Der philosophische Wieland. Bern – München 1974

69 Immanuel Kant: Der Streit der Fakultäten, A 138. In: Werke in sechs Bänden. Hg. von Wilhelm Weischedel. Frankfurt a. M. 1964. Band VI, S. 354

70 Gotthold Ephraim Lessing: Hamburgische Dramaturgie. 69. Stück, den 29. Dezember 1767. In: Gesammelte Werke. Zweiter Band. München 1959, S. 627f. Zur geistesgeschichtlich bahnbrechenden Rolle Wielands, philosophische Probleme literarisch behandelt zu haben und den Roman philoso-

phisch werden zu lassen, vgl. Silvio Vietta: Literarische Phantasie. Theorie und Geschichte. Barock und Aufklärung. Stuttgart 1986, S. 165–209

71 Christoph Martin Wieland: Musarion. In: Sämmtliche Werke III, Hamburg 1984. Band 9, S. 98

72 Johann Wolfgang von Goethe: Dichtung und Wahrheit. Siebentes Buch. In Goethes Werke. Fünfter Band. Frankfurt a. M. 1981, S. 245

73 J. G. Gruber: Wielands Leben, a. a. O., S. 573 f.

74 Zit. ebd., S. 573

Die Spottlust eines Hunde-Philosophen

1 (Diogenes Laertius: Leben und Meinungen berühmter Philosophen. Hamburg 1990. Von Diogenes von Sinope handelt Erster Band, Sechstes Buch, Zweites Kapitel. (Im Folgenden zitiert als D. L. Buch, Abschnitt.)) Brief von Christoph Martin Wieland an Riedel in Erfurt, 25. Mai 1769. In: Wielands Briefwechsel. Vierter Band. Berlin 1979, S. 1; vgl. Siegfried Scheibe: Wielands Ankunft in Erfurt. In: Wieland-Studien II. Sigmaringen 1994, S. 127–129

2 Zit. nach Christoph Martin Wielands Leben. Neu bearbeitet von J. G. Gruber (1827). Hamburg 1984, S. 561

3 Christoph Martin Wieland. Sämmtliche Werke IV (Band 13: Nachlass des Diogenes von Sinope). Hamburg 1984

4 Vgl. Claudius Aelinus: Variae historiae 24, 33. Zitiert nach Georg Luck: Die Weisheit der Hunde. Texte der antiken Kyniker in deutscher Übersetzung mit Erläuterungen. Stuttgart 1997, S. 97. (Von Diogenes handelt Kapitel II, S. 76–193.)

5 Zit. nach Heinrich Niehues-Pröbsting: Der Kynismus des Diogenes und der Begriff des Zynismus. Frankfurt a. M. 1988, S. 282. Vgl. dazu auch: Ders.: Wielands Diogenes und der Rameau Diderots. In: Peter Sloterdijks «Kritik der zynischen Vernunft». Frankfurt a. M: 1987, S. 73–109, bes. S. 85 f.

6 Zit. nach Wielands Leben, a. a. O., S. 571 f.

7 Vgl. zur Münzmetaphorik des Orakelspruchs H. Niehues-Pröbsting: Der Kynismus des Diogenes, a. a. O., S. 55–96; Michel Onfray: Der Philosoph als Hund. Vom Ursprung des subversiven Denkens bei den Kynikern. Frankfurt a. M. – New York – Paris 1991, S. 127–137

8 Klaus Heinrich: Antike Kyniker und Zynismus in der Gegenwart. In: Ders.: Parmenides und Jona. Basel – Frankfurt a. M. 1982, S. 129–160, S. 139. Vgl. zu dieser «Verwilderung» des Kynikers, vor allem auf das Essen und Trinken bezogen: Michel Onfray: Der Bauch des Philosophen. Frankfurt a. M. – New York – Paris 1990, S. 33–45

9 Peter Sloterdijk: Kritik der zynischen Vernunft. Erster Band. Frankfurt a. M. 1983, S. 210
10 Ebd., S. 314
11 Ebd., S. 303
12 Ebd., S. 210
13 Ebd., S. 205
14 Platon: Sophistes 246 a
15 Heinrich von Kleist. In: Kleist, dtv-Gesamtausgabe. Band 5. München 1964, S. 27
16 Vgl. zuletzt C. W. Weber: Die Botschaft aus der Tonne. Frankfurt a. M. – Berlin 1990; Malte Hossenfelder: Antike Glückslehren. Stuttgart 1996 (zum Kynismus S. 1–38); Hans Schöpf: Geh mir aus der Sonne! Die Weisheiten des Diogenes. Düsseldorf – Zürich 2005

Die heilsame Bewegung des Zwerchfells

1 Immanuel Kant: Kritik der Urteilskraft (1790), A 225. In: Kant: Werke in sechs Bänden. Herausgegeben von Wilhelm Weischedel. Band V. Wiesbaden 1957, S. 439. Kants Referenz ist der VII. Gesang aus Voltaires «Henriade». Die beiden Stützen in der Mühsal sind «le doux sommeil» und L'esperance».
2 Jan Philipp Reemtsma: Der Liebe Maskentanz. Aufsätze zum Werk Christoph Martin Wielands. Zürich 1999, S. 49
3 Vgl. Wolfgang Schmidt-Hidding (Hg.): Humor und Witz. Europäische Schlüsselwörter. Band 1. München 1963; Dieter Hörhammer: Art. Humor. In: Ästhetische Grundbegriffe. Historisches Wörterbuch in sieben Bänden. Band 3. Stuttgart – Weimar 2001, S. 66–85
4 Michail Bachtin: Rabelais und seine Welt. Frankfurt a. M. 1995, S. 88
5 Ebd., S. 165
6 Friedrich Nietzsche: Menschliches, Allzumenschliches. In: Werke I. Hg. von Karl Schlechta. Frankfurt a. M. – Berlin – Wien 1980, S. 944
7 Daniela Weiss-Schletterer: Das Laster des Lachens. Ein Beitrag zur Genese der Ernsthaftigkeit im deutschen Bürgertum des 18. Jahrhunderts. Wien – Köln – Weimar 2005, S. 9
8 Johann Christoph Gottsched: Versuch einer Critischen Dichtkunst vor die Deutschen. In: Schriften zur Literatur. Stuttgart 1982, S. 38
9 Ebd., S. 186
10 Wielands Briefwechsel. Hg. von der Akademie der Wissenschaften der DDR durch Hans Werner Seiffert. Dritter Band. Berlin 1975, S. 161
11 Zit. nach Charles Elson: Wieland and Shaftesbury (1913). New York 1966, S. 14.

Zu Shaftesburys Leben und Philosophie vgl. E. Wolff: Shaftesbury und seine Bedeutung für die englische Literatur des 18. Jahrhunderts. Tübingen 1960; Robert Voitle: The Third Earl of Shaftesbury (1671–1713). Baton Rouge – London 1984; Angelica Baum: Selbstgefühl und reflektierte Neigung. Stuttgart – Bad Cannstatt 2001

12 Zit. nach Charles Elson: Wieland and Shaftesbury, a. a. O., S. 105

13 Zit. nach Thomas C. Starnes: Christoph Martin Wieland. Leben und Werk. Aus zeitgenössischen Quellen chronologisch dargestellt. 3 Bände. Band 1, S. 94

14 Ebd., S. 125

15 Shaftesbury: Vermischte Betrachtungen (1711). In: Standard Edition. I. Works. Band 2. Stuttgart – Bad Cannstatt 1989, S. 123

16 Shaftesbury: Ein Brief über den Enthusiasmus (1708). Hamburg 1980, S. 6

17 Wielands Briefwechsel. Erster Band. Berlin 1963, S. 363

18 Ebd.

19 Shaftesbury: Sensus Communis. Ein Versuch über die Freiheit von Witz und Laune (1709). In: Standard Edition. I, 3. Stuttgart – Bad Cannstatt 1992, S. 19

20 Shaftesbury. Ein Brief über den Enthusiasmus, a. a. O., S. 9

21 Ebd., S. 16

22 Ebd., S. 17

23 Ebd., S. 12

24 Zu Shaftesburys «Sensus Communis» als Neigung der Individuen zur Vergesellschaftung und Geselligkeit (Soziabilität), im Unterschied zum «common sense» als allgemeiner Menschenverstand, vgl. Shaftesbury: Standard Edition. I, 3. *Sensus Communis* bezeichnet den Sinn für das öffentliche Wohl, gemeinsame Interessen, natürliches Wohlwollen, Menschenliebe und jene Art Besinnung, «welche aus dem rechten Sinn für die gemeinsamen Rechte der Menschheit und der naturgegebenen Gleichheit erwächst, die unter den Geschöpfen der gleichen Gattung anzutreffen ist». (S. 71) Vgl. Shaftesbury: Der gesellige Enthusiast. Hamburg 1990

25 Shaftesbury: Ein Brief über den Enthusiasmus, a. a. O., S. 6

26 Ebd., S. 20

27 Ebd.

28 Erich Lobkowicz: Common Sense und Skeptizismus. Weinheim 1986, S. 119

29 Ebd., S. 18f.

30 Shaftesbury: Sensus Communis, a. a. O., S. 22f.

31 Ebd., S. 22

32 Ebd. S. 23

33 Ebd. S. 36f.

34 Vgl. Lawrence E. Klein: Shaftesbury and the Culture of Politeness. Cambridge Univ. Press 1996

35 Vgl. Die heilige Schrift. Altes Testament. Das Buch Hiob 40, 25–41, 26. Vgl. dazu Carl Schmitt: Der Leviathan in der Staatslehre des Thomas Hobbes. Hamburg 1938

36 Thomas Hobbes: Leviathan. Frankfurt a. M. – Berlin – Wien 1976, S. 44

37 Thomas Hobbes: Vom Menschen. Vom Bürger. Hamburg 1959, S. 33

38 Shaftesbury: Sensus Communis, a. a. O., S. 55

39 Ebd., S. 59

40 Vgl. Max Horkheimer und Theodor W. Adorno: Dialektik der Aufklärung (1944). Lichtenstein 1955, Exkurs II

41 Klaus Heinrich: «Theorie» des Lachens. In: Dietmar Kamper und Christoph Wulf (Hg.): Lachen – Gelächter – Lächeln. Frankfurt a. M. 1986, S. 17–38, S. 17

42 Hartmut Böhme und Gernot Böhme: Das Andere der Vernunft. Frankfurt a. M. 1983, S. 482

43 Vgl. Manfred Geier: Kants Welt. Reinbek bei Hamburg 2003

44 Werke in sechs Bänden. Hg. von Wilhelm Weischedel. Band I, S. 914

45 In: Kant's gesammelte Schriften. Hg. von der Berlin-Brandenburgischen Akademie der Wissenschaften. Band XVIII, S. 436

46 Immanuel Kant: Briefwechsel. Auswahl und Anmerkungen von Otto Schöndörffer. Hamburg 1986. Dritte, erw. Aufl., S. 59

47 Kant: Werke IV, S. 313

48 Ludwig Ernst Borowski: Darstellung des Lebens und Charakters Immanuel Kant's. In: Felix Groß (Hg.): Immanuel Kant. Sein Leben in Darstellungen von Zeitgenossen. Darmstadt 1993, S. 69

49 Reinhold Bernhard Jachmann: Immanuel Kant geschildert in Briefen an einen Freund (1804). In: Ebd., S. 145 f. – Die amüsanten «Göttergespräche» sind kein eigenes Werk von Wieland, sondern stammen von dem großen antiken Spötter Lukian. Kant hat sie durch Wielands deutsche Übersetzung kennen gelernt. Vgl. Lukian von Samosata: Lügengeschichten und Dialoge. Aus dem Griechischen übersetzt und mit Anmerkungen und Erläuterungen versehen von Christoph Martin Wieland. Nördlingen 1985, S. 455–542

50 Immanuel Kant: Briefwechsel, a. a. O., S. 335

51 Ebd., S. 337

52 Kant: Werke VI, 354

53 Johann Gottfried Herder. In: Rudolf Malter (Hg.): Immanuel Kant in Rede und Gespräch. Hamburg 1990, S. 57

54 L. E. Borowski: Darstellung des Lebens und Charakters Immanuel Kant's, a. a. O., S. 76

55 R. B. Jachmann: Immanuel Kant geschildert in Briefen an einen Freund, a. a. O., S. 115

56 Ebd., S. 157

57 Ebd., S. 158
58 Kant: Werke I, S. 829
59 Kant: Akademie-Ausgabe XXIV, S. 324 f., 332 f.
60 Kant: Werke I, S. 888
61 Brief an Marcus Herz, gegen Ende 1773. In: Kant: Briefwechsel, a. a. O., S. 115
62 Immanuel Kant: Vorlesungen zur Anthropologie. Erste Hälfte. Wintersemester 1772/73. Nachschrift Collins. In: Kant: Akademie-Ausgabe XXV. Berlin 1997, S. 1–238, S. 111 f.
63 Ebd., S. 11
64 Ebd.
65 Ebd. S. 112 bzw. 117
66 Ebd., S. 116
67 Ebd., S. 113
68 Sieben Bände. Berlin 1764–1777
69 Kant: Vorlesungen zur Anthropologie, a. a. O., S. 69
70 Ebd., S. 142
71 Ebd., S. 144
72 Ebd., S. 145
73 Ebd.
74 Ebd.
75 Kant: Werke V, S. 435
76 Vgl. zu diesem zentralen Problem Panajotis Kondylis: Die Aufklärung im Rahmen des neuzeitlichen Rationalismus. Hamburg 2002
77 Kant: Werke V, S. 436 f.
78 Ebd., S. 437
79 Ebd., S. 437 f.
80 Ebd., S. 438
81 Kant: Vorlesungen zur Anthropologie, a. a. O., S. 145
82 Kant: Werke V (Kritik der Urteilskraft), S. 439
83 Vgl. Volker Gerhardt (Hg.): Kant zum Vergnügen. «Man merkt leicht, dass auch kluge Leute bisweilen faseln.» Stuttgart 2003, S. 65–77; Birgit Recki: So lachen wir. Wie Immanuel Kant Leib und Seele zusammenhält. In: Ursula Franke (Hg.): Kants Schlüssel zur Kritik des Geschmacks. Hamburg 2003, S. 177–187, S. 184
84 Kant: Werke V, S. 439
85 Ebd.
86 Ebd.
87 Ebd., S. 436
88 Kant: Werke VI (Anthropologie in pragmatischer Hinsicht), S. 594
89 Ebd., S. 594 f.
90 Ebd., S. 538

91 Ebd., S. 619
92 Ebd., S. 596
93 Ebd., S. 620 f.

Ein spitzbübisches Problem

1 Henri Bergson: Das Lachen (1900). Zit. nach der Übersetzung in: Steffen Dietzsch (Hg.): Luzifer lacht. Philosophische Betrachtungen von Nietzsche bis Tabori. Leipzig 1993, S. 33
2 Kant: Werke II, S. 701
3 Kant: Werke VI, S. 399
4 Kant: «… ich verachtete den Pöbel, der von nichts weis. Rousseau hat mich zurecht gebracht. Dieser verblendende Vorzug verschwindet, ich lerne die Menschen ehren.» (1765). In: Kant: Akademie-Ausgabe XX, S. 44
5 Kant: Akademie-Ausgabe XXV, S. 141
6 Vgl. John Morreal: Taking Laughter Seriously. Albany – New York 1983; John Morreal (Hg.): The Philosophy of Laughter and Humor. Albany – New York 1987
7 Charles Baudelaire: Über das Wesen des Lachens. In: Gesammelte Schriften. Band 3. Dreieich 1981, S. 223–266, S. 241
8 Ebd., S. 236
9 Ebd., S. 247
10 Ebd., S. 229
11 Das Evangelium nach Lukas 6, 25
12 Friedrich Nietzsche: Der Wanderer und sein Schatten. In: Werke I, S. 880
13 Vgl. Peter L. Berger: Erlösendes Lachen. Berlin – New York 1998, S. 219–255; René Voeltzel: Das Lachen des Herrn. Hamburg – Bergstedt 1961
14 Marcus Tullius Cicero: De oratore. Über den Redner. Stuttgart 1997, 3. Aufl., S. 359
15 Michel de Montaigne: Essais. Frankfurt a. M. 1988, S. 154
16 René Descartes: Die Leidenschaften der Seele. Hamburg 1996, 2. Aufl., S. 277 f.
17 Ebd., S. 279
18 Thomas Hobbes: Leviathan. Hamburg 1996, S. 47
19 Ebd.
20 René Descartes: Die Leidenschaften der Seele, a. a. O., S. 279 f.
21 Vgl. Anthony Ashley Cooper, Third Earl of Shaftesbury: Sensus Communis. In: Standard Edition I, 3. Stuttgart – Bad Cannstatt 1992, S. 22 und S. 37
22 Vgl. Albert James Smith: Metaphysical Wit. Cambridge Univ. Press 1991

23 Alexander Pope an Oliver Cromwell. In: Pope. Correspondence. Hg. von George Sherburn. Band I. Oxford 1956, S. 111 f.
24 Zitiert nach Wolfgang Schmidt-Hidding: Wit and Humour. In: Ders. (Hg.): Humor und Witz. Band 1. München 1963, S. 114
25 Francis Hutcheson: Hibernicus's Letters. In: Collected Works. Hildesheim 1969–1971. Band VII, S. 116
26 Kant: Werke I, S. 914
27 Kant: Akademie-Ausgabe XXV, S. 143
28 Ebd., S. 140
29 Ebd., S. 141 f.
30 Kant: Werke V, S. 438
31 Kant: Akademie-Ausgabe XV, S. 622
32 Kant: Akademie-Ausgabe XX, S. 101
33 Beantwortung der Frage: Was ist Aufklärung? In: Kant: Werke VI, S. 53
34 Kant: Werke VI, S. 195
35 Jean Paul: Vorschule der Ästhetik. In: Werke in zwölf Bänden. Band 9. München – Wien 1975, S. 124 f.
36 Arthur Schopenhauer: Der handschriftliche Nachlaß. Band I. Frühe Manuskripte (1804–1818). Frankfurt a. M. 1966, S. 158. – Zum dramatischen Mutter-Sohn-Konflikt vgl. Rüdiger Safranski: Arthur Schopenhauer und Die wilden Jahre der Philosophie. München – Wien 1987, S. 251–258
37 Zit. in Arthur Hübscher (Hg.): Arthur Schopenhauer. Gespräche. Neue, stark erweiterte Auflage. Stuttgart – Bad Cannstatt 1971, S. 23
38 Ebd.
39 Erinnerung von Bernhard Miller (September 1859). In: Ebd., S. 348
40 Arthur Schopenhauer: Die Welt als Wille und Vorstellung. Erster Band. (Züricher Ausgabe. Werke in zehn Bänden. Band I). Zürich 1977, S. 96
41 Ebd.
42 Arthur Schopenhauer: Die Welt als Wille und Vorstellung. Zweiter Band (Werke in zehn Bänden. Band III). Zürich 1977, S. 111
43 Ebd., S. 112
44 Ebd., S. 111
45 Ebd., S. 115
46 Ebd., S. 116
47 Ebd., S. 117
48 Ebd., S. 117 f.
49 Vgl. Joakim Garff: Sören Kierkegaard. München 2004, S. 426 f.
50 Sören Kierkegaard: Abschließende unwissenschaftliche Nachschrift. Zweiter Teil. (Gesammelte Werke, Band 7). Jena 1910, S. 2 f.
51 Ebd., S. 198 f.
52 Ebd., S. 201

53 Ebd., S. 202

54 Ebd., S. 200, 201, 202

55 Henri Bergson: Das Lachen. Meisenheim am Glan 1948, S. 11

56 Ebd., S. 18 f.

57 Ebd., S. 16

58 Ebd., S. 17

59 Klaus Heinrich: «Theorie» des Lachens. In: Dietmar Kamper und Christoph Wulf (Hg.): Lachen – Gelächter – Lächeln. Frankfurt a. M. 1986, S. 27

60 Rita Bischof: Lachen und Sein. Einige Lachtheorien im Lichte von George Bataille. In: Ebd., S. 57

61 Henri Bergson: Das Lachen, a. a. O., S. 109

62 Vgl. Manfred Geier: Martin Heidegger. Reinbek bei Hamburg 2005

63 Vgl. Max Scheler: Die Stellung des Menschen im Kosmos. Darmstadt 1928

64 Helmut Plessner: Lachen und Weinen. Bern – München 1961, 3. Aufl., bes. S. 45, 47 f., 199

65 Ebd., S. 89

66 Ebd., S. 14. Ein Jahr vor Plessners Monographie *Lachen und Weinen* erschien 1940 Joachim Ritters Aufsatz *Über das Lachen*. Auch Ritter ging von einer krisenhaften Inkongruenz aus, die sich auf paradoxe Weise innerhalb der kongruenten Ordnung abspielt. Gegen das Ordentliche und Wesentliche steht das Nichtige, Entgegenstehende, Ausgegrenzte, Ausfallende, Abseitige. Aber auch es gehört zum Dasein und reizt als das Nichtige im Wesentlichen zum Lachen. «Was mit dem Lachen ausgespielt und ergriffen wird, ist diese geheime Zugehörigkeit des Nichtigen zum Dasein; sie wird ergriffen und ausgespielt, nicht in der Weise des ausgrenzenden Ernstes, der es als das Nichtige von sich weghalten kann, sondern so, daß es in der es ausgrenzenden Ordnung selbst gleichsam als zu ihr zugehörig sichtbar und lautbar wird.» Joachim Ritter: Über das Lachen. In: Ders.: Subjektivität. Frankfurt a. M. 1974, S. 62–92, S. 76

67 Henri Bergson: Das Lachen, a. a. O., S. 106

68 Helmut Plessner: Lachen und Weinen, a. a. O., S. 152

69 Marcus Tullius Cicero: De oratore. Über den Redner. Stuttgart 1997, S. 377

70 Kant: Werke V, S. 437

71 Herbert Spencer: The Physiology of Laughter. In: Essays: Scientific, political and speculative. Vol. II (= The Works of Herbert Spencer XIV). Osnabrück 1966, S. 452–466, S. 462

72 Ebd., S. 463

73 Sigmund Freud: Der Witz und seine Beziehung zum Unbewußten. Frankfurt a. M. – Hamburg 1958, S. 118

74 Ebd., S. 119

Die Lust des Lachens

1 Ich zitiere nach Sigmund Freud: Gesammelte Werke. Chronologisch geordnet. London 1940 ff. (Band, Seite)
2 Sigmund Freud: Aus den Anfängen der Psychoanalyse. Briefe an Wilhelm Fließ. Abhandlungen und Notizen aus den Jahren 1887–1902. Frankfurt a.M. 1962, S. 320
3 Ebd., S. 343
4 Ebd.
5 19. Juli 1883. Zit. nach Ernest Jones: Das Leben und Werk von Sigmund Freud. Band I. Berlin – Stuttgart 1960, S. 408
6 3. November 1884. In: Ebd.
7 Ebd., S. 418
8 Brief an Fließ, 8. Februar 1897. In: Aus den Anfängen der Psychoanalyse, a.a.O., S. 165. Zur «akademischen Laufbahn» vgl. Peter Gay: Freud. Frankfurt a.M. 1995, S. 158 ff.
9 Brief an Fließ, 11. März 1902. In: Aus den Anfängen der Psychoanalyse, a.a.O., S. 294
10 Ebd., S. 295 f.
11 Ebd., S. 296
12 Brief an Fließ, 23. Februar 1898. Zit. in Ernest Jones: Das Leben und Werk von Sigmund Freud. Band I, a.a.O, S. 413
13 Brief an Fließ, 1. Januar 1898. In: Aus den Anfängen der Psychoanalyse, a.a.O., S. 125
14 Ebd., S. 142
15 Zur «Selbstanalyse» vgl. E. Jones: Das Leben und Werk von Sigmund Freud. Band I, a.a.O., S. 373–382
16 Vgl. Ernest Jones: Das Leben und Werk von Sigmund Freud. Band II. Bern – Stuttgart 1962, S. 396
17 Brief an Fließ, 11. September 1899. In: Aus den Anfängen der Psychoanalyse, a.a.O., S. 255
18 Brief an Fließ, 6. August 1899. In: Ebd., S. 249 f.
19 Brief an Fließ, 12. Juni 1900. In: Ebd., S. 277
20 Zur Textform des Witzes vgl. Wolfgang Preisendanz: Über den Witz. Konstanz 1970; Lutz Röhrich: Der Witz. Stuttgart 1977; Otto F. Best: Der Witz als Erkenntniskraft und Formprinzip. Stuttgart 1989; Ted Cohen: Jokes. Philosophical Thoughts on Joking Matters. Chicago 1999
21 The Works of John Locke. In ten volumes. Aalen 1963. Vol. II, Chapter 9, § 2
22 Christian Wolff: Gesammelte Werke. I. Abteilung, Band 4. Hildesheim – New York 1976, S. 203
23 Ebd., S. 205

24 Kant: Werke VI, S. 538
25 Ebd., S. 539
26 Ebd., S. 538
27 Ebd., S. 539
28 Vgl. auch Elliot Oring: The Jokes of Sigmund Freud. University of Pennsylvania Press 1984
29 Kant: Werke VI, S. 540
30 Vgl. Sarah Kofman: Die lachenden Dritten. Freud und der Witz. München – Wien 1990, S. 45–76
31 Kant: Werke VI, S. 539
32 Sigmund Freud war der Erste, der im jüdischen Witz ein Moment der «masochistischen» Selbstkritik erkannte, weil der jüdische Witzemacher oder -erzähler zugleich die Zielscheibe des Spotts sei. Vgl. Theodor Reik: Freud and Jewish Wit. In: Psychoanalysis 2 (1954), S. 12–21. Zur Kulturgeschichte des jüdischen Witzes und Humors vgl. Theodor Reik: Jewish Wit. New York 1962; Elena Loewenthal: Ein Hering im Paradies. München – Zürich 1999; Ezra BenGershom: Der Esel des Propheten. Darmstadt 2000; Gisela Dachs und Alex Levac (Hg.): Jüdischer Almanach: Humor. Frankfurt a. M. 2004
33 Sigmund Freud: Aus den Anfängen der Psychoanalyse, a. a. O., S. 320
34 Theodor Lipps: Komik und Humor. Leipzig 1922, 2. Aufl., S. 95
35 Klaus Heinrich: «Theorie» des Lachens. In: Dietmar Kamper und Christoph Wulf (Hg.): Lachen – Gelächter – Lächeln. Frankfurt a. M. 1986, S. 31
36 Alfred Stern: Philosophie des Lachens und Weinens (1945). Wien – München 1980, S. 30. Die Anekdote vom melancholischen Komiker stammt von Ralph Waldo Emerson.
37 Sigmund Freud hat sich 1927 noch einmal mit Witz und Humor beschäftigt, wobei er beide strenger getrennt hat. Während der *Witz* nur dem Lustgewinn dient, geht es beim *Humor* um den Triumph des Narzissmus. Angesichts einer bedrückenden oder übermächtigen Realität behauptet sich im Humor die Unverletzlichkeit des Ichs, wobei ihm das «Über-Ich» seine hilfreiche Unterstützung bietet. «Wenn es wirklich das Über-Ich ist, das im Humor so liebevoll tröstlich zum eingeschüchterten Ich spricht, so wollen wir daran gemahnt sein, daß wir über das Wesen des Über-Ichs noch allerlei zu lernen haben. Übrigens sind nicht alle Menschen der humoristischen Einstellung fähig, es ist eine köstliche und seltene Begabung und vielen fehlt selbst die Fähigkeit, die ihnen vermittelte humoristische Lust zu genießen.» S. Freud: Der Humor. In: Gesammelte Werke XIV, S. 382–389, S. 389

Die Grillen eines philosophischen Kopfes

1 Ludwig Wittgenstein: Philosophische Untersuchungen, III. In: Schriften. Frankfurt a.M. 1960, S. 343

2 Karl Valentins Selbstbiographie. In: Karl Valentin: Sämtliche Werke in acht Bänden. Band 7. München 1996, S. 13

3 Karl Valentin: Wie ich Volkssänger wurde. In: Wolfgang Till (Hg.): Volks-Sänger? DADAist? München 1982, S. 98. Zur Biographie Karl Valentins vgl. Michael Schulte: Karl Valentin. Reinbek bei Hamburg 1968, 6. Aufl. 2000; Michael Schulte: Karl Valentin. Eine Biographie. Hamburg 1982

4 Karl Valentin: Wie ich Volkssänger wurde, a.a.O., S. 98

5 Karl Valentin: Meine Komplexe. In: Sämtliche Werke. Band 7, a.a.O., S. 18

6 Karl Valentin: Volks-Sänger? DADAist? a.a.O., S. 315

7 Ebd., S. 319

8 Thomas Mann hat an seinen Bruder Viktor am 20. Februar 1948 geschrieben: «Valentins Tod ist mir nahe gegangen. Er war ein völlig einmaliges Gewächs.» Zit. nach Elisabeth Veit (Hg.): Das Beste von Karl Valentin. München – Zürich 2001, S. 391

9 Vgl. Bertolt Brecht: Karl Valentin (Oktober 1922). In: Schriften zum Theater I. Gesammelte Werke Band 15. Frankfurt a.M. 1967, S. 39

10 Franz Blei: Der Clown Valentin (1925). In: Karl Valentin: Volks-Sänger? DADAist? a.a.O., S. 10. Vgl. Erich Engel: Philosophie am Mistbeet. Ein Karl-Valentin-Buch. München 1969. – In philosophischer Perspektive, orientiert an Ernst Cassirers «Philosophie der symbolischen Formen», hat Gerhard Gönner Karl Valentins Umgang mit Kategorien des Raums, der Zeit und der Zahl analysiert. Valentins Figuren «erspielen ein philosophisches Experiment, das die konstitutiven Kategorien der einfachen Gewißheiten in Frage stellt und auf diesem Wege die Figuren und mit ihnen – wenigstens zeitweise – auch die Rezipienten einer fundamentalen Haltlosigkeit ausliefert, aus deren Grauen sich letztere vielleicht nur im Akt des Lachens erretten können.» G. Gönner: Vom «Wahr-Lachen» der Moderne. Karl Valentins Semantik paradoxer Lebensformen. In: Deutsche Zeitschrift für Philosophie 38/12 (1990), S. 1202–1210, S. 1204. Vgl. als seriöse Arbeit über Valentin als Philosophen im Sinne Ludwig Wittgensteins auch Thomas Rentsch: «Am Ufer der Vernunft». Die analytische Komik Karl Valentins. In: Helmut Bachmaier (Hg.): Kurzer Rede langer Sinn. Texte von und über Karl Valentin. München – Zürich 1990, S. 13–42

11 Wilhelm Hausenstein: Die Masken des Komikers Karl Valentin (1948). München 1980, S. 25

12 Immanuel Kant: Von der Macht des Gemüts, durch den bloßen Vorsatz

seiner krankhaften Gefühle Meister zu sein (1796). In: Werke VI, S. 378. Zu Valentins «Grillenkrankheit» vgl. Anton Kuh: Der Vorstadthypochonder. In: Karl Valentin: Volks-Sänger? DADAist? a. a. O., S. 18–21

13 Kant: Versuch über die Krankheiten des Kopfes (1764). In: Werke I, S. 395

14 Karl Valentin: Meine Komplexe, a. a. O., S. 18

15 G. E. Lessing: Über eine Aufgabe im «Teutschen Merkur». In: Gesammelte Werke. Erster Band. München 1959, S. 954. Der «Probierstein der Wahrheit» richtete sich kritisch gegen Shaftesburys «Test of ridicule».

16 Ludwig Wittgenstein: Philosophische Untersuchungen 123 bzw. 153, a. a. O., S. 345 bzw. 357

17 Zur Funktion des Lachens zwischen Katastrophenangst und -verarbeitung vgl. Klaus Heinrich: «Theorie» des Lachens. In: Dietmar Kamper und Christoph Wulf (Hg.): Lachen – Gelächter – Lächeln. Frankfurt a. M. 1986, S. 17–38

18 Ich zitiere nach der von Michael Schulte herausgegebenen Ausgabe: Alles von Karl Valentin. München 1978. Neuausgabe: Das Valentin Buch. Von und über Karl Valentin in Texten und Bildern. München 1984. Im Piper Verlag erschien eine textkritische Gesamtausgabe Karl Valentins: Sämtliche Werke in acht Bänden (und Ergänzungsband). München 1991–1997

19 Karl Bühler: Sprachtheorie (1934). Frankfurt a. M. – Berlin – Wien 1978, S. 103

20 Ebd., S. 104 f.

21 Ebd., S. 107

22 G. W. F. Hegel: Phänomenologie des Geistes (1807). In: Werke in zwanzig Bänden. Band 3. Frankfurt a. M. 1970, S. 85

23 Parmenides: Vom Wesen des Seienden. Die Fragmente. Herausgegeben, übersetzt und erläutert von Uvo Hölscher. Frankfurt a. M. 1986, S. 17; vgl. dazu Manfred Geier: Nichts ist nicht. Parmenides und die ontologische Bannformel. In: Ders.: Das Sprachspiel der Philosophen. Reinbek 1989, S. 31–62

24 Diogenes Laertius: Leben und Meinungen berühmter Philosophen IX, 44 (= Zweiter Band. S. 182)

25 Zit. nach Wilhelm Capelle (Hg.): Die Vorsokratiker. Stuttgart 1968, S. 402

26 Martin Heidegger: Was ist Metaphysik? (1929). Frankfurt a. M. 1975, 11. durchgesehene Aufl., S. 35. Vgl. Ludger Lütkehaus: Nichts. Frankfurt a. M. 2003, S. 408–430

27 Jean-Paul Sartre: Das Sein und das Nichts. Hamburg 1962, S. 46. Vgl. Ludger Lütkehaus: Nichts, a. a. O., S. 666–681

28 J.-P. Sartre: Das Sein und das Nichts, a. a. O., S. 48

29 Ebd.

30 Ebd., S. 49

31 Karl Valentin: Der Sprachforscher. In: Sämtliche Werke. Band 6. München 1996, S. 132

32 Karl Valentin: Sämtliche Werke. Band 7. München 1996, S. 148
33 Wilhelm Hausenstein: Die Masken des Komikers Karl Valentin, a.a.O., S. 65
34 Die Arbitraritätsvorstellung hat sich in der Sprachtheorie durchsetzen können, vor allem im Anschluss an die «Grundfragen der allgemeinen Sprachwissenschaft» des Genfer Linguisten Ferdinand de Saussure. Berlin 1967, 2. Aufl., S. 79 ff.
35 Georg Seeßlen: Karl Valentin. Eine Leidensgeschichte in zufällig ausgerechnet 7 Kapiteln. Frankfurt a.M. 1991, S. 7
36 Vgl. Martin Heidegger: Sein und Zeit. Tübingen 1972, S. 381 ff.
37 J.-P. Sartre: Das Sein und das Nichts, a.a.O., S. 168
38 Arthur Schopenhauer: Die Welt als Wille und Vorstellung. Zweiter Band. Erster Teilband. Zürich 1977, S. 118
39 Sigmund Freud: Der Witz und seine Beziehung zum Unbewußten. Frankfurt a.M. 1958, S. 184

Das Endspiel der Metaphysik

1 Immanuel Kant: Vorlesungen zur Anthropologie. Wintersemester 1772/73. Nachschrift Collins. In: Akademie-Ausgabe XXV, S. 117. – Bei den verwendeten Beiträgen von Martin, Rudolf und Max handelt es sich um: Martin Heidegger: Was ist Metaphysik? (Antrittsvorlesung am 24. Juli 1929 in der Aula der Freiburger Universität). In: Gesamtausgabe Band 9. Wegmarken (1919–1961), S. 103–122; Rudolf Carnap: Überwindung der Metaphysik durch logische Analyse der Sprache. In: Erkenntnis 2 (1931), S. 219–241; Max Horkheimer: Der neueste Angriff auf die Metaphysik (1937). In: Kritische Theorie der Gesellschaft. Band II. Frankfurt a.M. 1968, S. 82–136
2 Alfred Jarry: Ubu Hahnrei (1891). Erster Akt/Dritte Szene. In: Alfred Jarry: Ubu. Stücke und Schriften. Frankfurt a.M. 1987, S. 165
3 Roger Shattuck: Die Pataphysik ist das Ende aller Enden. In: Alfred Jarry: Der Alte vom Berge. München 1972, S. 133
4 Feierliche Antrittsrede seiner Magnifizenz Doktor Sandomir. In: Ebd., S. 122
5 Alfred Jarry: Heldentaten und Lehren des Doktor Faustroll (Pataphysiker). Neowissenschaftlicher Roman. Berlin 1968, S. 101
6 Zum pataphysischen «Ha ha» vgl. meinen Beitrag: Die Revolution der pataphysischen Sprache. In: Manfred Geier: Dr. Ubu und ich. Pataphysische Begegnungen. Rheinbach – Merzbach 1983, S. 23–40
7 Theodor W. Adorno: Negative Dialektik. Frankfurt a.M. 1966, S. 398

Namenregister

Bildnachweis

akg-images, Berlin: 15, 99, 113, 147, 165, 181
Aus: Thomas Rütten, Demokrit – Lachender Philosoph und sanguinischer Melancholiker, Leiden 1992: 39, 63, 89
Willy Pragher: 211
Aus: Carola Giedion-Welcker, Alfred Jarry. Eine Monographie, Zürich 1960: 257